薄荷实验

Think As The Natives

〔美〕克莱顿·柴尔德斯 著 张志强 王翡 译

Clayton Childress

封面之下

一本小说的创作、生产与接受

Under the Cover

The Creation, Production,
and Reception of a Novel

华东师范大学出版社

· 上海 ·

图书在版编目（CIP）数据

封面之下：一本小说的创作、生产与接受 /（美）克莱顿·柴尔德斯著；
张志强，王翡译. —上海：华东师范大学出版社，2022
ISBN 978-7-5760-2779-2

Ⅰ.①封… Ⅱ.①克… ②张… ③王… Ⅲ.①小说—图书出版—研究—美
国—现代 Ⅳ.① G239.712

中国版本图书馆 CIP 数据核字（2022）第 062194 号

上海市版权局著作权合同登记 图字：09-2019-149号

封面之下：一本小说的创作、生产与接受

著 者	〔美〕克莱顿·柴尔德斯
译 者	张志强　王 翡
责任编辑	顾晓清
审读编辑	赵万芬
责任校对	王丽平　时东明
封面设计	周伟伟

出版发行	华东师范大学出版社
社 址	上海市中山北路 3663 号　邮编　200062
网 店	http://hdsdcbs.tmall.com/
客服电话	021 — 62865537

印 刷 者	苏州工业园区美柯乐制版印务有限责任公司
开 本	890 × 1240　32 开
印 张	12.875
版面字数	287 千字
版 次	2023 年 8 月第 1 版
印 次	2023 年 8 月第 1 次
书 号	ISBN 978-7-5760-2779-2
定 价	89.00 元

出 版 人	王 焰

（如发现本版图书有印订质量问题，请寄回本社市场部调换或电话 021—62865537 联系）

目 录 |

1

导言：创作、生产和接受的分离

一部小说必须成为许多事物

在美国同时出版的数千部小说中,《贾勒茨维尔》(*Jarrettsville*)是极少数最终出现在书店中的小说之一,尽管该小说的出版商康特珀恩特出版社(Counterpoint Press)对这本书的销量表示遗憾。在同一时间发行的数千部小说中,《贾勒茨维尔》也是极少数被《纽约时报》评论过的小说之一,尽管康特珀恩特出版社最终也对此表示遗憾。然而《贾勒茨维尔》还是卖得相当不错。用康特珀恩特出版社的首席执行官查理·温顿的话说,"这是一个典型的出版故事",这样的小说通常被人们评价为"好吧,那本小说某种程度上不错"。

对这本书的作者科尼莉亚·尼克森（Cornelia Nixon）来说，这个被她的出版商认为是"某种程度上不错"的故事，在最开始的时候是一个家族秘密。小说的主要内容是这样的：美国内战后，在马里兰州梅森－迪克森一线南边的贾勒茨维尔，在庆祝南方邦联投降的游行过程中，尼克森的祖辈玛莎·简·凯恩斯，当着约五十名目击者的面开枪射杀了她刚出生孩子的父亲尼古拉斯·麦科马斯。尽管有如此多的目击者，甚至她自己也承认有罪，但由她的同乡人组成的陪审团却以"自卫杀人"的临时编造理由判定她无罪[①]。这个故事曾登上《纽约时报》的头条，而后便消失在历史之中了。

作为一名小说家，科尼莉亚·尼克森把这个家族故事改编成了一部历史小说。但或许它更应该被称为一部流行小说或纯文学小说，或介于两者之间，因为尼克森在创作小说时，希望吸引更广泛的读者，以匹配她获得的文学奖项。也许在某种程度上，尼克森把她的家族故事变成了一部浪漫小说，但对她的出版商来说，比如温顿认为，尼克森的小说让他联想起《冷山》，即使机会很小，但他想投资以试图复制《冷山》的成功。对《贾勒茨维尔》的责任编辑、康特珀恩特出版社的亚当·克雷曼（Adam Krefman）来说，这部小说是一种密切的观察——关于一个次要人物的失败，其无法做出正确事情的无能，以及

---

① 译注：在美国的法律制度中，陪审团先判定有罪无罪：若有罪，则法官负责进一步量刑；若无罪，则被告会被无罪释放。陪审团的判断不必根据法律条文，所以说在这里，"自卫杀人"（justifiable homicide）并不是法律条文中对无罪情况的解释，而是陪审团根据自己朴素的理解给出的无罪理由。

书中的年轻人犯下的、像克雷曼这样的年轻人可能会理解的错误。而对康特珀恩特出版社的宣传员工以及分销商代表来说，《贾勒茨维尔》是一部纯文学历史小说。它是"文学的"，因为作者尼克森和康特珀恩特出版社都是"文学的"；它是历史小说，不仅因为这个故事是关于历史的，且是一部小说，还因为"历史小说"是作为一个出版市场类别的存在。在康特珀恩特出版社看来，重要的则是，《贾勒茨维尔》不仅仅是历史小说，而且是内战历史小说，这是一个有利可图且利润可观的市场类别。事实上，小说中全部事件发生的时间都不在美国内战期间，而所有参与出版的人都认为这无关紧要。如果有"战后小说"这样一个市场类别存在的话，也许《贾勒茨维尔》是一部"战后小说"，但不存在这样一种类别，所以这部小说就成了一部内战小说。

对评论人而言，《贾勒茨维尔》是一部关于美国种族主义不可错过的小说，一部描绘内战持续紧张局势的小说，还是一个永恒的道德故事。一位评论人认为，《贾勒茨维尔》是一个关于社会习俗、情感联结和人类体验的卓越故事，让人想起托尔斯泰，值得一读，写作水平令人印象深刻。另一位评论人却认为，《贾勒茨维尔》是一次失败的尝试，充满了历史错误，它写得如此糟糕，是"不合时宜的"。对田纳西州纳什维尔的一群女性读者来说，她们开玩笑地将《贾勒茨维尔》比作"神圣文本"——《飘》。而马萨诸塞州的一群男性读者认为，这本书行文过于华丽，但情节提供了一个机会来讨论女人是否可以肆意蹂躏男人。南加州的一群教师则认为，《贾勒茨维尔》是一个切入点，通过它，读者可以看到美国种族主义中自己的故事。对于北加利福尼亚州的一群律师和他们的朋友来说，这部小说涉及陪审团是否可以违背法官关于有罪和无罪的指导原则这一法律问题。"陪审团可以使用'自卫杀人'的临时编造理由吗？难道这不是很疯狂吗？"一位诗人问道。"这很少见，但陪审团可以做任何他们想做的事情"，一位律师回答道。

对现今马里兰州贾勒茨维尔的读者而言，这个故事远不止关乎很久以前死去的那些人，也是关于他们自己的。在过去的一百三十年间，贾勒茨维尔是有所改变，还是仍像小说《贾勒茨维尔》中描述的一样？至少有些东西仍然没有变化。在一片既如田园诗般美丽，又用作鸟类饲料的向日葵田对面，坐落着哈福德县图书馆的贾勒茨维尔分馆。在这里，清晨聚会的读书小组①遇到的第一个问题就很困难，因为他们要确定讨论的基本共识：作为现今贾勒茨维尔的居民和《贾勒茨维尔》的读者，读书小组的成员们究竟是南方人还是北方人？

虽然《贾勒茨维尔》为不同的人提供了不同的东西，但至少对科尼莉亚·尼克森来说，这只是一个家族故事。一个故事成为一部小说——由作者撰写，文学代理公司经手，进入出版社，然后从出版社出来，由宣传人员推广，在书店出售，被评论人审视，最终与读者见面——这个过程一定是多重的。为了最终成为一部小说，《贾勒茨维尔》必须成为许多事物。

《贾勒茨维尔》是一个私人故事，一部小说作品，一部内战历史小说，一件畅销商品，一个重新开始一项事业的机会。同

---

① 译注：读书小组（book group），一群爱好读书的人聚在一起的组织，类似于读书会或读书俱乐部，但他们没有俱乐部这样的具体组织形式，其形式更加松散。

时，它也是围绕着一件新商品重新启动产业中内含的社会关系的机会，一个必须在会议之前阅读的文本，一项娱乐活动，一次从日常生活中离开的长度适宜的休憩。这是一个真正关乎一对母女之间关系的故事，而且根据两个处于美国两端、彼此从未谋面的女人的说法，这还是一个真正关乎美国对伊拉克占领的故事，尽管她们两个都被劝说不要作这样的解释。《贾勒茨维尔》也是一份文字编辑的兼职工作，一个旅行类图书封面设计师开拓新领域的机会，一份总编辑的日常工作。一部小说要想成为小说，一定要经许多人之手，这些人对小说有许多不同的理解面向，而且他们在不同的位置上，生活在不同的环境之中。为了在这些人手中将小说继续传递下去，并且在传递过程中始终保持意义和价值，《贾勒茨维尔》也必须发生改变。本书汇集了所有关于《贾勒茨维尔》是什么的故事，汇集了全部它怎样成为所有这些事物的过程。

这本书也是一部社会学著作，并且希望探索一些高深莫测的边界。如果你不是一位社会学家（不管是业余爱好者还是刚刚开始学习或已经拥有了全面知识的人），这篇导言接下来的三部分（最后一部分之前）是关于那些高深莫测的边界的。如果你只是想读到一个小说怎样被创作、生产和消费的故事，跳过这些部分也没关系。你需要知道的一切就是，它们描述了社会学家怎样安排一个像《贾勒茨维尔》这样的研究，以及这本书怎样提供了一条更加不同也更加综合化的道路。如果你不关心那种社会学理论，那么跳过理论你仍可以在这本书中看到一个叙事弧，其中有一个明确的开头、中间和结尾。对社会学家来说，这个三幕式结构是关于三个相互依赖的场域的故事，而对于非社会学家来说，它只是一个三幕式结构，一个好的讲述故事的方式。

对复杂事物的社会学研究

小说会旅行，它的旅行通过许多双不同的手，跨越地点和时间，进出于具有不同取向、经验、需求、约束、期望和偏好的人所在的不同场域。但如果要研究像《贾勒茨维尔》这样的文化对象，分析的主题会彼此隔离在分散的场域。有些人关注文化对象的价值，有些人则研究它们的价值观。有些人研究对象本身，有些人则有意识地避开对象，专注于它们出现的行业或它们的消费群体。在研究小说这样的文化对象时，其通过构建学科 – 依赖（disciplinary-dependent）的二元结构得到简化：在谈论小说时，我们是在谈论艺术还是商业？生产还是接受？创造力还是约束力？意义的产生还是价值的提取？

由于文化对象的不同元素在学科和子场域之间被分开，因此不仅难以理解它们的多样性，而且更难以将它们视为整体来理解。一旦你完全放弃理解小说创作的曲折，就很难（如果不是不可能的话）完全理解编辑或营销代表正在做什么，因为他们正在平衡他们处理的文本与他们工作的社会环境。对文化接受而言，只有当作家和出版商多年来致力于使其作品真正有意义的所有工作都被视为"不可观察的"史前史，为读者所认识时，小说才能被视为具有无限意义。如果创造、生产和接受都很重要，那么因为独立研究这些过程以及它们之间的过渡而丢失的东西实际上才是大多数。

这种分散研究的结果是，只通过描述创作来理解小说，就像试图只通过耳朵来认识大象；只通过描述作品来理解小说，就像只通过描述鼻子来描述大象。在这个比喻中，小说的接受就像大象的腿：这是大象的另一个重要组成部分，但仍然不是大象。[1] 而如今若我们专注于耳朵、鼻子或腿时，我们已经可以全部理解了——因为幸运的是，我们有专门研究它们的心脏病专家，神经科医生和肿瘤科医生——但如果目标是要真正理解一头大象，我们必须将对身体各个部位的描述重新组合在一起，这样才能描述整体。追踪创作、生产和接受从开始到最后的全过程，是本书实现这一目标的方法。

社会学中文化生产与接受的分离

从 20 世纪初到 20 世纪 70 年代初，文化对象的社会学分析采用了两种相互竞争的路径，有趣的是，这两种路径有一个共同的核心假设。媒介文化的产品，无论是书籍、歌曲还是时尚，都被认为是与社会演变同步变化的表达符号。例如，1919 年，人类学家阿尔弗雷德·克罗伯（Alfred Kroeber）认为，女性服装的裙摆由"文化决定论"决定，是展示宏观文化价值观和信仰体系的窗口。[2] 与此相反，到了 20 世纪 20 年代中期，经济学家乔治·泰勒（George Taylor）认为，裙摆随着股市上涨而上移，随着股市下跌而下移。[3] 泰勒认为，裙摆是由宏观经济而非文化转变决定的。虽然这些争论无非是斤斤计较于到底是文化还是经济的关联更强，但他们都认为女性时尚中裙摆长度是更大的社会力量的反映。[4]社会学对文化对象的理解也是如此，这反映了一个更抽象的帕森斯价值体系，或者在马克思主义框架内一个不那么抽象的资本主义体系。[5]在这两个部分中，文化的产生和接受是由外力整合并决定的。[6]

从20世纪70年代开始对宏观功能主义文化理论的反应来看，生产和接受的社会学研究分裂了。与研究接受的学者一样，研究生产的学者的研究方向从宏大叙事逐渐缩小为对文化和结构的思考，将其视为"不断变化的拼布元素"。[7]和所有拼布一样，一片布的细节不太可能告诉你另一片布的细节。生产和接受研究的情况似乎也是这样。文化生产学者指出，流行文化的变化通常与更大的社会转变是异步的；裙摆发生变化是由于时尚工业的变化，而不是由于股票市场或更广泛的社会价值观的转变。[8]对文化接受学者而言，人们如何真正理解像裙摆这样的东西以及他们用它做了什么，比我们加诸其上的理论更有意思。对研究文化生产和文化接受的学者来说，一旦他们打开那个装满了假定价值观或意识形态意图的黑匣子，就会发现里面还存在着真实的人，这些人有的在生产场域中工作，处于一个有着管理和约束的系统中；有的在接受场域中培养身份感和意义感。[9]然而，随着时间的推移，生产和接受研究之间的分歧扩大了，他们没有变成竞争性的团队，每个地方的学者基本上都不得不研究完全不同的场域（见图1.1）。[10]

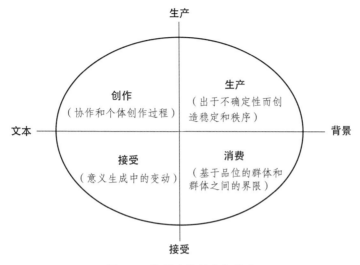

图 1.1 物质文化的友好分离

以生产为导向的学者关注具体的生产背景，因为受众的需求往往是不可预测的，学者们所要做的就是探索如何在一次性文化产品的构建中创造秩序和稳定性。[11] 被生产的文化实际上取决于将它生产出来的行业环境。[12] 因为文化对象是行业状况的"结果"，所以以文化对象的意义成为一种因变量。这是自我意识研究立场的一部分，以摆脱此前的模型。理查德·皮特森（Richard Peterson）认为："如果说生产研究冒着从文化社会学中消除'文化'的风险，那么专注于文化产品内容的研究者们则是冒着……将'社会学'排除在外的风险。"[13] 因此，正如温迪·格里斯沃尔德（Wendy Griswold）所指出的那样，对于文化生产学者来说，意义被抛到了"某种程度上的学科分类中"。[14]

然而，对研究文化接受的学者来说并非如此。他们通过关注意义的潜在不稳定性来从经验上加倍重视对文化对象及其意义的研究，它基于谁在进行文化接受，以及在接受过程中做了什么。[15] 虽然文化接受学者的研究重点仍然放在文本上，但在这里，文化对象也殊途同归地变成了因变量，并且文化对象被剥夺了可能产生影响的那种能力。[16] 对于双方来说，最重要的是，如果文本内容完全基于文化生产条件，内容的意义完全基于接受的具体情况，那么独立研究这些过程就几乎不会有什么东西被遗漏。

在文化生产和接受分离的情况下，一条路上岔开了两条小径，而至少在主流社会学的核心中，通向文化接受的那条小径是较少人走的。正如保罗·迪马乔（Paul DiMaggio）1987 年所说："消费研究和生产研究的分离产生了一种隔阂……以及前者的边缘化，而一种更综合的定位可以帮助二者弥合。"[17] 1993 年，温迪·格里斯沃尔德在一篇发表于《年度评论》（*Annual Review*）的文章中响应了迪马乔的呼吁。到了 2000 年，理查德·皮特森继续对这一观点作补充，他建议文化生产研究的后继者们"关注文化接受，或许会有助益……人们在接受过程中积极选取文化符号并重新阐释，由此产生出属于自己的文化"。[18] 2015 年，迪马乔发出呼吁近三十年后，仍是在《年度评论》上发表的一篇文章中，消费主义学者艾伦·沃德（Alan Warde）又一次指出了这个问题，他写道，"将消费从生产中分离出来，专注消费研究，是非常有价值的……但是与生产重建联系的其他研究方式……也是必要的"。[19]

不知为何，在这种分离中还丢失了"被遗忘的灵魂"——作者，对于研究文化生产和文化接受的学者而言，作者的作用似乎主要是提供原材料，以便"真正的"作品可以完成。[20] 将"上游"从生产和接受转移到"创作者精神和物质的工作坊"中究竟会收获什么，这个问题在现今的体系中仍没有被解决。[21] 虽然近四十年来，生产和接受导向的学者都注意到这种分离产生的问题，但随着时间的推移，重新产生联结变得更加困难而不是更容易，因为生产和接受的研究已经变得越来越不同了，包括它们内部的引用惯例、潜在的假设和研究传统都不相同。

在这种分离的情况下，文化创作者越来越隐形，但有一个值得注意的例外。虽然像皮埃尔·布迪厄（Pierre Bourdieu）这样的学者在单独的研究中讨论了生产和消费的主题，但格里斯沃尔德在创作、生产和接受方面整合了观察性研究。[22] 她先是研究伦敦复仇悲剧和城市喜剧的复兴，然后是研究尼日利亚的"小说有机体"。她没有专门研究大象的耳朵、鼻子或腿，而是凭经验将它们作为整体进行研究。[23] 她为创作、生产和接受的"有机体"概念在生产与接受的分离中提供了一种重要的干预。这种"有机体"的目标不是将这些东西视为一个过度综合的"系统"（如 20 世纪 70 年代以前的主导框架一样），也不是彼此独立的单独的"世界"（如 20 世纪 70 年代后的主导框架）。对格里斯沃尔德和本书而言，创作、生产和接受之间的关系介于两者之间。

但是，本书与格里斯沃尔德的观点在三个方面有重要的不同。首先，格里斯沃尔德对一个国家的文学创作、生产和接受之间的关系进行鸟瞰，而本书将工作扎根在大地上，从一部小说的创作、生产和接受的仰视视角来形成论点。其次，格里斯沃尔德的目标是要澄清，创造、生产和接受既不是分离的世界，也不是单一的综合系统，而本书深入探讨了它们*如何产生联系*以及文化对象*通过何种方式*被介入和转变。最后，尽管我们认同创造、生产和接受实际上是由三个相邻子系统组成的"有机体"这一观点，但这些子系统是什么，它们彼此有怎样的相似或不同？当存在三个相互依赖的场域，而每个场域都包含自己的独特文化时，会发生什么？

三个相互依赖的场域

场域理论是一棵部分枝条已抽芽的树。[24] 场域，无论在社会学中使用何种变体，是集中关注和习惯行为的社会舞台。[25]简单来说，场域是由人组成的，这些人将注意力放到彼此身上，放到专属于这个场域、彼此相似的利益与问题上。直到最近，场域理论几乎仅仅研究场域*之内*的关系。但随着近年来研究兴趣的转向，场域*之间*的关系，及其如何影响场域内部的行动等问题获得了关注，这种情况最近开始发生改变。[26] 本书根据经验详述了这些最新的理论进展及其所面对的问题，还包括了场域理论的两个最新发展。首先，直到最近，场域理论的基本前提都是预先假定场域参与者仿佛是全自动飞机的驾驶员；依据参与者的地位和惯习预先编码他们的行为，参与者遵循脚本行动。[27] 然而，正如本书所示，并非在所有的情况下行动都是自动的，参与一个场域需要审慎的考虑：人们必须弄清楚规则是否适用于某种情况，如果他们要使用规则，那么哪些规则是适用的，以及规则应该如何应用。[28]

其次，场域理论结构关系有时与不同方式的人际关系相悖。[29]
因此，场域理论有时可以表现为一个似乎不受人际关系影响的
深层关系世界。正如本书所示，虽然结构确实很重要，但关系
也是如此，因为意义是在实质性的互动中产生的，并且通过这
些互动的循环，小说跨越了各个场域。现实地看，作家、出版
商和读者并非生活在不同的世界，但他们肯定将大部分时间都
花在不同的场域。像小说这样的文化对象实际如何在这些场域
中传递？要回答这个问题，就需要对场域之内和场域之间的关
系进行不同的概念化（见图1.2）。

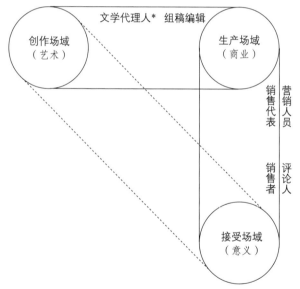

图 1.2　三个相互依赖的场域：创作、生产和接受

---

* 编注：文学代理人（literary agents）有时也译为"文学经纪人"。本书统一使用
"代理人""代理公司"这一译法。

每个场域都有不同的发展方向、利害攸关的问题、价值的等级以及符号投资的回报，这些在相似场域中不适用甚至没有意义。换句话说，创作场域的大多数作者就像接受场域的读者一样，不能理解生产场域的"游戏规则"，正如出版商也不知道或不需要知道作者写作和读者阅读的"游戏规则"。[30] 即使小说爱好者可以绘制属于他的接受场域的认知地图——什么是"好"小说，什么是"坏"小说，人们消费哪些类型的小说以及小说的定位是什么——而由于他与作者（在创作场域）和出版商（在生产场域）之间的流程和社会性安排的相隔，导致他最喜欢和最不喜欢的小说仿佛遥远的山脉，虽然可以看到那些山脉，但是它们的细节被距离和阴霾遮挡住了。一个狂热的读者肯定知道创作场域和生产场域的存在，但即使他从一开始就考虑绘制场域的全景，还是会遇到相当大的困惑。

出版专业人士聚焦的场域也被他们不了解的其他模糊场域围绕着，他们可以精心制作出不同类型的印刷品之间的微妙区别，诗意地描述亚马逊对某些类别的书籍产生的多方面威胁，讨论不同的放置方式在美国图书博览会和法兰克福书展上的不同效果。但是这位出版专业人士实际上可能对作者的创作过程知之甚少，或者除了销售数据之外，对被读者创造出来的意义知之甚少。举例来说，在创作、生产和接受场域存在着不同的问题，在接受场域说"某本书像《哈利·波特》"和在其他两个场域内说"某本书像《哈利·波特》"，产生的意思完全不同。在接受场域中，读者的意思可能是这两本书在情节或风格上类似（例如，"如果你喜欢《哈利·波特》，你也会喜欢这个"）；

而在生产场域，没有人会把书比作《哈利·波特》，除非他们的意思是这本书销量很好；在创作场域，这个陈述可能在表达很多意思：一本不可思议的、有着卓越写作水平的书，或者只是一位写低档次书的作者试图跟风《哈利·波特》。

虽然小说的创作、生产和接受主要发生在三个不同的场域，但小说跨越其中，这就使得它们相互依赖。如果没有创作场域的作者创作出生产和销售的对象，如果没有接受场域的读者用他们的眼睛、嘴和钱包支持他们喜爱的产品，那么生产场域就不可能存在。对接受场域来说也是类似的，这个场域需要文化创作和生产；对大多数读者来说，文化产品的来源是什么以及它们如何来到读者手中的故事——创造和生产它们的人"真实的"故事——可能并不有趣或可见，但只要人们曾经阅读过书，这些故事就一定发生过。

如果说创作、生产和接受存在于三个不同但相互依赖的场域中，那么可以想见的是，每个场域都会存在不同的价值观和问题。[31] 这些价值观常通过创作场域的艺术语言、生产场域的商业语言和接受场域的意义语言来表达。虽然可以在这三个场域中同时使用这三种语言，但每种语言都有自己的主场。在这个主场中，它是谈论小说的主宰性语言。在跨越场域的过程中，当对象从一个场域被"抛入"到另一个场域时，它们的价值必须被转变成新场域中的人们较为熟悉的那些价值。这些转变可以使那些同时参与多个场域的人融合不同的语言和价值观，这些人的任务就是使文化对象在不同场域之间实现跨越。文学代理人和组稿编辑将创作场域和生产场域的语言融合在一起，因为他们在带领文本实现场域跨越，就像销售代表、书店买家和评论人在生产和接受场域所做的融合一样。同样，这三个场域各自独立且相互依赖地运作，所以一个场域的变化可能需要其他场域也产生变化——或许也不会产生变化，这主要取决于这些变更如何或是否影响其相邻场域中"一切照旧"的原则。

本书通过关注每个场域的*内部*秩序，以及当文化对象于场域*之间*跨越时在重叠的边界上所发生的事情，将创造、生产和接受重新联结为一个动态和紧密相连的系统。潜藏在一本书的封面之下，潜藏在场域的"封面"之下，本书讲述的是一部名为"贾勒茨维尔"的小说全部的故事。

怎样讲述一个典型的出版故事

正如康特珀恩特出版社的首席执行官查理·温顿描述《贾勒茨维尔》那样，讲述一个"典型的出版故事"，要找到一位愿意让外来者闯入他创作过程的作者。在这个故事里，这意味着需要采访她许多次，并仔细阅读她在写作时的笔记、草稿、电子邮件和各种其他交流。这意味着有足够的时间来与她并肩坐在一起，理解她的愿望和她的恐惧，理解她的决定以及她为什么做出这些决定，理解她为之骄傲的事和她感到后悔的事。这也意味着寻找在她的创作过程中沉默的伙伴：小说家、朋友和盟友将她的小说送到她无法以一人之力到达的地方。讲述一个典型的出版故事也意味着要知道一些出版商拒绝出版这部小说的原因，以及它最终的出版商出版它的原因。

　　这意味着下一步就是让自己扎根于出版这部小说的出版社，在这里工作和观察，然后提出问题，和一群人合作来创造文化。这意味着要了解编辑：是什么使他受到这个故事的吸引？这个故事的哪些方面使他忧虑？他解决这些忧虑的方案是什么？他为什么要解决这些问题？讲述一个典型的出版故事也意味着要了解出版商做出决定的原因：为什么从五个备选封面中选了这一个？为什么会对怎样在封底上描述这部小说产生争议？讲述一个出版故事意味着进入这些过程。[32] 然而，就像小说本身一样，对小说的研究也是一场旅行，必须去了解它的营销和分销方式，了解为什么在评论中谈及"太多"小说的情节是错误的，了解为什么即使出版商的名字对读者来说产生的意义极少，但出版商们仍要保持良好的声誉。

　　要做到所有这些，就是要在不知道它怎样、在哪里出生，甚至不知道它是否会*活下去*的情况下，观察一本书的*出生*。[33] 要追随一本书的生命，意味着一直追随到接受场域中。这意味着向全国各地的读者提问，并坐下来聆听，了解*他们*如何理解这部小说。他们喜欢吗？对他们来说这部小说是关于什么的？这部小说对他们来说意味着什么？还要再一次发问，在这本书被发行到市场上之后，它对作者、代理人和出版商又意味着什么呢？

　　要做到这些，就要讲一个完整的出版故事：追随一部小说，从开始直到结束。[34] 但即使这些全部都做到了，是什么使一个出版故事变成一个*典型的*出版故事？这个出版故事在整个过程中是典型的？某些部分是典型的？还是一点都不典型？要回答这个问题，就意味着倒退到这场环行的起点，从写作不同小说的*其他*作者那里，找到他们的典型创作故事。反过来，代理人、编辑以及所有接触到这部小说的人，他们如何为《贾勒茨维尔》以外的其他小说做决定？要讲一个典型的出版故事，就必须知道什么是典型的，什么不是。这些就是我除了追随《贾勒茨维尔》从创作到接受的全过程之外，所做的其他事情。因此，一方面这是一本关于小说的创作、生产和接受的书，另一方面，这本书是一个钥匙孔，通过它，可以观察到场域内部和场域之间的关系。从这些角度来看，要完全理解科尼莉亚·尼克森的家族故事如何成为一本叫作"贾勒茨维尔"的书，需要更多的故事，这些故事将在一本完全独立的书中讲述——这本书。

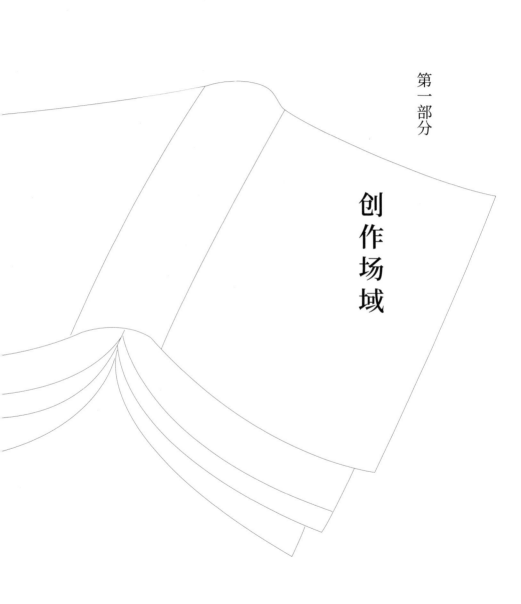

第一部分

创作场域

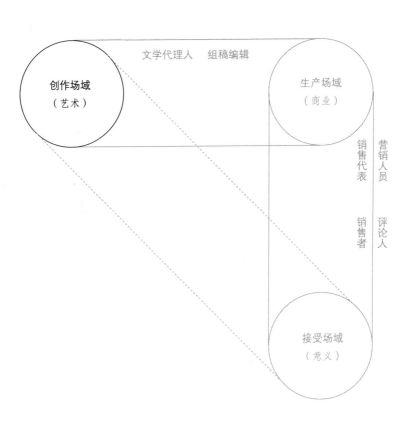

2

创作的结构

或者说，为什么《贾勒茨维尔》差点不叫"贾勒茨维尔"？

在孤独中写作

如果你在加利福尼亚州伯克利牛津街和中心街道拐角处的星巴克遇到科尼莉亚·尼克森，你或许会看到她正戴着耳机，用她的笔记本电脑写作。坐在楼上，眺望着加州大学伯克利校区，她在这里写了一篇关于 D. H. 劳伦斯的论文，并在二十年前以这篇论文获得了英语文学博士学位。1998 年至 2004 年间，尼克森还在此完成了一本小说《玛莎的版本》(*Martha's Version*)，这个标题更具文学性；《玛莎的版本》完全从玛莎的第一视角来讲述《贾勒茨维尔》的故事。

乍看之下，作为小说家的尼克森的生活似乎是孤独的。她前三部小说的创作经历说明，她写一部小说需要十年左右的时间；整整十年她戴着耳机独自坐在星巴克写作。尼克森戴耳机并不是为了屏蔽周遭世界来静心写作，耳机和耳机中播放的音乐，恰恰是一种将周围的世界注入她写作过程的工具：对尼克森来说，音乐是一种激发灵感和捕捉感受的方式。然而，即使有音乐，写作的行为还是孤独的，或者可能会使人感到孤独，不同的作家情况不同。正如欧内斯特·海明威在 1954 年接受诺贝尔文学奖的演讲中对孤独的讲述一样："写作，在最好的状态下，是一种孤独的生活……（作者）独自完成他的工作，如果他是一个足够好的作家，他每天必须面对永恒，或缺失这种永恒。"[1] 对许多作家来说，孤独，或者至少讲述孤独的故事，就是他们作为小说家的*身份*本身，也是写小说这种创造性活动本身。对海明威这样的小说家来说，"孤独生活"是一种浪漫理想，那么我们如何理解小说家的孤独感？

小说家对他们自身孤独的独占性叙述可能会影响对他们创作过程的研究。当你问某些小说家他们创作的社会性过程是什么的时候，他们可能不想回答。[2] 他们会非常戒备这一类的问题，因为通过创作场域的镜头来审视，这类问题似乎在暗示小说家更像是一名记者而非艺术家。曾写过几部颇受欢迎的纯文学小说的作家汉娜描述了她在新书巡回宣传时期对一些读者提问所产生的挫败感："新书巡回宣传……（是）一遍又一遍地被问同样的问题，'他令人感到如此真实，他一定是你真实生命中出现的人，对吗？他本人对这本书的看法是什么？'或'说一说你在新罕布什尔州的经历吧，你在小说中对那里风景的描述非常优美。'我想说，让小说就是小说好了！"

虽然像科尼莉亚·尼克森这样的小说家愿意回答这些问题，但他们在回答这类问题的时候也会遇到很多困难，因为他们需要转换成一种新的思维方式。在一个阳光明媚的周三下午，我和尼克森坐在星巴克楼上，在询问了一系列关于孤独和她写作的社会基础的问题之后，因为占用了她太多的时间，我向她道歉。"哦，不，"她回答说，"你知道，奇怪的是，这对我来说很有意思。这些问题让我以一种从未有过的思考方式重新思考这本书。"对汉娜·汤普森和科尼莉亚·尼克森这样的小说家来说，独自写作不仅仅是一件她们正在做的事，而且是她们自身的一部分。在刚刚开始构思故事的时候，大多数小说家都只得到了一点点预付金或者根本没有预付金，但他们依然是小说家。由于写作的收入是不可预测又不规律的，每天辛苦工作，面对永恒或缺失永恒这样的梦幻景象只是小说家社会地位中微不足道的一小部分。

遇到困难的时候，写作的孤独感是作家之间经常讨论的话题。在创作场域的社会性聚会中——在写作小组、艺术硕士（MFA）项目（后简称"MFA项目"）、喝咖啡的聊天中——小说家并不能总是表现出写得很轻松，以免其他小说家怀疑他的艺术技巧。相反，被缪斯青睐后下笔如有神的闪光时刻，必须与痛苦和挣扎形成鲜明对比。思路堵塞、感到沮丧、强迫自己坐下来每天写作，这些都不是小说家失败的标志，在小说家之间，这反而可以成为一个人为艺术做出牺牲的吹嘘资本。要成为一个小说家必须写作，而写作并不简单，必须这样认为，才能确认小说家确实为他的天赋付出了艰苦的努力。虽然生产和接受场域的人不会思考也并不在意小说家作品的写作过程是容易还是困难，但在创作场域，努力本身对作家身份、价值和事业来说就是一个非常重要且意义不凡的信号。通过这种逻辑，当外行人询问作者是否将现实中的人或者真实的经历插入到小说中时，似乎暗含着这样的写作是"容易的"，而构思全新的故事则是"困难的"。一些小说家不喜欢这样的问题，因为作为艺术家，他们*被误认为*根据自己的经历写作，就像他们的作品*被误认为*是他们本人的代表一样。[3] 那么作家的"孤独"，即使是虚构的孤独，它也应该是写作中的"困难"的具体体现。

作家写作的时候到底有多孤独？或者更加针对性地来问，当他们聚在一起讨论他们的孤独时，他们还谈到了什么？事实上，如果科尼莉亚·尼克森在写作时真的孤身一人，《玛莎的版本》就不会存在，也不会成为《贾勒茨维尔》。要了解《贾勒茨维尔》是如何产生，以及它的名字最终是如何确定下来的，还需要在创作场域的伪装背后追踪艺术创作的社会生活。

冰山一角

创作是如何协作的？对于大多数媒介来说，我们不难看出包含在创作中的集体性工作。[4] 尽管电影的质量往往归功于导演，但电影很容易被认为是由编剧、演员、制片人、剪辑和其他在电影中贡献了声音和艺术愿景的人共同创作的。[5]音乐也是这样，一个人（或一群人）创作歌词，一个人（或一群人）创作旋律，然后再由另一个人（或一群人）演唱和表演。[6]但是想到写作的时候，依然还是一个孤独的作家形象；当我们想象一个小说家时，我们会想象出一个"孤独写作的作家"。[7]

写作的孤独感，部分是由于创作场域和生产场域之间的物理分离。对于电影来说，这些场域在相同的物理空间中：演员、化妆师、投资人和剧本监督都在这个空间当中。相比于充满声音的舞台和开放的公共表演（如舞台剧、音乐会和舞蹈），小说家的协作式创作不太容易被观察到，因为这种协作隐藏在小说家紧闭的房门之后，隐藏在他的私人电话和邮件中。小说家，也许因为他们在不太容易被人们看到的地方创作，被认为是与世隔绝的孤独天才；他们就像发明家在车库里摆弄自己的发明，努力与外界交流那些深深嵌在他们脑海中、直到完成才产生意义的想法。[8]然而，对于像发明家的小说家来说，这种表述方式看不到那扇紧闭的门后的协作，所以并不准确。就像托马斯·爱迪生的助手曾经观察到的，"爱迪生实际上是一个集合名词，意味着许多（人）的工作"。[9]对作家来说也是如此。一位编辑描述了著名诗人唐纳德在创作过程中紧闭的门后发生的事："有时候唐纳德没有写'唐纳德式'的句子，所以雪莉（他的配偶），或辛西娅（他的打字员）或者我自己重写一些东西，使它们更像'唐纳德'或变成更真实的'他的'声音。"

在研究独自写作的作家的孤独感时，我们还必须区分创造性写作这种物理行为（*act*）和更常见的创造性写作的*实践*

（*practice*）。创造性写作这种行为，即在页面上打字或书写，经常是独自完成的。但同时，创造性写作的实践——构思问题的解决方法，对写作行为进行规划和反思，寻找灵感，获得"孤独地"写作所需的社会支持——总是深度社会化的。有大量历史证据证明，独自写作这种常见的实践常常不被承认。

关于这种创造性写作所依赖的协作的个人记录可以在一种读者经常跳过的文本中找到，几乎在任何长度的书的开头或者结尾都可以找到这种文本：致谢页，这一页中记录着写作的社会性实践。在《贾勒茨维尔》的致谢中，科尼莉亚·尼克森感谢了三十四个人和四个机构。即使这样，尼克森仍觉得，一张致谢页"总是不够"；重新翻阅这本书的时候，她说："天哪，这里还应该有很多名字。这真的只是冰山一角。"

正如尼尔·格罗斯（Neil Gross）所写的那样，"（我们）（正在）淡化知识制造中平凡的社会过程，以支持创造性天才的话语"，必须关注小说家的日常生活。[10] 对《贾勒茨维尔》来说，尼克森写作的社会性基础发生在参与程度从少到多的三个方面：从家庭和个人生活中，她为《贾勒茨维尔》的故事找到了原料；从教育经历中，她发展出了对风格、语句和对研究过程的掌控能力，把《贾勒茨维尔》从原料变成一部小说；最后，通过与其他小说家进行面对面的创作交流，对尼克森来说，《贾勒茨维尔》的最终意义由此协作被定义和精炼。

如社会拼贴画般的创造力

来自家庭和个人生活：原材料

科尼莉亚·尼克森十六岁时，在一次长途航班上，她的母亲第一次跟她分享了后来变成《贾勒茨维尔》的那个家族故事。作为一名已有作品出版的小说家，尼克森在她的职业生涯中等待了差不多二十年才来讲述这个故事。她等待的原因不是觉得这个故事比不上她想讲的其他故事。恰恰相反：自从母亲告诉她这个故事开始，她就知道，她将会书写这个故事，并且在整个职业生涯中，她都认为这个故事是她的"秘密王牌"。她等待的真正原因是私人的。从职业生涯的角度来看，尼克森等待这么长时间才来讲述《贾勒茨维尔》的故事可能是错的——毕竟这是个好故事——但从家庭关系的角度来看，搁置这个使她母亲感到羞耻的故事是她的唯一选项。

由于这个家族秘密至少是在两代以前发生的，尼克森有幸听到也是偶然。这个故事曾是 1869 年《纽约时报》的头版新闻，但它在家族之内一直被深藏，直到尼克森的舅舅乔治在第二次世界大战期间与空军一起驻扎在丹佛时，偶然在一本美国历史书中重新发现了这个故事，它才被家族中的人重新知道。乔治在马里兰州的贾勒茨维尔长大，他知道这个故事肯定与他的家人有关，后来他又在"雷普利不思议"（*Ripley's Believe It or Not*）系列故事中再次读到，并分享给了尼克森的母亲。然后，尼克森的母亲给自己十几岁的女儿讲了这个故事，她这样做是因为尼克森想成为一名作家。如果尼克森的母亲不知道也不支持尼克森小时候的职业理想，那么《贾勒茨维尔》的故事可能再也不会被书写。

《贾勒茨维尔》的故事原型如下。尼克森的直系祖先凯恩斯家族居住在马里兰州的贾勒茨维尔。美国南北战争结束后，玛莎·简·凯恩斯与一位年纪稍长一些的前邦联士兵尼古拉斯·麦科马斯相爱了。玛莎·凯恩斯的哥哥是该县两个南方民兵组织（"步枪"和"龙骑兵"）之一的成员；约翰·威尔克斯·布斯①就曾是"步枪"的成员。凯恩斯怀孕后，麦科马斯离开了贾勒茨维尔，离开的原因已湮灭在历史中。后来，麦科马斯在庆祝阿波马托克斯联盟军投降四周年的游行中归来。根据《纽约时报》的报道，刚刚分娩后四个月的凯恩斯在这场游行中看到了他，并近距离枪击了他四次，两次是在他站着的时候，两次是在他倒下之后，"绅士们，你们都知道这些枪击是为了什么"。凯恩斯被指控谋杀，在审判中，有人暗示她的孩子不是麦科马斯的，而属于另一位已婚男子，甚至可能是一个被解放的黑奴。尽管凯恩斯谋杀麦科马斯事件大约有五十名目击者，但同情南方的陪审团仍以"自卫杀人"判凯恩斯无罪。所有这些都是凯恩斯家族的耻辱之源，而这个家族在贾勒茨维尔曾是一个有深厚基础的重要家族。

尼克森的母亲因为知道她想成为小说家而给她讲这个故事，而尼克森直到她母亲去世才开始书写这个故事。甚至在她的母

---

① 译注：约翰·威尔克斯·布斯（John Wilkes Booth, 1838—1865），美国戏剧演员，1838 年出生于一个戏剧表演家庭。出于同情南方的政治倾向，此人于 1865 年刺杀了林肯。

亲去世之后，写作《贾勒茨维尔》时，尼克森还是会对书写理查德·凯恩斯感到痛苦，理查德·凯恩斯即使不是彻头彻尾的反派，也至少是一个明确的反派。在尼克森的虚构故事中，凯恩斯拥有三个奴隶：克里奥利亚和她的两个孩子，蒂姆和索菲。在《贾勒茨维尔》中，当玛莎认为马里兰州的气候导致克里奥利亚家族的每一代皮肤都在变浅（当时的理论）时，尼克森是在间接地暗示克里奥利亚和她的孩子是因凯恩斯家族的强奸而生下来的。

为了解释麦科马斯在使凯恩斯怀孕后离开贾勒茨维尔的真实原因，尼克森构思了一个新故事：理查德强奸了索菲，殴打了蒂姆。作为参与废除黑奴制度的部长的儿子，麦科马斯帮助蒂姆和索菲逃离理查德，并为他们提供了庇护。为了报仇，理查德公开谴责尼克①强奸和玷污索菲，也就是玷污了他的"财产"。在马里兰州《黑人法令》宽松的规定下，理查德随后当众将麦科马斯鞭打至半死。在这样的情况下，麦科马斯逃到了宾夕法尼亚州南部更安全的阿米什乡间。总而言之，凯恩斯家族的主要人物在《贾勒茨维尔》中没有得到同情，而且整个家族中最令人同情的玛莎也是个凶手。至于理查德，他是凯恩斯家族中最糟糕的一个。根据历史记录和家族传说，理查德·凯恩斯并不是大家会怀念的那种人。然而作为这个长期保守秘密的家族的一员，尼克森常常担心对他的描写并不公平。

家族对尼克森的影响并非仅仅限制了她对故事的讲述。相

---

① 译注："尼克"是尼古拉斯·麦科马斯的昵称。

反，家族的印记和经历散布在整个文本中。在《贾勒茨维尔》
的故事里，玛莎·简·凯恩斯是一个生活在不自由的时间和地
点上的自由女孩，玛莎的母亲玛丽是一个保守主义者，常常为
玛莎的越界而发火。根据尼克森的说法，某种程度上，玛莎与
母亲玛丽的关系，是基于她与她母亲的关系写成的；另一方面，
玛莎也可能是尼克森的母亲，而玛莎的母亲则是尼克森的祖母。
例如，小说的某个场景描述了玛莎在家族农场的射击练习中，
穿着一件裙子击败了她的哥哥。对那些与尼克森关系密切的人
来说，这个场面非常熟悉，因为它的原型是尼克森的母亲年轻
时在贾勒茨维尔家族农场拍的一张真实照片，这张照片就在尼
克森家里的壁炉架上。

　　《贾勒茨维尔》中的尼古拉斯·麦科马斯这个人物也来自
尼克森的生活。小说中玛莎和尼克之间偷偷摸摸写的信，是受
到尼克森与一个浪漫伴侣之间互写电子邮件的启发："尼克的外
表，他的行为以及他与她如何交往，这些都对应着某个现实中
的人。但他也成为了全新的人。他是比那个现实中对应的人更
好的也更深刻的人。我想这可能是因为，他也是我的一部分，
你知道吗？所有这些都是我的一部分。"尼克，这个最终成为尼
克森笔下她最喜欢的人物之一的角色，不仅仅是尼克森将她认
识过的人进行简单再现。相反，尼克森生活中的人和经历是她
修剪并创造新事物的原料。尼克森对尼克性格的喜爱是回忆性
的，在她对她自己曾遇到的困难进行反思的过程中，她捕捉到
了尼克的性格。当《贾勒茨维尔》还是《玛莎的版本》时，尼
古拉斯·麦科马斯这个人是一个谜，他的决定从未得到解释，

因为从玛莎的角度来看，她并不知道尼克的想法。尼克森回忆，由于自己的经验限制，她回避了麦科马斯在《玛莎的版本》中的动机："有时男人做一些事，我不知道为什么。我没有解释为什么尼克离开了，因为玛莎不知道为什么，我也不知道为什么男人会做这些事。"换句话说，尼克森不觉得自己有构建麦科马斯动机的第一人称叙事的原料，她只坚持使用她所知道的事情，以及她能为其注入生命活力的事情，例如玛莎的内心思想和故事的地理景观。

相比于麦科马斯想法和动机的黑匣子，尼克森很熟悉哈福德县的地形。《贾勒茨维尔》的地方感来自尼克森在马里兰州贾勒茨维尔的凯恩斯家庭农场度过的童年夏天。尼克森在捕捉地点细节时说："这里的景象、大地、泥土和奶牛，你知道的，它们都是我的一部分。"因拥有对整个环境的把握，尼克森将自己融入到这里人们的感受当中。小说中玛莎和她的朋友蒂姆之间的互动尤其如此。蒂姆是被解放的黑奴，也是玛莎孩子可能的父亲。在一个场景中，玛莎和蒂姆爬上两棵相邻的树，坐在树枝上聊天，这是从尼克森的生活中汲取的场景。

尼古拉斯·麦科马斯被理查德·凯恩斯击败后退回"崎岖多山的宾夕法尼亚山丘"，对这个地方的描述来自尼克森与她的前夫——诗人迪恩·杨（Dean Young）——在这个地方长达四分之一个世纪的度假经历。迪恩·杨的家人住在兰开斯特县，这里的地理和人文，甚至郊区一个旧客厅，都被吸收到《贾勒茨维尔》中，以更好地描述尼克在做什么以及他离开后去了哪里。在真实的历史中，麦科马斯离开贾勒茨维尔后的确切位置不明，但如果说他待在附近的宾夕法尼亚山丘似乎是合情合理的——他有理由来到这个地方并度过一段平静的时光——对尼克森来说，同样重要的是，这个地方她很了解。虽然她最初无法进入尼克的头脑，知道他到底去了哪里，在想些什么，但她至少可以从自己的经验中写下他可能在哪里。然而，原材料虽是必要的，但并不是创作小说所需的唯一工具。除了知识和生活之外，尼克森还必须学习小说创作的方法。为此，她接受了正规和非正规的教育。

来自教育：风格，行文和研究过程

和尼克森的家族关系与经历一样，她的教育和文学影响也不能从《贾勒茨维尔》何以成为《贾勒茨维尔》这一点中被剔除。尼克森从小就知道她想成为一名作家，中学老师施瓦茨先生第一个给了她家庭之外的鼓励。尼克森记得当时感觉自己"又矮又丑"，是施瓦茨先生给了她信心，相信她有成为作家的能力。尼克森记得施瓦茨告诉她："'你必须上大学，你必须开始读更多书，忘记像跳舞和男孩那样的东西，'他对我说，'你很有天赋，我希望你成为作家。'"

高中时，她在写作生涯初期曾追随阿尔伯特·加缪一段时间。她有些尴尬地记得，自己当时还是个青少年，仰慕加缪的方式是给他写诗。加缪对《贾勒茨维尔》以及尼克森所有小说的影响是不可避免的："一旦你走了加缪的道路，即使只是一部分，它也会影响你的思维方式。"从加缪那里她开始踏上了这样的写作道路，就像她在一部小说中所说的，"不是甜美的，温柔的，不会自动产生意义；而是不安的"。从加缪那里，像海明威一样，她学会用"清晰且现实的视角……我希望我给人的感觉是，我演奏的音乐让人舒服悦耳，但不夸张。我不信任那种听起来像在演奏手风琴一样的作家，他们试图用感官来渲染情绪，我不是这样的"。

尼克森决定去加州大学欧文分校读本科，因为在当时那是唯一一所在英语专业中设有创意写作方向的大学。在那里，研究布莱克和叶芝的学者哈扎德·亚当斯（Hazard Adams）是她的导师，她也开始尝试模仿 19 世纪英国浪漫主义散文。她发现如果自己在《圣经》和长老教会的环境中长大，这样写会比较容易：

> 你可以搜索记忆里在长老会中唱的赞美诗来找这种类型的押韵。如果我说服自己的话，我很容易在自己的文章中重现这一点。但如果我正在写一个故事的话，注重押韵就会很不合适。因为我要想到，我用来结束这个句子的词前面必须包含八个音节以形成完美押韵——或者之前有八个词。而这样的做法部分来自《圣经》，但它也来自为哈扎德·亚当斯写作的想法……（我不得不）摆脱这些期望。

尼克森后来在加州大学伯克利分校攻读研究生课程，拉尔夫·拉德（Ralph Rader）教她小说的叙事结构，并让她对创意写作产生了不同的看法。与浪漫主义诗人不同，通过拉德，尼克森"意识到我不应该担心表达微不足道的自我，我应该担心读者的头脑以及读者会从中得到什么"。不过，也许对她影响最大的还是一位浪漫主义作家，D. H. 劳伦斯。尼克森回忆起她第一次接触劳伦斯："没有人像他那样写性和情感，他对这些持开放的态度。他写的东西无与伦比。"然而，作为伯克利的英语博士，尼克森疏远了劳伦斯，因为她在她第一部也是唯一一部文学批评著作中论证了他作品中的反女性主义。

尽管从思想上疏远了劳伦斯，尼克森仍然感到他对自己创作的影响。在《贾勒茨维尔》的初稿（《玛莎的版本》）中，D. H. 劳伦斯"就在那里。他一直都在"。劳伦斯的一部分影响反映在尼克森对初稿的处理上，为了配合故事发生的时间，她决定以 19 世纪的浪漫主义风格来写这本书。这一决定可能导致现代读者认为她的作品太华丽和过于情绪化，或者他们不欣赏或不承认过时的写作风格也是一种艺术选择。读者会将其视为一种与故事时间设定相匹配的艺术表现方法，还是对浪漫主义传统失败和不合时宜的模仿？或许他们会根据现代的感受标准得出结论，尼克森不是一个好作家。在修订中，由于这些担忧，尼克森决定去掉这些风格强烈的元素，她说："大部分时间都要让 D. H. 劳伦斯离开。"

但尼克森还是决定"留给劳伦斯一个场景"，就是玛莎和尼克的最后一次性事。这场性事发生在雪橇上，由玛莎挑起，从表面上看是导致玛莎怀孕的原因。在这里，劳伦斯已经"第一时间来到了（这个场景）"，她以他的风格写了这个场景，并回应了《恋爱中的女人》中的一个句子。根据尼克森的说法，"那肯定是劳伦斯。我感觉他挤了进来，接过了我写作的笔"。虽然尼克森这样做是为了将它作为嵌入的献词和彩蛋，但如第九章将会论述的，将这一场景留给劳伦斯，当它从生产场域转变为接受场域时，会对《贾勒茨维尔》产生重大影响。在写这个故事的时候，尼克森其实在与她作为劳伦斯研究学者的背景作斗争。她试图阻止劳伦斯进入这部小说，当她注意到他的声音挤进来的时候，她会隐隐地喊："等等，等一下，把我的笔还给我！"

在她的故事讲述中，尼克森更想融入她曾经在训练中接受过的其他文学影响。例如，她想让《罗密欧与朱丽叶》"进来"："蒙塔古和坎普莱特的关系当然（是一个灵感）。这是有道理的。他们生活在同一个地方，他们是死敌；他们一直在交战。同样因为年轻人的爱情，两家的宿仇也有过半休战，但敌对的环境与本可以解开的误会使他们分开，他们都非常年轻和冲动。这一切都非常明显地存在于（《贾勒茨维尔》）中。"尼克森也受到了乔治·艾略特的《米德尔马契》（*Middlemarch*）和普利策奖获奖者麦可·沙拉的《决战葛底斯堡》（*Killer Angels*）的影响，后者曾获得过内战小说奖。

除了通过正规和非正规方式学习到的风格和行文，作为伯克利的英语文学博士，她还掌握了文献研究的方法，这极大地影响了《贾勒茨维尔》的写作。虽然尼克森知道小说的地理景观背景，并且已经读过描述那场审判的新闻报道——庭审记录多年前在一场火灾中消失了——她仍需要多年的文献工作才能使自己感受到当时那个时期和当时的人们。尼克森依靠一手和二手资料来确定那时那地发生的事情，将她的小说人物身上发生的事情与历史上*可能发生*的事情结合在一起，将特定事件与过去的一般现实结合在一起——哈福德县内战后生活的一般现实和相关事实——来让人物活起来。

例如，在 19 世纪芭芭拉·杰恩·菲尔德（Barbara Jeane Field）的马里兰州史《中间地带的奴隶制与自由》（*Slavery and Freedom on the Middle Ground*）中，没有记载显示理查德·凯恩斯以麦科马斯使自己的女黑奴怀孕为借口打过他，但尼克森知道，内战后在该地区发生过类似的事件，这使得将这个情节放入这部小说中是"安全的"。而这次殴打的动机，理查德对索菲的性侵，尼克为她和她的家人提供庇护，同样来自事实和虚构的结合，因为也没有对这些事件的历史记录。但将它们放在小说里是"安全的"，因为内战前，凯恩斯家庭农场里很可能有几个奴隶。内战后他们留在农场里的可能性也很大；因为《贾勒茨维尔》中"克里奥利亚"的灵感来自于现实生活中的克里奥利亚，在尼克森还是个孩子的时候，她曾在凯恩斯农场工作和生活过。另外，有传言说，玛莎孩子的父亲可能是一名被解放的自由人，尼克森在《南方宙斯盾》报纸的微缩记录中找到了这个可能的自由人，这份报纸自 1856 年以来记录了哈福德县的大小事。从这份微缩记录中，克里奥利亚的儿子"蒂姆"这个人物诞生了。

在许多例子中，尼克森的文献研究都为她的创作提供了脚手架，但文献研究是没有终点的。这个重复过程中的一个例子是，如果索菲、蒂姆和克里奥利亚成为故事的主角，那么尼克森就不得不去研究他们说话的方式。尼克森了解到，在蒂姆的成长过程中，在马里兰州教非洲裔美国人阅读或写作是非法的。因此，当时非洲裔美国自由人在马里兰州*如何*说话基本上是未知的。尼克森认为，书面记录可能不准确，因为废奴主义者写下的奴隶和自由民的故事，要么将当地的方言转换为更标准的英语，以使它们看起来对白人读者或其他人来说更"像模像样"；要么夸大方言的差异，以吸引那些关注废奴运动的白人，通过把非洲裔美国人的话语和想法描写得简单如孩童，来激起这些白人"帮助"他们的想法。与此同时，在奴隶制支持者对黑奴和被解放黑奴的描述中，方言可能会因非人性化的目的而被扭曲，在当时的流行文化中，这种被扭曲的方言作为一种喜剧效果呈现给白人观众看。对于方言问题，尼克森必须首先了解足够多的历史记录，来调和它们所提供的答案的匮乏。她最终决定一分为二地对待这种差异。

尼克森的结论是，由于教育对于马里兰州的奴隶和前奴隶来说是非法的，因此不能认为他们都像弗雷德里克·道格拉斯[①]一样说话，尽管他们可能也会说正式的英语，或者至少像当地没有土地的和签订契约后为农物主工作的白人一样。她的解决方案是采取一些时代常见的俚语，以弱化南方方言（毕竟这是马里兰州），并写了一个蒂姆与玛莎交谈的情节，来表达被解放的奴隶生活的复杂性。然而，与尼克森所使用的浪漫主义风格

---

① 译注：弗雷德里克·道格拉斯（Frederick Douglass，1817-1895），美国废奴运动的著名领袖。他的父亲是白人，母亲是黑人奴隶。他擅长演说，其废奴演说影响深远。

的情况一样，这种解决方案的功效取决于她是否成功地平衡了这些不同的因素并准确地将微妙之处传达给读者。她认为，让蒂姆、克里奥利亚和索菲完全不发出声音是不可能的，但是如果没有历史记录，这些声音的准确程度并不完全清楚。就像在情节中回应劳伦斯的《恋爱中的女人》一样，这个决定也会对《贾勒茨维尔》未来在场域间的过渡产生影响。

而在其他方面，历史记录就可靠一些。通过翻阅历史记录，尼克森拼凑了所有角色的家谱：谁住在哪里，故事发生时兄弟姐妹和孩子的年龄，陪审员的背景以及他们同情什么等等。理查德·凯恩斯的南方民兵背景证明了他一定同情南方民兵成员。现实中的尼古拉斯·麦科马斯属于邦联民兵，他的兄弟在邦联军队，他的父亲是部长；因此，麦科马斯家族同情谁也很明显。从那个时期开始，有一些教堂的记录，以及马奇·普雷斯顿日记这样的文件，其中关于当地放牧的细节等可以移植到小说中。尼克森从哈福德县文物学会获悉，反叛民兵曾烧了一座铁路桥来阻止邦联部队的前进，尼克森曾用这件事设定场景并确定了《贾勒茨维尔》一开始的背景。尼克森在马萨诸塞州伍斯特市的美国文物学会待了一个月，以了解人们当时买什么商品，花费多少以及人们的想法。她还学习了各种词语的措辞和词源，试图避免不合时宜的说法："我担心'没问题（all right）'这个用法。我想知道它是否（从）20世纪才开始使用。我不会用'没问题（okay）'，因为我知道这个用法是（从）20世纪开始使用的，但随后我（在）《巴尔的摩太阳报》中读到，在审判中有人这样说，'你觉得陪审团没问题（all right）吗？'"

虽然历史记录、可获得的商品类型和词源帮助尼克森捕捉到关于时间和地点的某些元素，但准确地鉴别这些东西使得研究过程变得很长。尼克森不仅试图将历史上准确的细节散布在文本中，而且发现她想知道"一切"，不仅仅是为了历史细节的准确，而是为了在写作时"有感觉"。从边缘人物的教堂出勤记录到自由人可能建造一个小屋的地方，使用什么物品建造小屋以及如何建造，所有的感觉都包含在内。为了对角色的生活方式产生"感觉"，尼克森觉得她也需要回答这些问题："类似于*你如何搅制黄油*这样的问题？这些细节你只是——我的意思是我可以在不知道人们如何生活的情况下写一篇关于那个时期的文章——但是要写一部小说的话，你必须知道这些。"

从学习如何搅拌黄油中，尼克森可以在角色之间制造微妙的区别，比如克里奥利亚（作为前凯恩斯的家族奴隶）搅制黄油的成功和玛莎在克里奥利亚离开农场后搅制黄油的失败。作为这种必须知道全部需求的结果，尼克森的创作过程成了一种辩证的过程。在这个过程中，她必须"有感觉"，同时回过头来确保她所拥有的感觉在史实上是准确的："我会经常进行充分想象，用我的感官进入并生活在这个想象世界中，感觉我就在那里。之后我会回去，'嗯，你知道的，在这里我想知道这个细节'。然后这时候我心里的学者就会出现，试着弄清楚我的感觉是否是可靠的。"

随着这个辩证过程的发展，尼克森的钻研不再仅限于生活中平凡的细节。在这个阶段，她依靠当时的绘画、雕塑和文学来更好地想象她的人物。例如，虽然从细节研究中，尼克森知道理查德·凯恩斯是南方同情者，在人们看来他急躁莽撞，有一头红头发，但是为了真正建立历史的脚手架，形成对人物的"感觉"，她依靠的是 1866 年温斯洛·荷马（Winslow Homer）的画作《前线的囚犯》（*Prisoner from the Front*）。站在画中右方的男人是尼克森写理查德时想起的形象，他挑衅的姿势符合尼克森心中真正的理查德·凯恩斯在历史中的形象。从视觉上观察这个人物，可以与一般的历史研究中关于男性气质、暴力和南方荣誉的交叉复杂性相融合，这种融合可以使人物的气质变得生动。

尼克森也依靠一系列视觉灵感来"深入"玛莎的头脑和行动。尼克森对玛莎叛逆的精神和"假小子"品质的想象，依靠一张她自己母亲的照片。在这张放在壁炉架上的照片中，她的母亲穿着裙子举着步枪进行射击。这张照片是玛莎的一部分，但不是全部。从詹姆斯·麦克尼尔·惠斯勒（James McNeill Whistler）1862 年的画作《白色交响曲一号》（*Symphony in White, No. 1*）中，尼克森对玛莎产生了另一种感觉，这种感觉可以与历史知识中关于那个时代白人妇女被要求扮演的角色相结合，尼克森这样总结这种特质："孩子般的，容易被操纵，需要被控制和保护的那种性感。"这也是玛莎的一部分。最后，也是最重要的，从她的"家族历史学家"舅母和舅舅那儿，尼克森得到了一张真实的、看起来很悲伤的玛莎·简·凯恩斯的照片，这是这个复杂角色的第三面，由此，尼克森完成了"玛莎"的三次塑造，通过在心中进行可视化，尼克森捕捉到了角色复杂性的感觉（见图 2.1）。

图 2.1　三张不同的玛莎照。照片由科尼莉亚·尼克森提供 [1]

　　总体而言，虽然尼克森把童年和个人生活作为讲述《贾勒茨维尔》故事的原材料，但她也通过训练，学会了如何将这些材料构建成小说，并通过积极的研究扩展了这个故事。本质上，尼克森从一个家庭故事出发，使用准确的历史细节将故事构建起来，然后用感觉把它写出来，再通过历史、艺术和写作几个方面的检验和重复，直到她觉得一切都已经达到和谐为止。然而，在创作场域，尼克森并没有达到终点，而是来到了一个新的起点：她刚刚完成初稿。

来自社交圈：精益求精，团体和艺术交流

　　虽然在某种层面上，写作的常规*实践*取决于背景经验和训

---

[1] 译注：该图片中的照片顺序与文中表述的顺序并不完全相同，从左到右分别是《白色交响曲一号》、尼克森母亲的照片、真实的玛莎照片。

练等，但在创作场域，它也受到直接社会互动的深刻影响。科茨伯格（Kurtzberg）和阿玛比尔（Amabile）总结了创作的社会性观点："焦点完全在个体身上，强调个体的认知过程、稳定的个体差异以及外部环境对个体的影响，而对团队层面的创造性协作关注相对较少。在这种协作中，想法是由一群人产生的，而不是由一个人产生的。"[11] 其他人，比如迈克尔·法瑞尔（Michael Farrell）将创作场域中的这种群体形态称为"协作圈"。这个协作圈，最初由享有共同利益的个体联结形成一张不太紧密的网络。随着网络的发展，其中的个体越来越依赖彼此，直到最后他们的创作过程变得复杂且相互依赖。[12] 不同于生产场域的"临时游击队"或"支持人员"，在创作场域，协作圈是由其他作家、朋友、家庭成员、爱人、心腹知己等组成的。

小说家经常在这几个地方找到协作圈：同样是作家的朋友或家庭成员，准正式写作伙伴或写作小组，作为老师或学生参加 MFA 创意写作项目。[13] 在创作关系和社交关系之内的协作圈，成员来源往往是重叠和流动的。比如，在写作《贾勒茨维尔》的时候，科尼莉亚·尼克森协作圈成员就来自这三类。

尼克森的配偶，诗人迪恩·杨带来的影响，与《玛莎的版本》和《贾勒茨维尔》的创作和再创作不可分离。笼统地说，他们的婚姻，既不能被典型化为包含非正式创作关系的婚姻关系，也不能被典型化为包含婚姻关系的非正式创作关系。相反，根据尼克森的说法，这些总是*同时*存在的："迪恩总是我的第一个读者。因为那是……我们婚姻的很大一部分就是阅读彼此的作品——（《贾勒茨维尔》中）所有的幽默都直接来自迪恩。

《玛莎的版本》的题词最初来自迪恩的一首诗。"[14]

将尼克森与其他作家的关系简单描述为以友谊为基础或以创作为基础同样是不准确的，因为这两者已经深深地、不可逆转地交织在一起。尼克森的朋友，诗人夫妇罗伯特·哈斯（Robert Hass）和布伦达·希尔曼（Brenda Hillman）也是如此。他们俩在从旧金山湾区开往爱荷华作家工作坊的路程中，交替阅读了《玛莎的版本》的初稿。他们与尼克森分享，他们印象最深刻的是关于背景的描述性细节。希尔曼回忆说："尼克森当时对（玛莎）这个人物非常感兴趣，但是除了玛莎之外还有一些工作需要完成，以'稍微充实一点'。"尼克森还记得，哈斯和希尔曼认为这个故事开始得"有点慢"。因为长期以来他们一直是她的好朋友，她相信哈斯和希尔曼是"出色的读者"，所以尼克森在修改文本的时候努力解决他们提出的这两个问题。就像尼克森有时让想象中的 D. H. 劳伦斯的鬼魂引导自己一样，她也让她的朋友和其他作家引导她。

尼克森社交圈中最正式的组成部分是她的写作小组，这个小组由一些和她同样是小说家的朋友组成。成员们起初是在米德尔伯里面包作家大会——佛蒙特州米德尔伯里附近的著名年度作家大会——上相遇的，所有人都来自旧金山湾区，而且喜欢彼此的陪伴和创作上的建议，他们决定回家之后也"保持这种谈话"。该小组在每个月的第二个星期四和第四个星期六开会。活动时，每个成员分享自己的作品，然后倾听大家的反馈。

在创作场域，和尼克森的写作小组一样，大家获得的回报主要在时间和艺术精力方面，某种程度上是一种才华交换。有时在写作小组的艺术交流中，"书的整个方向"都可能改变，就和尼克森的情况一样。在创作场域，作家／朋友有时可以在新的方向上相互推动，特别是尼克森写作小组的一名成员——"她是那种写得和我最不像的人。不是因为她写得很浪漫，而是因为她更像是世俗派。她关注所有细节，而我对那些非常紧张和令人颤抖的、或美丽或某种程度上是高潮的时刻感兴趣。这是（我们之间的）区别，这就是为什么她对我而言是一位特别的读者。我爱她，我喜欢*和*她一起工作。她给了我最好的建议，因为她不会自动被我的东西收买。"

当时尼克森的写作小组非常正式，有规定的见面时间和预定的轮流制度。其他作家的小组就不太正式：轮流交换只是一种非正式的约定，成员则是一些互相联系并不紧密的朋友，他们从各自的写作实践中吸收不同的元素。据纯文学小说家芭芭拉描述，一些作家认为自己周围就有一群有创造力的朋友，所以不用成为准正式写作小组的成员：

> 我有两位非常值得信赖的朋友，编辑杰瑞米和萨拉。当我完成初稿时，我会首先给萨拉看，她是一个更爱鼓励我的人。当我完成我的第二稿或第三稿时，我会给杰瑞米看，他更严谨也更有条理，我发现这非常好——他会说"你需要多一点这个，这里你的对称平衡做得不够好，我认为你需要更紧凑"。有时我不同意他的看法，我会说服他，但有时候他会说服我，甚至到了第三稿，整部小说都会因为他而改变。我没有

小组，我只有两个人，我确切地知道他们两个的作用。

帕特里克是一位年轻的小说家，他通过参加一次 MFA 项目，为自己组建了一个由两位朋友和一位教授组成的非正式临时写作小组，他也认为由朋友 / 艺术家组成的社交圈能从各个方面帮助他改进自己的作品："约翰，我认为他有点像是我专业的文稿编辑……艾莉森，她总是非常善于解析角色的感情线，会说这个是不现实的，或者你需要更多这方面的东西……大卫更常说'让我们看看这事，让我们看看会发生什么，看看是不是应该发生什么'。所以他们都有自己关注的方面，这是互补的。"尼克森的写作小组最初是通过作家大会形成的，而像帕特里克这样的年轻作家，通常是通过他们的经历，比如作为 MFA 项目的一员，与人建立友谊并开始创建协作圈。[15]

创意写作方向 MFA 项目的崛起——自 21 世纪后，这种项目的数量已经翻倍——为协作圈的形成和维护创造了新的渠道。以 MFA 项目为中心，现在有遍布全美国的分散的作家创作网络，大多数超出了生产场域的范围。[16] 虽然早期对作家生活的研究显示，作家的生活在相当程度上是社会性孤立的，但在现在的创作场域中，作家通过新的渠道找到了组建创作社区的来源。[17] 一名 MFA 项目老师（同时也是小说家）解释说："我曾经说过，教学工作只是在时间上干扰了我的写作。但你每天也只能写那么长时间。写作是非常孤独的。你需要有一个团体，作家小组就很棒，但我通常每月只去一次或两次……早上写一段时间，然后去学校和年轻人交谈，这样就很好……所以它更多的是关于团体。"

芭芭拉的两位编辑朋友杰瑞米和莎拉对她的创作过程起了重要作用，但她的经历也提供了一个负面案例：她既没有参加MFA项目，也没有在MFA项目中任教，因此感觉自己在创作场域不那么有团体感。虽然她有几个朋友，但她觉得自己缺乏一个可以依赖的写作圈："我（对我的职业生涯）很满意，但我羡慕那些有圈子的人；我羡慕那些参加MFA课程的人，因为他们之间有纽带，还因为他们有导师……我错过了这个背景和语境。我不是觉得自己没有受过写作教育——而是我没有某种（社会）结构，这种结构对于作家来说是巨大的资源。"

在创作场域，在一个较为松散的弱关系网络中，作家可能会感受到更广泛的参与写作团体的感觉。在一个密集的多元关系网络中，作家就进入了一个协作圈。然而，这些协作圈通常发生在私人领域，它们在电子邮件、电话或即时通讯软件当中被激发，或者在咖啡馆、餐厅和散步过程中被忽视了。可以说，它们超出了行业或正式组织的研究范围。因此，虽然写作的物理行为通常可以单独完成，但更广泛的创意写作实践却游走在个体写作行为和社交互动那种相互成就的创作行为之间。[18] 通过这种方式，作家不是单独写作，而是通过他们的社交圈与其他作家一起，将他们的创作实践推向从前无法预料的新方向。

《贾勒茨维尔》如何成为现在的《贾勒茨维尔》

实际上，科尼莉亚·尼克森的写作小组从未读过《玛莎的版本》或《贾勒茨维尔》。在尼克森最需要帮助的时候，她的小组刚刚讨论了她正在写的另一部小说。正因为如此，如果尼克森现在要求小组阅读她另一份完整的手稿，她会因破坏了小组内的半正式轮流制度和规范而感到不安，这些制度意味着她能够向作家朋友们索求多少。换句话说，在她的写作小组，尼克森有艺术债，除非她能偿还一部分，否则就不能再继续索取了。

除了要向写作小组偿还艺术债，在重新修改《玛莎的版本》时，尼克森遇到了问题——在回应可靠朋友的建议，也就是处理第四章的主题"来到耶稣时刻"的过程中——故事本身发生了根本性的变化，所以她需要改标题。新的版本不再仅仅是从玛莎的视角叙述整个故事，因此"玛莎的版本"不再是一个合适的标题。尼克森从来没有特别喜欢它："我认为我这么做（为它取了这个标题）是因为玛莎的葡萄园（Martha's Vineyard）。我喜欢这个词的发音。后来我意识到，'那可能就是我这样做的原因，对吗？'但是我的代理人喜欢它，是的，（那个标题）只是字面意义。思考这本书标题的过程非常艰难。"尼克森考虑过"错误不是堕落"这个名字，这是她丈夫的一首诗中的一句话，但最后没有采用："它必须从书里解放出来……你知道的，这种想法会变得很好，就像一种相互地映照和反思，但就是这样。"尼克森也试了其他的标题；她觉得或许标题中可以包含"合理的"（justified），因为玛莎·凯恩斯因为自卫杀人（justifiable homicide）的临时理由被判无罪。她还试了以"血与某某"为名，并作了很多变化，但感觉都不对，因为这些名字都"粗暴而且过于坚定"。但尼克森的代理人正在等待手稿，所以她写出了二十个可能的标题，希望她能在必须要交稿的时候解决这个问题（见表 2.1）。

在中间地带	荣誉之债	葬礼的季节	最后的歌谣
五月判决	无罪释放	不像是愤怒	秘密战争
平静陨落	离开贾勒茨维尔	不完美的邦联	毁灭的邦联
没有中间地带	玫瑰花蕾上的血	在贾勒茨维尔	合理
不会停止的战争	战争的结束	巨变之后	军队交战的地方

**表 2.1 修改《玛莎的版本》标题时的备选方案列表，
科尼莉亚·尼克森，2008 年 1 月**

幸运的是，这时候她的写作小组组织了一场茶会。茶会不是正式的会议，在其中可以更自由地交换不成熟的想法并给别人建议。虽然尼克森无法要求小组读她整个手稿，但在以前的茶会和随意的谈话中，小组成员都已经知道了《玛莎的版本》和它经历的变化；在这种情况下，茶会是询问大家意见的完美场合。尼克森决定，下次去参加茶会的时候带上她准备的二十个备选标题的列表。

尼克森原本期待小组会帮她从列表中挑一个标题，但是在茶会上，小组成员们对这些备选项的回应很平淡。大家在房间里讨论起这部小说经历的变化：从一部完全由玛莎的视角来讲述的故事，变成了平等地从玛莎和尼克两个视角讲述的故事，整本书结束于这个小城中十二位居民的叙述。尼克森从历史研究中整理出一份这个地区的家族谱系，小组成员也谈到，19 世纪60 年代贾勒茨维尔的人"与他们的第一代表亲结婚，而整个家族确实是一种超越任何核心家庭的存在……这里有一个将整个地区连接在一起的网络，前黑奴是这个网络中的一部分，就算是当时的人们也这样认为。他们在那里，战争的叛变者在那里。当人们以许多方式紧密联系的时候，他们为敌对的立场而战斗，即使战争已经结束，你还是可以看到人们之间的战争。这整个地区像是一场可怕的家族战争"。

尼克森回忆，不是丽莎·马歇尔（Lisa Machaels）就是温德拉·维达（Vendela Vida）说："就只叫'贾勒茨维尔'怎么样？"她的写作小组向她解释道，这份手稿不仅关于这里的人们，还关于这个地区本身，二者甚至可以分开来看。小组成员谈到他们喜欢的其他以地名作为标题的小说，以及"贾勒茨维尔"作为标题有多么合适。"这真的太棒了。"尼克森回忆道。她既感激拥有了这个新的标题，也感激新标题的意义以新的视角得到了明确。尼克森解释，她的朋友们，不但是朋友而且也是有独立作品的作家们，"拯救了我"。

在这个过程的最后，似乎"玛莎的视角"某种意义上是尼克森的视角，而在"贾勒茨维尔"诞生的过程中，后者是一个被尼克森写下，但最终经许多人之手创作而成的故事。对尼克森来说，这所有的人，包括鼓励她成为作家的八年级老师、因为知道她想成为作家所以告诉她这个家族秘密的母亲；包括性格和经历在文本中忽隐忽现的朋友与熟人、教她写作的老师、她不得不努力摆脱其影响但十分仰慕的作家；还包括给这部小说带来幽默感、告诉她什么在起作用什么不起作用、提出大的修改建议，乃至决定这本书真正关于什么和重新为它起名字的来自她社交圈的成员们。总而言之,《贾勒茨维尔》这本书所囊括的创造力，都是不可缩减的社会性创造力。

在《贾勒茨维尔》的创作中，"科尼莉亚·尼克森"已经成为了一个集合名词；一个被无数人影响的"傀儡"，被长长的致谢页中的人所影响，甚至被她觉得应该致谢但没有列在名单上的更多的人所影响。在创作场域，在出版商和读者看不到的幕后，《贾勒茨维尔》完成了太多协作性的工作。换句话说，相比于尼克森所有的创作行为，这本书也诞生于同等数量的合作和互动。如果我们把这本书仅仅看作是尼克森独自坐在咖啡馆中完成的，就会丢失使《贾勒茨维尔》成为今天的《贾勒茨维尔》的许多重要东西。对这部小说的故事和风格来说是如此，对人物的发展和"贾勒茨维尔"这个标题本身，也是如此。

3

作家的职业生涯

或者说，6000 美元如何成为一份中等收入？

重访星巴克

如果你重新回到伯克利牛津街和中心街道拐角处的星巴克，你还会看到尼克森正戴着耳机，用她的笔记本电脑写作。1998年到 2004 年之间的大多数日子，她每天都会在这里待两个小时，直到停车费用完。在写作状态好的时候，她会付更多的停车费，在这里多待两个小时（虽说大多数日子里写作状态都不太好）。尼克森的日常写作习惯是一个关于创作过程的故事，也是一个关于钱的故事。为了理解尼克森的创作过程，我们必须考虑两种小的经济交易和一个更大的经济现实：（1）付停车费；（2）买茶；（3）负担得起在星巴克写作的日子。

尼克森住在伯克利山一间漂亮的公寓里。从傍晚的卧室窗户里，她可以看到旧金山湾、金门大桥和旧金山天际线后面的日落。她的公寓距离伯克利玫瑰花园只有五分钟步行路程，这是一个有台阶的露天剧场，种植着超过 250 个品种的玫瑰，还有网球场，能看到游客们在东海岸最壮丽的景色前面自拍。如果尼克森想的话，她可以在自己的餐桌前写作，或者至少在卧室旁边的房间里那张专门*用*来写作的桌子前写作。尼克森还有一间体面的办公室，办公室里也有书桌，但她不用那张桌子。尼克森每天花两小时或者四小时，在咖啡馆里写完了《贾勒茨维尔》。

对尼克森来说，在星巴克里写作有几个吸引人的地方。首先，不同于在家或办公室，在这里，被周围的人环绕可以抵挡写作这个*动作*的孤独感。其次，星巴克里没有家里那么多令人分心的事，也没有办公室里令人分心的社交。第三，要在星巴克里写作就要付停车费，她把这一点当成对自己的许诺工具，一种引导她完成一个长期目标（比如写作），而不是屈服于短时冲动（比如，对作家来说最常见的缓兵之计就是"除写作之外的一切事情"）的方式。对生活优裕的尼克森来说，付星巴克旁边停车费的那点钱不太重要，但她必须为待在这里而*付钱*，这样她才会认为自己有必要完成工作。大多数时间里，如果她想的话，她可以待在星巴克一整天，但通过付停车费的方式，她

有意识地为自己的工作划分出两个小时的时限，否则那些做
"除写作之外的一切事情"的时间就被浪费了。有限的两个小时
也使尼克森能让那些"写作状态很差的日子"只占据每天的两
个小时，以免一整天都处在痛苦当中。在"写作状态很好的日
子"里，她可以在两个小时之后休息一下，起身去付接下来两
个小时的停车费。

　　在尼克森的日常创作过程中，第二种经济交易是为喝茶而
付的钱，这对她来说同样是不太重要的支出，但也不是没有意
义的。安东尼·特洛勒普（Anthony Trollope）①写作时，每天早
上五点半起床，在穿衣吃早餐之前完成他的每日工作。特洛勒
普能保持这种工作时间依赖于他的一位仆人，他每年多付给这
位仆人五磅，让仆人在很早的时候就做好咖啡并端给他。特洛
勒普在自传中这样写这位仆人，"我不知道我是不是不应该这样
想，比起其他人，我感觉我的成功更多地归功于他"。[1]对霍华
德·贝克尔（Howard Becker）②来说，特洛勒普将自己的成功归
因于他的仆人，这是一个支持人员的完美范本：做一些很小的，
但能帮助作家写作的事的人。尼克森没有仆人，但是她有在她
写作时为她做饮料的工作人员。不同于贝克尔重述特洛勒普仆
人的故事中那种很清楚的交易，尼克森与星巴克工作人员的关
系更复杂，这种关系出现在看似最普通的日常经济交换中。[2]

　　如果尼克森要将她写作上的成功归功于哪一位饮料制作者

---

① 译注：英国维多利亚时期的长篇小说家。
② 译注：美国著名社会学家。

的话，那就一定是星巴克的经理玛吉。时间一长，尼克森和玛吉相识了。尼克森喜欢玛吉那张友好的、带着鼓励表情的脸，玛吉也常常会问尼克森《贾勒茨维尔》的最新进展和写作进度。事实上，玛吉知道这个故事的全部，她想让尼克森在这部小说完成后来星巴克做一次读书会。有一天，她还送了尼克森一件礼物——一个专属尼克森的咖啡杯（见图3.1）。从尼克森的角度来说，她也知道玛吉的故事，知道她来自哪里，知道她最近在做什么，也知道她想要去哪里。不知道特洛勒普会不会在仆人为他端上咖啡的时候与仆人说起他的写作。关于社会性支持的一个很重要的细节是，虽然社会性支持对接受它的作家来说是可识别的，但从支持人员、为作家端上咖啡的人们的角度来思考，又常常难以捕捉，即认识到交易服务的提供者使得艺术家能够顺利完成艺术作品。但玛吉对尼克森来说不止如此；她的鼓励和体贴的礼物——物质形态上的鼓励——会支持着尼克森。当《贾勒茨维尔》进入到生产场域的时候，尼克森会经历贝克尔提到的传统意义上的支持人员——她从未见过的封面设计师，最多只听过名字的审稿编辑。而当仍处在创作场域时，她

图 3.1　玛吉送给尼克森的礼物

与玛吉的关系即使是有限度的，但对尼克森的意义也不只是简单的金钱交换关系而已。

尼克森日常创作过程中更大的经济现实就更复杂了，涉及尼克森怎样在经济上支持自己每天的日常写作。对《贾勒茨维尔》这本书来说，尼克森在多年写作过程中收到过一笔 6000 美元的预付金。她九年前写的小说情况要好一点，有 10000 美元，但依然不够基本的生活所需。基于如此小的金钱回报和她不规律的产出，尼克森是如何支付停车费、茶费和公寓费的呢？尼克森是如何支付得起她的写作的呢？

谈论钱

小说家，像其他艺术家一样，在与外人谈论钱的时候会感到犹豫。写纯文学小说的人可能尤其会对与钱有关的谈话感到迟疑，因为他们有布迪厄所说的"对无私的兴趣"。[3] 但在小说家之间，钱又是一个很普通的话题，而且鉴于写小说的经济现实，可能这个话题会更普遍。直到最近，大多数小说家也只有有限的几种方式来负担自己的写作：他们可能自身很富有，或者配偶有稳定的收入来源，或者白天工作晚上写作。一边写作一边谋生，尽管这对大多数出版商或读者来说无关紧要，但对海关检查员赫尔曼·梅尔维尔、邮局局长威廉·福克纳、汽车经销经理库尔特·冯内古特、电话推销员和薯片质量控制检查员奥克塔维娅·巴特勒、广告主管詹姆斯·帕特森和健美操教练阿兰达蒂·罗伊来说，这至关重要。

对那些无法在写小说的愿望和全职工作之间做出平衡的人来说，他们不得不依赖家庭和朋友的慷慨帮助。哈珀·李（Harper Lee）就是这样。她在阿拉巴马州读大学的时候开始就希望成为作家。二十多岁时，她在一家纽约的航空票务公司工作，这个愿望几乎中断了。但也是在那里，她重新遇到了童年时期在家乡阿拉巴马州门罗维尔的一个朋友，这个朋友已经成为了著名作家。她的朋友楚门·卡波特（Truman Capote）把她介绍给了他的朋友迈克尔·布朗和乔伊·布朗（迈克尔是百老汇的作曲家和作词人，乔伊是一名前芭蕾舞女演员），哈珀·李很快就和他们变得很亲密。他们知道了李的写作愿望，并且有支持她愿望的经济能力，于是 1956 年的圣诞节，布朗夫妇给了她一张卡片作为礼物，上面写着："你现在有了一年的假期，可以写下你喜欢的任何东西。圣诞快乐。"[4] 那一年，在朋友的帮助下，哈珀·李写下了《杀死一只知更鸟》。如果没有富裕朋友的帮助，这本获得巨大成功、拿到普利策奖的小说可能永远都不会被写出来。

依赖慷慨的朋友并不总是可行的，所以许多小说家会与那些收入可以支付日常开销的伴侣在一起，或者最后会在一起。这并不是说，小说家会根据收入的能力来寻找伴侣，尽管有些人可能会这么做，这仅仅是说，那些已经拥有或继续寻找财务稳定的人，比起没有这些的人，更有能力追求作为小说家的职业理想。不出意外，成为小说家所需的财务偿付能力和稳定性也来自代际财富。安·鲍尔（Ann Bauer）是一位小说家，她将自己的写作生涯说成是由她的丈夫"赞助"的，并回忆了这样一个例子：

> 我参加了一场精彩的读书会……大约一年半以前。作者非常有名，是一位非凡的非虚构作家，当之无愧地获得过几个大奖。他也刚好是一笔巨大遗产的继承人……他是一个从未从事过任何一份工作的人，更不用说两份工作了。他有几个孩子；我知道，因为在读书会上他们和他一起在读，所有孩子都排成一列。我听人说他正带着孩子们和两个保姆一起进行全球巡回的活动。
>
> 这些都不会影响到他的才华。但是，当一位读者——年轻，大眼睛，显然不知道这件事——站起来问作家，他怎样花费十年的时间写这部最新的杰作，在那段时间里他为养活自己和家人做了什么？他用严肃的语气告诉她，这很难，但他为一些杂志写文章来熬过去。我听到一些了解真相的读者在窃窃私语，但作者面无表情地继续下一个话题。这让这位女士认为，他在家里写写发表在《国家》和《沙龙》上的作品，就能在整整十年的时间里养活全家。[5]

除了上文对 20 世纪下半叶大多数小说家生活的描述——白天工作，得到配偶、朋友的赞助或者继承遗产——小说家获得报酬的方式还包括他们最常规的一种活动：写小说。虽然尼克森写得比一些人慢，她的进步也不大，但她不能依靠她在小说上的进步来谋生这个事实是小说家之间的共识。对几乎所有作家来说，写小说不是谋生的方式，这也不是一种新现象。[6] 1946 年，小说家马尔科姆·考利（Malcolm Cowly）描述了不断增长的图书市场和崛起的月度图书俱乐部对作家收入的影响："大多数作家像以前一样，靠分食不同桌子上的面包屑生活。与此同时有一些，甚至上百个最受欢迎的作家，像战争承包商一样快速赚钱。"[7]

今天，这个一般原则依然适用，并且在各种艺术类职业中都适用。但定义小说家的收入还是有两个挑战。[8] 首先，要定义谁算作小说家，这个定义越严格，收入不平等现象就会越少。[9] 第二，正如艾莉森·格伯（Alison Gerber）说的那样，要定义一个小说家的收入，就必须做这样一个选择，是以"对象中心"的观点来看小说创作收入（例如，预付金加版税，减去创作小说的费用），还是从更全面的角度看有工作的小说家如何生活、如何赚钱。[10] 以小说为中心的观点忽视了大多数小说家赚取收入的方式，约翰·B.汤普森（John B. Thompson）指出这是一个"赢家拿取最多"的事情。[11] 因此，在谈论作家收入时，虽然曲线的斜率可能会根据定义而改变，但形状基本保持不变：只有很少的顶层作家能以高速率赚取高收入，基数稍大但仍为数不多的中间作家能赚到足够的钱，而绝大多数作家只能从他们写的书中赚到面包屑，必须通过其他工作赚钱。

然而过去四十年间的三次重大转变已经使得在美国写小说可能比从前任何时候更有利可图。对畅销书作家而言，他们发表作品的非正式限制的减少——或许更重要的是，他们实际上在多大程度上亲自写作他们的书——已经创造了马太效应，富人变得更加富有。[12] 对于中间的作家而言，他们的生活也通过两种不同渠道在变得更好。而在底层，随着电子书技术的兴起，新的分销流开辟了以前很少存在的收入渠道，尽管这些新技术也为作家带来了新的风险。

名字经济和顶端生活

在收入曲线的顶端，作家存在于布瑞恩·摩尔然（Brian Moeran）所谓的名字经济（name economy）当中：非常有名的人不需要更多身份识别，他们将产品、组织和个人联系在一起。[13] 詹姆斯·帕特森（James Patterson）就是这种情况，他的出版商利特尔–布朗公司（Little，Brown and Company）有一个专门为他服务的 16 人团队，帕特森估计占了公司总收入的三分之一。[14] 从 2006 年到 2010 年，在美国，每卖出 17 部小说就有一部署名是帕特森，虽然他受到过批评，但他将名字经济置于作者收入曲线的顶端，并且自然地得出结论：他不再写书了，或者说至少不再像其他作者写作的方式一样写书。[15] 帕特森署名了 130 本书，即将完成一份包含 24 本书的创作合同，但留给他的创作时间却不够写 24 本书；他还有近 25 位共同署名的作者。他提供了人物和情节的详细轮廓，而故事主要由这些共同作者写下。正是通过他的共同作者，帕特森的"生产力"从 21 世纪初的一年几本书增加到 2015 年发行的 18 本书（见图 3.2）。从 2016 年开始，作为他"产量"的一部分，帕特森开始通过他的

"BookShots" 计划 "写作" 中篇小说，旨在每月发布 2—4 部，该计划的第一年将会发布 21 部小说。[16]

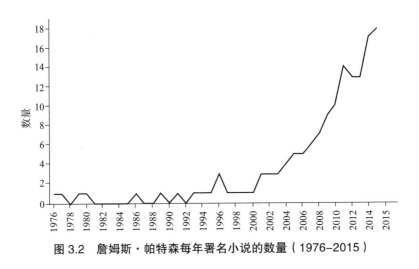

图 3.2 詹姆斯·帕特森每年署名小说的数量（1976–2015）

在名字经济作家中，帕特森不是唯一有共同作者的作家。就像帕特森用 "亨利·福特（Henry Ford）的方式" 来看待写作，珍妮特·埃万诺维奇（Janet Evanovich）也将创作视为 "装配线"，詹姆斯·弗雷（James Frey）则称之为 "小说工厂"。[17]这些例子的新颖之处是这些名字经济作家基本上还被认为是作家，而这种名字经济已经应用在其他领域——艺术，政治，体育等——的已知实体书实际上由影子作家书写，由另一个人署名。《安迪·沃霍尔的哲学》就是这种情况，在这本书中，沃霍尔被认为是唯一的作者，尽管所有人都认为他完全没有写过这本书。共同作者鲍勃·科拉切洛（Bob Colacello）说："当我完成这一章时……（沃霍尔）把它带回家……并通过电话把它读给布里吉德·柏林（Brigid Berlin），录下她的反应。然后他把录音带给帕特·哈克特（Pat Hackett），告诉她'让它变得更好'。所以现在，影子作家也有了一个影子作家。"[18]

对创作场域的一些作者来说，把自己变成名字经济的一部分能够获得巨大的经济回报。他们名字的力量，以及他们的名字在生产场域和接受场域（有时这在创作场域被怀疑）产生巨大力量的原因，是他们在不确定性非常高的场域中提供了罕见的可预测性，因为"其他一切都是高度投机"。[19]对亲自写作所有书籍的名字经济作家斯蒂芬·金（Stephen King）来说，由他署名的新书会给这本书带来"类型"的期望，不管它是在生产场域粗略估计的销售额，还是接受场域的读者对他们买的书的预期。正是这种基于名字而给读者的承诺票，导致了作家埃莉诺·罗伯逊（Eleanor Robertson）以不同的笔名写作不同类型的作品：她在写爱情时是诺拉·罗伯茨（Nora Roberts），而在写悬疑和科幻小说时是 J. D. 罗伯（J. D. Robb）。

然而对许多处在名字经济中的作家来说，根据创作场域的特有逻辑，名字经济的可预测性让他们感觉不安。对名字经济作者而言，他们的时间和身份与他们的写作联系在一起，他们会担心，在生产场域和接受场域，他们的名字带来的保证会掩盖所有与作品质量——或缺乏质量——的真正接触。对著名的小说家和剧作家多丽丝·莱辛（Doris Lessing）来说，这个问题很大，所以她决定偷偷用简·索莫斯（Jane Somers）这个名字写两部小说，看看她的出版商乔纳森·凯普（Jonathan Cape）

是否会在不知道是她的情况下出版这些作品。出版商拒绝了这部小说。她描述这个实验的时候已经知道结果会是什么，"我想强调图书出版整个可怕的过程，'没有什么会像成功一样成功'。如果这些书署上我的名字出现，他们就会卖掉很多本，评论人就会说，'哦，多丽丝·莱辛，写得真好'"。[20]

类似的匿名出版故事也发生在"哈利·波特"系列的作者J. K. 罗琳身上。2012 年"哈利·波特"系列结束后，罗琳以她自己的名字出版了小说《偶发空缺》（*The Casual Vacancy*），这本书在出版后的前三周就卖出了超过一百万本。罗琳的下一部小说《布谷鸟的呼唤》（*the Cuckoo's Calling*）以罗伯特·加尔布雷斯（Robert Galbraith）的名字秘密出版，这本书获得了评论界热烈的讨论，但在她曝光作者身份之前只卖出了 1500 本。根据经验，罗琳说，"在没有炒作或期望的情况下出版小说的感觉特别好，我很乐意以不同的名字得到反馈"。[21]在这里，罗琳的怀疑似乎也得到了证实：在名字经济中，J. K. 罗琳的名字对接受场域的读者来说是一个积极的信号，但对于站在生产和接受场域之间的评论人来说是一个负面的信号。通过改名字，罗琳可能会把评论人的目光重新引导回作品本身，并引导哈利·波特粉丝的目光远离一本可能不会吸引他们的书。然而，这并不是罗琳的第一次改名。和许多创意劳动力市场的情况一样，名字经济不仅有利于名人，还有利于男性和中性的名字。波特系列的出版商布鲁姆斯伯里把罗琳的名字从乔安妮·罗琳（Joanne Rowling）改为性别暧昧的 J. K. 罗琳，其他例子还有A. M. 巴纳德（A. M. Barnard），她原先名为路易莎·梅·艾尔科特（Louisa May Alcott）；或直接使用性别指向性明确的男性名字，像哈珀·李（Harper Lee），原先是妮尔·哈珀·李（Nelle Harper Lee），以及乔治·艾略特（George Elliot），原先是玛丽·安·伊万（Mary Ann Evans）。

名字经济可以为已经拥有很多的人提供更多，它也可以从那些什么都没有的人那里夺走更多。在名字经济中，不为人所知的一面是所有那些不被作家、出版商和读者所知的名字们。那些成功出版了书，但没能卖给更多读者的作家——也就是大多数作者——可能会受到名字经济内在逻辑的惩罚：他们被视为可预测的"坏的"而不是好的赌注。这似乎就是帕特里夏·奥布莱恩（Patricia O'Brien）的情况，她已经成功出版了五部小说，但第六部无法出版，被十二家出版商拒绝了，包括她上一部小说的出版商西蒙与舒斯特（Simon & Schuster）。她的编辑说她以前的作品卖得不够好，所以没办法出版她的下一部小说。奥布莱恩的文学代理人觉得她在名字经济中已经被列入了黑名单，因此建议她开始用笔名凯特·阿尔克特（Kate Alcott）尝试一下，以便这本书能有"公平的机会"。[22] 一周内，兰登书屋下属的一个出版社道布尔戴（Doubleday）买了"凯特·阿尔克特的第一部小说"，后来这本书成了畅销书。出版商也用不太明显的欺骗性策略来掩盖作家以往的不成功记录，例如出版商阿冈昆（Algonquin）为了卖出芭芭拉·夏皮罗（Barbara Shapiro）第六部小说《艺术伪造者》（*the Art Forger*），没提作者的名字，也没提她的前五部小说，这使这部小说最终成为畅销书；出版商在宣传萨拉·格伦（Sara Gruen）最终成为畅销书的《大象的眼泪》（*Water for Elephants*）时，也自动忽略了她之前的两部小说——都卖得不好。这种旨在减轻对那些卖得不好的书的惩罚的策略，是文学代理人杰森·阿什洛克（Jason Ashlock）描述的逻辑的一部分。他说，作家"今天最大的敌人不是盗版，而是不出名"。[23]

对那些在名字经济中处在顶端的少数作者来说，21 世纪的生活比以前更好。这是两种因素作用的结果：一种是传统出版规则的制度转变，原来市场每年只能支持一个作家的一本书；一种是替代性出版渠道的兴起。第一点直到最近才被承认，即名字经济作家每年不会有超过一本书的市场。即使在 20 世纪 90 年代末，一些高产作家也会藏起手稿，或在同一年使用笔名来多出几本书。斯蒂芬·金以笔名"理查德·巴赫曼"出版的书就是这样，这些书仅在 1978 年至 1997 年间出版，这期间斯蒂芬·金以本名署名的书也在出版。这种传统出版规则所发生的制度转变在帕特森越来越惊人的产出中得到了最好的印证。2013 年，帕特森赚了大约 9000 万美元，这在 20 世纪 80 年代或 90 年代是不可能的，那时候，他的装配线式生产还受限于制度化出版规范的人为限制。

相应地，电子自出版的兴起也有利于处于顶端的作家。2000 年，斯蒂芬·金在他的网站上试验出版了他的《植物》（*The Plant*），这是一个由读者们按章节付钱的连载项目，他最后并没有写完这本书。2010 年，斯蒂芬·金花了三天写了小说《Ur》，他没有自己花钱搭建平台，而是发布在了亚马逊上："我已经赚了 8 万美元。用这么短的小说从《花花公子》或者其他人那里赚这么多钱是不可能的。这太荒谬了。"[24] 自出版中相似的巨大回

报也发生在休·豪伊（Hugh Howey）、阿曼达·霍金（Amanda
Hocking）、约翰·洛克（John Locke）、E. L.詹姆斯（E. L.
James）身上。豪伊是深受欢迎的地堡系列科幻小说的作者，他
说自己每个月在亚马逊赚 15 万美元，相比之下，在传统出版商
那里只能赚到一点预付金。

通常，在顶端获得巨大成功但增长缓慢的市场中，我们
认为这个市场的中部会被逐渐蚕食，底层的收入也会被进一步
抽空。但是，这对小说家来说并不是全部。除了这些通过写作
而变得富有的少数作家之外，对大部分作家来说，由于政府的
非直接干预和行业管理的变化，通过写作谋生的可能性在过去
四十年间已经得到了增长。这些市场变化也增加了底层小说家
获得收入的机会，尽管这种改善不应过分夸大。一般来说，不
确定性与作者收入呈反比关系；那些有名的、写作和出版时不确
定性较低的作家往往会赚得更多。因此，即使各个层级作家的
收入都有所提高，不确定性——在这种情况下，就是说在名字
经济之外写作——依然受到财务上的惩罚。

科尼莉亚·尼克森从来没有从名字经济中获益，如果有的
话，她也是名字经济的受害者。她在名字经济中没有位置这一
点没有真正伤害到她在创作场域中的位置——她的社交圈由名
字经济和非名字经济的朋友和盟友组成——但在生产场域和接
受场域，她的名字却不是将她和出版商、读者联系起来的承诺
票。尽管评论界对尼克森在《贾勒茨维尔》之前的两部小说的
接受度还不错，但这只能表面上帮助她在生产场域立足，在接
受场域却不行。她的产出速度太慢，以至于无法为她的"名字"

制造足够的势头，即使有热情洋溢的评论，但出版一部尼克森的新小说意味着重新把她的名字推给评论人和读者。在尼克森所处的创作场域，纯文学小说写得"太快"会比写得"太慢"更容易引起怀疑，但是根据生产场域的逻辑，写得太慢却是困扰她的问题。即使《贾勒茨维尔》写得再快一点，还是会遇到前面所说的势头问题，因为这部小说一点都不像她之前的小说（那两部小说都不是历史小说），这对读者来说，意味着破坏了先前她的名字所暗示的承诺。然而，科尼莉亚·尼克森没有成为名字经济作家中的一员，而是通过一个完全不同的作家收入增长渠道，找到了她的职业生涯和收入来源。

不确定性和扩张的中层

有了后见之明，詹姆斯·帕特森和 J. K. 罗琳的粉丝就可以说出他们成功的原因，说出他们与其他写同类小说的作家的不同之处。但如果没有后见之明，就像在创作场域和生产场域的大多数人都知道的那样，进入名字经济往往是一种侥幸，创作者和生产者的最后结局似乎是随机的。[25] 例如，曾有 14 家出版商拒绝了帕特森的第一部小说。斯蒂芬妮·梅尔（Stephenie Meyer）曾给 15 位文学代理人看了《暮光之城》，而 10 家出版商里面有 9 家拒绝了她的作品。12 家出版商拒绝了罗琳的第一部"哈利·波特"小说，而最终接受它的出版商布鲁姆斯伯里认为首印 500 本就足够了（300 本到图书馆，200 本到市场）。我们还可以加上威廉·戈尔丁《蝇王》的故事，这部小说被二十多家出版商拒绝，出版的第一年销量不到 250 本，并在 18 个月内就绝版了。类似的很难找到读者的保守估计也适用于安妮·弗兰克（Anne Frank）的《安妮日记》，这本书最初被 15 家出版商拒绝，其中一家甚至回应说这个故事"非常沉闷"，是"对典型家庭矛盾、小烦恼和青春期情绪的典型记录"。[26]

对大卫·赛德瑞斯（David Sedaris）来说也是如此，他可能是过去四分之一个世纪以来最成功的幽默作家和回忆录作家，他从一个完全默默无闻、写了十五年日记的人，通过 1992 年一次遇到芝加哥公共电台主持人的机会，变成了名字经济的一员："我曾在梅西百货做了两年圣诞老人，并且一直在写日记。在电台中我读了我日记的一部分，艾拉·格拉斯（他在芝加哥一家俱乐部里听到赛德瑞斯朗读自己的日记，就联系了他）把它们编辑发表在了《晨报》上。在大约十二分钟的时间里，这件事就改变了我的人生。我有我以前的生活，然后有了我以后的生活。"[27]

这些只是进入名字经济的特殊故事，在通常情况下，作者的成功是不太可能、不可预见的，这才是一般规则。对于作品已出版的作者来说，默默无闻是典型的经历，只有少数成功的人才能让这件事在事后看起来具有逻辑和可以预测。因此，几乎所有小说家都不知道他们是否能够独立生活。简单地说，仅仅把判断留给消费者市场的话，几乎所有的小说家实际上都无法负担得起成为小说家的生活。然而，由于两种因素的出现，在广阔而不确定的中间地带找到自己的位置可能不像以前那么困难了。

第一个因素是 20 世纪 80 年代初预付金的增加。20 世纪下半叶，在图书市场的大规模扩张和为作者权益谈判的文学代理人兴起的基础上，不确定的、广阔的中层作家收入增长了，并且比历史上任何其他时期的分布都更为平等。通过文学预付金制度，顶端的收入已经渗透到中层的口袋中。对图书出版现代预付金制度最好的描述是将其称之为偶然的社会主义；在向下一代名字经济作家下注时，出版商已将利润重新转移到广阔而不确定的中层这里。[28] 中层小说家收入增长的第二个因素是与第一个因素不同的解决方案，它是由美国国家艺术基金会（NEA）采取有意识、有智慧的策略的结果，他们想补贴那些不能单靠市场力量生存的作家的生活。这就使 MFA 创意写作课程的急剧增加。

第一个这样的项目是爱荷华作家工作坊，由威尔伯·施拉姆（Wilbur Schramm）于 1936 年创立。这种模式直到 20 世纪 60 年代才开始被复制，到 2000 年才开始推广。事实上，2000 年以来的创意写作 MFA 课程比整个 20 世纪加起来都要多（见图 3.3）。与英语或比较文学学位的课程不同，创意写作中的 MFA 课程主要为小说家、短篇小说家、诗人和其他创作者提供收入。他们可能是全职教师、研究员、兼职人员或作家。在这些人的写作过程中，他们得到了补充的收入或全部收入。一些 MFA 老师，如短篇小说家格雷格，对这种安排感到满意。他将 MFA 项目中的终身职位定义为"一份工作，一种在写作时谋生的方式"。

然而，在过去四十多年的时间里，MFA 带来的薪酬变得如此制度化，以至于年轻的作家已经对谋生的另一种方式一无所知，最终可能会产生美化过去的后果。一位 MFA 项目中的作家老师解释道："大多数作家现在都必须在大学里教书，因为这是

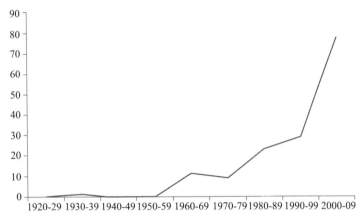

图 3.3 美国的 MFA 创意写作课程每十年的变化

资料来源：2012 年塞斯·阿伯拉姆森（Seth Abramson）为《诗人与作家》（*Poets & Writers*）编制的 MFA 数据。

我们维持自己生计的方式，而让整个国家所有记录生活的人像现在这样做是件非常奇怪的事。这里是学术世界，（并且）与世界的其他部分不一样。如果我们能够回归生活，在生活中写作，那将是一件好事。"虽然这位作家希望"回到"小说家可以通过写作谋生的时代，但他没有具体说明所指的时间，历史上是否真的存在这种时代也是可疑的。虽然 20 世纪上半叶被重新阐释为美国文学的"黄金时代"，但在那个时代，图书市场（以及与之相应的写作报酬）相比之下却比较小。

乔纳森在生产场域是一位受人尊敬的著名人士，曾在其漫长的职业生涯中担任过各种职务。他认为创造性写作几乎没有回报的历史已经结束了，取而代之的是这样的假设，作家总是能够依靠写作生活，也应该能够依靠写作生活："当然哈特·克莱恩（Hart Crane）[①]从没有想过社会应该为他提供谋生手段。所以有了一种根本性的转变……第二代 MFA 项目参与者以及之后的人，他们在 MFA 项目中深深扎根，他们没有其他想法，没有传统的那种基础。"一些作家老师将 MFA 项目在 20 世纪 70 年代的增长归因于从那个时期开始，英文系放弃了传统的评价文学作品的研究方向，并留下了"创造性作家能够闯入的空间"。英文系的课程转变确实为创意写作 MFA 项目的兴起创造了机会，但这个因素只是这种项目可以在教育领域中开辟出一个位置的条件之一。它们一开始出现和扩张的各种条件是完全不同的。不同于上述条件，创意写作方向 MFA 项目的崛起在很多方面都是 NEA 有意识的策略的结果，他们的目标是给正在写作的作家收入。虽然资助创意写作 MFA 项目不是 NEA 首次尝试帮助作家，但这种资助是最自足和最政治有效的一种方式。

从 1967 年开始，在小说家和诗人哈珀·李、拉尔夫·艾里森（Ralph Ellison）、约翰·斯坦贝克（John Steinbeck）和保罗·安格尔（Paul Engle）的提议下，NEA 开始赞助单个作家。第一批受到资助的二十三位作家包括威廉·盖迪斯（William Gaddis）、理查德·耶茨（Richard Yates）和后来获得诺贝尔奖的艾萨克·巴什维斯·辛格（Isaac Bashevis Singer）。此后不久，正式的文学小组（Literature Panel）在卡罗琳·凯泽（Carolyn Kizer）领导下成立，继续为单个作家提供资助，并设立发现奖（Discovery Awards）以资助有抱负的作家。这个奖项

---

① 译注：20 世纪美国诗人。

存在的时间很短暂，后来被 NEA 的文学主管艾米·斯托尔斯
（Amy Stolls）关停。

> 捐赠基金雇用了"天才侦察员"来寻找这些有天
> 赋、经济困难的不知名作家。据 1967 年向理事会提交
> 的一份报告称，这些天才侦察员的工作成果是"卓有
> 成效的"，"一位年轻的黑人诗人在阿拉巴马州经营一
> 家综合商店来养活她的三个孩子"，另一位"年轻的南
> 方作家，自出生以来就失明，还患了婴儿期瘫痪，她
> 设法凭靠她的教师证活下去，现在正在田纳西州教书，
> 每天晚上写作三个小时"。然后理事会根据需要赠予资
> 助金：给没有家属的单身作家 1000 美元，给有一个家
> 属的作家 1500 美元，给有两个和两个以上家属的作家
> 2000 美元。在获助人中，人们可以找到 25 岁的亚历
> 山大·泰鲁（Alexander Theroux）和 26 岁的妮基·乔
> 瓦尼（Nikki Giovanni）。[29]

到 1970 年，"发现"津贴遭到文学小组顾问委员会——
由出版商和编辑组成——的抨击。他们的观点是，艺术资助不
应根据作家的需要发放，而只应该基于可感的才华发放。当
伦·兰道夫（Len Randolph）1970 年成为文学小组的主管
时，NEA 由于无差别地资助作家而受到了抨击。同年，当阿拉
姆·萨洛扬（Aram Saroyan）的单字诗"lighght"被乔治·普
林顿（George Plimpton）选入《美国文学选集》时，这种抨击

拉开了序幕。这首诗的出版获得了来自 NEA 的 500 美元奖励，但保守派议员反对这一奖励，将这首诗作为浪费政府资源的例子。然后在 1973 年，当艾瑞卡·琼（Erica Jong）收到 NEA 资助金写下她的第二次女性主义浪潮小说《恐惧飞行》（*Fear of Flying*）后，杰西卡·赫尔姆斯（Jesse Helms）"用怒火轰炸了 NEA，要求主管人解释为何使用公款资助这样一本'据称是肮脏、淫秽的书'"。尽管赫尔姆斯反对这本书，但他也声称自己从未读过这本书。[30]

据当时在文学小组工作的乔纳森回忆，在 20 世纪 70 年代早期，小组成员一直担心为单个作家提供资助会使他们面临风险："当时有很多担忧，总会计办公室会审核资助金，然后他们会发现这些人（没有以反对这种资助的人会认同的方式使用这笔钱）……就像，艾伦·金斯伯格（Allen Ginsberg）（给 NEA）发了一封信说，'非常感谢你们提供 2500 美元的资助。我买了一辆大众汽车送给查理·普利梅尔（Charles Plymell），他一直在全国各地开诗歌朗诵会并销售毒品'。如果政府审计办公室（GAO）发现我们在资助这样的人，那一切都会结束。"[31]

除了政治上的威胁之外，1978 年前的文学小组主管伦·兰道夫把资助正在写作的作家作为自己的职责。他应对专门针对某些作家和作品的保守派立法委员的方式，是把作家资助"藏在"机构内部。兰道夫藏的方式是给很多雇用了正在写作的作家的项目和机构提供资助：学校里的诗歌项目、监狱里的创意写作课、MFA 项目。"几乎就是作家不用做太多就能拿到钱的一切项目。"乔纳森回忆道。对 NEA 提案来说，有多元的资金来源的资助对象特别有吸引力，所以可以同时吸引州政府的配套资金和所在大学的基础设施经费的 MFA 项目就尤其受青睐。有人认为，如果 NEA 可以提供启动资金，学生的学费也可以使 MFA 项目自给自足。而在兰道夫的指示下，MFA 项目更受资助的青睐，因为"监狱中的诗歌课程永远不会是收入自足的"。

一些文学小组内部的人也表达了忧虑，他们认为支持小说家在 MFA 项目中教学是很讽刺的，因为最终是项目里的学生来付教师的工资。乔纳森回忆，"雷诺兹·普莱斯（Reynolds Price）曾在一次会议上站起来说，'我们误导这些人（即学生）相信，如果他们上过 MFA 课程，就可以以作家的身份谋生，但我们都知道这不可能。他们只能以教别人的方式谋生，如果不这样说的话，就是不诚实的'"。

尽管报酬体系具有讽刺性，但创意写作 MFA 项目和作者预付金制度确实创造了新的收入源——前者是稳定的收入来源——对广阔而不确定的中层小说家来说。尽管不能否认，这些收入也是导致 MFA 项目的学生为了追求他们的作家梦而背负债务的部分原因，但到 2009 年，MFA 项目已经扩散到如此具有覆盖性的地步，根据斯坦福大学英语教授马克·麦克古尔（Mark McGurl）的描述，是"世界上有史以来最大的文学赞助系统"。[32]

除了可以向作家支付有限教学工资外，MFA 项目的广泛存在，虽然不是故意设计的，但也可以通过图书销售为作家带来收入；因为不同于依赖经典和现代经典的初级本科课程，MFA 课程面向更新的作品。一位出版社的编辑解释，"不同于英文系，MFA 项目为当代作品提供了读者……MFA 项目中的创意写作学生，他们不读很老的书……如果作家和写作项目协会（AWP）通讯中报道了一本书，他们就会看到，你就可以在MFA 这个市场卖出数百甚至数千本。那不是课堂上要求读的书，它只是每个人在本季会读的书"。

在为中层作家提供收入的同时，创意写作 MFA 课程也在种族和性别方面使收入来源多元化，至少在他们各自的顶端市场上是如此（见图 3.4）。尽管 MFA 项目同更广泛的创作和生产场域一样，人口比例是不协调的，而且往往绝大多数是白人，但

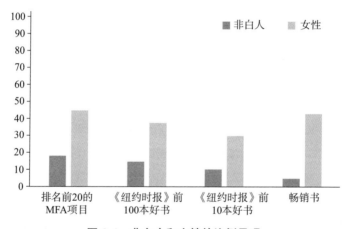

图 3.4　非白人和女性的比例呈现

资料来源：2014 年《诗人与作家》MFA 排名；《纽约时报》前 100 本好书、前10 本好书、畅销书（格里斯伍德和沃尔，2015）[①]。

---

① 译注：资料来源于 Wendy Griswold 和 Hannah Wohl 发表在 *Poetics* 上的文章 *Evangelists of culture：One Book programs and the agents who define literature, shape tastes, and reproduce regionalism*（《文化传道者：一本书计划和定义文学、塑造品味、复制地区主义的文学代理人》）。

非白人作家教师占美国排名前 20 的 MFA 项目的 18%，而相比之下，《纽约时报》畅销图书榜只有 5% 的小说是非白人作家写的。[33] 尽管两个场域的性别总体平衡仍然不足，但排名前 20 的 MFA 项目的性别平衡性仍比顶端图书市场中的性别平衡性要好（见图 3.4）。

除了自 20 世纪 80 年代以来作者预付金增加之外，创意写作 MFA 项目实际上已经实现了它们的目标：增加更多小说家的谋生收入，以免他们很容易就受到变化无常的图书消费市场的影响。MFA 项目的收入对那些没有这份收入就不能做小说家的人来说是最重要的：那些没有能在经济上资助他们的家人与朋友的——有时只是简单地*付钱*——以小说家作为事业的人。虽然市场增加了名字经济中顶级作家的收入，中层作家很难从中获得收益，但是非消费市场的文学力量或许已经将 21 世纪变成美国历史上最具经济回报力的时代。尽管社会学家几乎完全忽视了这一点，但正如查德·哈巴赫（Chad Harbach）所说，"即使没有超过纽约，但大学现在已经在纯文学小说世界的经济中心这一点上，与纽约匹敌"。[34] 虽然通过谋划已经增加并稳定了目前的小说家的收入，但与此同时，这也使许多下一代的小说家背负了更多的学生贷款。

身处底层

市场的力量将畅销作家的收入推向了新的高度，对广阔而不确定的中层作家来说，通过更多的作者预付金和 MFA 项目中众多的教学职位，他们也可以在市场的不可预测性中得到喘息。对处于收入分配底层的作家来说，技术变革增加了他们可能的收入，即使这种增加不应被过分夸大。自出版本身并不是最近出现的现象，正如文字处理方面的技术进步提高了自出版在 20 世纪后期的生存能力，生产和发行方面的技术进步再次大大提高了它在 21 世纪的生存能力。到 2014 年，仅美国自出版的图书数量就超过了行业出版的数量，更不用说电子书了。

然而，收入阶层的最底层仍然主要是自出版作家，其中某些作家与出版行业的作家不同，甚至在写作过程中不断亏损。这并不意味着从来没有自出版作家成功跻身名字经济或进入中层。但如果有的话，通过自出版进入名字经济的作家都属于黑天鹅，比如休·豪伊和阿曼达·霍金；他们的成功一定程度上恶化了这类作家的生存条件。在这种条件下，不知名的作家很容易在自我和虚荣的出版场域成为骗局的牺牲品。

针对这些自出版小说家和即将成为自出版小说家的人，有人尝试从中赚钱——并非从这些作家的作品中赚，而是从这些作家本人那里赚。这些赚钱方式包括"代理人"阶层向作者收取阅读费或呈递费，"出版商"收取呈递费或出版费，举办仅仅为了向参加者销售选集和收取呈递费的比赛，以及各种书籍、自助课程、研讨会、网络研讨会、工作坊、休养地等。这些都在暗示，掌握一些收费的技巧和内部秘密，就可以通过写书获得适度的收入。这些显然不真实的承诺清楚地表明了他们真正在做什么。最近这类产生利润的策略还有卖给作者"服务"，比如开发编辑和文本编辑、封面设计、排版、上传等等的费用和网络销售中的交易成本。在过去，这些服务是需要由卖书产生收益的出版商来做的，而今天，不管销售额如何，这些支出都要从作者的口袋里拿出来。[35] 从作者那里赚钱也不是小生意。除了很差的数据表现，最近对自出版作家的一项调查发现，平均每花 685 美元的直接成本，随之而来的销售额才不到 500 美元。[36] 自出版中最成功的面孔之一豪伊建议，新的自出版作家应该将他们的第一本书作为"亏损的领路人"，在承担债务的过程中期望最终能扭转这种逆差。[37]

对那些已经跻身名字经济的自出版作家而言，这么说有一定的理由。但是对大多数不知名作家来说，他们只是希望自己的作品被阅读。在通常情况下，自出版只有在其他所有选项都行不通的时候才有意义（见表 3.1）。

	作家自出版 (%)	合同出版 (%)
无收入	19	6
$1—$4,999	63	34
$5,000—$519,999	9	22
$20,000—$59,999	5	24
$60,000+	4	14

表 3.1　自出版作家和合同出版作家的收入

资料来源：Weinberg，2013。

注：N=3238。

由于这里的收入是作者自称的收入且采用非代表性的便利抽样，此表格应仅仅被视为群体一般收入水平趋势的暗示。

对正在进行自出版的作家来说，这种逻辑依然适用，因为大多数自出版的作者更愿意在出版社出书。[38] 然而，尽管自出版的作家必须走在刀尖上，使用那些机会主义的"盟友"提供的、可能永远无法收回费用的服务，但很难说今天自出版作家不比 20 世纪的作家活得更好。从自出版的角度来看，他们获得的任何经济回报都相比于 20 世纪那种情况有所进步，更不用说发行技术的突破，使得对某些自出版的作家来说比经济回报更重要的事成为了可能：自己的作品可以被广泛阅读。

6000 美元如何成为一份中层收入？

1969 年，马里奥·普佐（Mario Puzo）的《教父》（*The Godfather*）出版了。在此之前，普佐曾写过两部小说，《黑色竞技场》（*The Dark Arena*）和《幸运的朝圣者》（*The Fortunate Pilgrim*）。《纽约时报》和其他评论对这两部小说的评价很热烈，说它们是微妙又技巧精湛的纯文学小说，虽然二者都卖得不是很好。从这两本他花了十多年时间来写的书中，普佐总共赚了6500 美元。开始写《教父》的时候，普佐已经四十五岁了，欠了亲戚和高利贷超过 20000 美元。他后来说，他写《教父》是因为他"对做一名艺术家感到厌倦了……所以我对我的编辑说，好，我会写一本关于黑手党的书，只要给我一些钱就行"。[39] 然而，就像名字经济之外的大多数作家一样，没有人认为普佐会成名。普佐的出版商雅典娜出版社拒绝了《教父》。"他们很有礼貌。他们很善良。他们请我出去。"他后来回忆说。[40] 刚刚摆脱投稿失败和沉重债务的普佐，决定完全放弃写作，直到在一次机遇下，他将《教父》最终签给了出版商 G. P. 普特南之子（G. P. Putnam's Sons）。虽然普特南给予了这本书足够的信任，但他们的期望值也不是很高，所以他们为这本手稿付了 5000 美元的预付金；于是普佐十几年写作生涯的报酬现在变成了 11500 美元。[41]

虽然预测未来会发生什么很难，即使已经签了出版合同，但《教父》成功的可能性如何对于整个普佐家族来说都是显而易见的："我记得有一天我正在写它。我妻子让我去超市买东西；我女儿让我把她带到她女性朋友那里；我儿子要我带他去练习足球。我爆炸了。我说，'上帝啊，你们知道我正在写一本可以赚十万美元的书吗？'他们看着我，然后我们都笑了。"[42] 虽然普佐最终会进入名字经济的神圣大厅里，但他故事中的这些部分——他的债务，他的绝望，他由于经济原因被迫不再写评价很好的"艺术作品"的手，他由于持续的财务失败而对作家生涯的放弃——很少被讲述。在他的成功故事中，那种近乎不可能成功的失败概率被省略掉了。

2009 年，《教父》出版四十年之后，科尼莉亚·尼克森和普佐一样出版了两部评价很好但卖得很差的小说。和普佐对《教父》的预期一样，《贾勒茨维尔》也是尼克森进入名字经济的最好机会："我希望（《贾勒茨维尔》）会将我的职业生涯从中层的低迷中解脱出来，从获得好评但找不到读者这种状况中解脱出来。"和普佐一样，尼克森也经历了对小说家来说无法预测的成功。在她漫长的职业生涯中，她看到过不少她认为平庸的小说获得好评和经济回报，也看到不少她认为卓越的小说迅速被遗忘——如果说它们也曾被关注过的话。尽管如此，她还是希望《贾勒茨维尔》能收获好运气，赢过那种几乎不可能成功的失败概率。"这是我的机会，"她想，"这是我的重磅炸弹。"

虽然尼克森和普佐的故事之间有一些相似之处，但也存在差异。与普佐不同，尼克森不是因为"对做一名艺术家感到厌倦了"而写出《贾勒茨维尔》，也不是因为她*需要*收入而写这部小说。尼克森在写这部将会成为重磅炸弹的小说时没有背负债务，她也不会考虑完全放弃写作生涯。虽然其中一些差异可以被视为性格上的不同，但普佐和尼克森是在不同的时代和不同的条件下写作的。尽管普佐在被认为是纯文学小说的黄金时代写作，但总体来说，他的写作条件比今天差得多。普佐早期的写作生涯早于作者预付金增长和 MFA 项目兴起的时代。他曾考虑放弃写作，不是因为他不喜欢写作，而是因为写作不再具备经济上的可行性。而另一方面，在时代条件下，尼克森并不必被迫在创作艺术作品和赚钱之间做选择，也不必在赚钱和写作之间做选择。

科尼莉亚·尼克森从来不需要依靠预付金和版税谋生，因为她曾先后做过英语教授和创意写作教授。1991 年，当她收到《现在你看到它了》（*Now You See It*）的 10000 美元预付金时，她可以用这笔钱买一辆新车来庆祝，因为她作为印第安纳大学的助理教授已经有了稳定的收入，从这份工作中她每年可以赚到约 75000 美元。[43] 她的诗人丈夫也是一位有稳定收入的教授。这本小说正式出版的那一年，他们的收入能让他们在布卢明顿买一栋"安静街道上带大院子的房子",这栋房子售价约130000美元。1998年,因为在伯克利度过了漫长的夏天,他们以350000美元的价格购买了她现在住的、能看到旧金山湾、有一张她不在其上写作的书桌的公寓。几年后,她的第二部小说《天使赤身裸体》(Angel Go Naked)出版时,她接受了奥克兰的米尔斯学院的教职,和杨一起搬到了伯克利公寓。从她的公寓到宁静的米尔斯校园约20分钟车程,她写作的那家星巴克在加州大学伯克利分校的街对面,只需要再绕两分钟。她说,为了从印第安纳大学跳槽到米尔斯,她不得不暂时放弃她的教授职称,只能做助理教授,伯克利的生活成本虽然更高,但生活质量也更高。从布卢明顿搬到伯克利是一个财务稳定的人才能做出的决定。在写《贾勒茨维尔》时,尼克森成了米尔斯的教授,她也成了创意写作专业的主管人,后来又成了讲座教授。到《贾勒茨维尔》出版前,至少在纸面上,她每年在米尔斯能赚到125000美元,凭借她教授职位的收入,她不需要《贾勒茨维尔》的预付金来支付账单。

为了理解尼克森的创作过程,从她在哪里写作到她如何写作,再到她写什么,我们必须理解她获得收入的非直接渠道。因为她写过小说,所以她获得了米尔斯学院的教职,因为她在米尔斯的教职,她才得以谋生。不同于此前的时代,作为政府有意识的干预措施的结果,尼克森可以非直接地通过她的写作谋生,而不必因为对她写作内容的谴责而受威胁,也不必在一种对野蛮和不可预测的小说市场的错位忠诚中,继续她的写作生涯。在一个对作家相对有利的时代,尼克森是一位相对有特权的作家，她成为小说家的能力比任何以往的时代都更不依赖运气。毕竟对小说家来说，6000 美元预付金成为一份稳定的中层收入，这几乎完全是 21 世纪才会出现的现象。

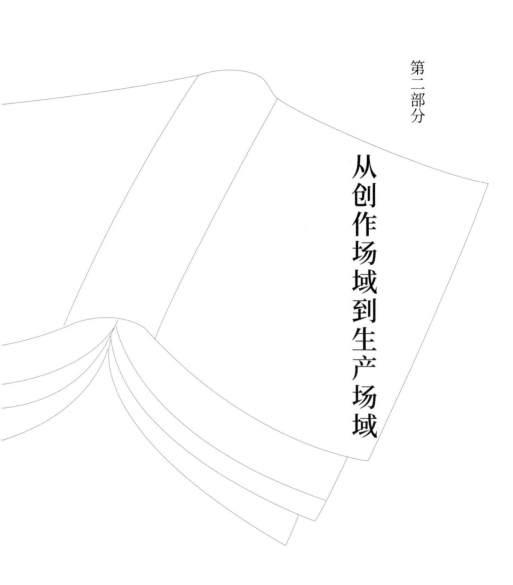

第二部分

从创作场域到生产场域

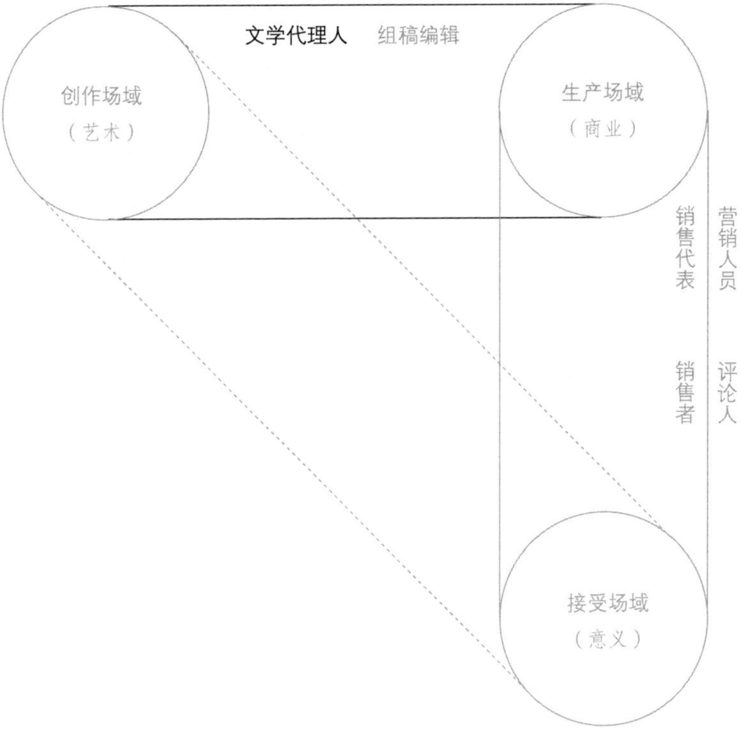

文学代理人　　组稿编辑

创作场域
（艺术）

生产场域
（商业）

营销人员

销售代表

评论人

销售者

接受场域
（意义）

4

文学代理人和双重职责

或者说，为什么一个作家的成功不受他本人的控制？

现在你看到了？不，你没有

1981 年的秋天，当科尼莉亚·尼克森第一次在印第安纳大学英文系做助理教授时，她是一个拥有写作热情并受过训练的文学评论人。在获得英语文学博士学位之前，在加州大学欧文分校读本科的她写了自己的第一部小说，在旧金山州立大学读创意写作硕士时，她写了自己的第二部小说；这两部小说都没有机会得见天日。尽管已经有了创意写作硕士学位、英语文学博士学位、一份受人尊敬的助理教授工作、两部未发表的小说，但她仍然不知道*怎样*才能成为一个小说家。她知道怎样写小说，甚至知道怎样批判性地分析和教授小说，但怎样发表小说对她来说仍然是陌生的。尼克森的职业生涯开始于文学杂志《印第安纳评论》（*Indiana Review*）的编辑克林特·麦考恩（Clint McCown）的一个建议，他说她可以把她写的东西给他看看。她把一篇短篇小说《杀蛇》（*Killing Snakes*）寄给了他，随后这篇小说就在《印第安纳评论》上发表了。接着，她的同事斯科特·桑德斯鼓励她向《密歇根季度评论》（*Michigan Quarterly Review*）投稿短篇小说：1985年《快照》（*Snapshot*）在上面发表。尼克森还在印第安纳大学遇到了当时还是新晋诗人的迪恩·杨，后来他成了她的丈夫。见到杨之前，尼克森对自己写作的能力充满信心，但是，正如她自己描述的那样，杨带她见识了更广阔的写作世界，以及如何在其中赌一把。尼克森从杨那里知道，她在文学杂志上发表过的小说可以用来在创作场域建立基本声誉，但更重要的是，这些文学杂志也可以成为把她的作品带入到生产场域的催化剂。虽然文学杂志自19世纪初就开始在美国出现，但它们在20世纪经历了三次发展浪潮。20世纪90年代兴起的第三次浪潮时期，就是尼克森准备成为小说作家的完美时机。

　　第一次文学杂志浪潮发生在20世纪50年代，小型印刷机的兴起和印刷成本的下降，降低了文学杂志行业的进入壁垒。第二次浪潮发生在20世纪70年代，其掀起伴随着1967年文学杂志协调委员会（简称是 CCLM，现在是 CLMP）^① 的成立。CCLM 和它带来的第二波文学杂志浪潮都由一个我们熟悉的组织赞助：NEA 文学小组；当时文学小组由伦·兰道夫主持。当尼克森在 20 世纪 90 年代初被引入到这个世界中时，文学杂志正处于第三次增长浪潮中，紧随创办杂志的 MFA 项目的兴起而兴起。随着 MFA 项目数量和规模的扩大，由他们创办的文学杂志为项目中创作的短篇小说提供了合法性和出路。因此，MFA 项目在创作场域的崛起，同时为短篇小说这种创作形式提供了供给和创造了需求，还提供了短篇小说出版和兴盛的制度空间。

　　虽然不全是有意的，但文学杂志也为不知名作家和文学代理人提供了连接点，代理人可能会阅读他们的作品并将这些作品带入生产场域。文学代理人的搜索成本虽然降低了，但在内容上却存在不匹配的状况。文学杂志兴起的同时，出版业开始放弃对短篇小说集的投资，因为他们认为非名字经济作家的短篇小说不好卖。对以 MFA 为中心的作家而言，在受尊敬的文学杂志上发表短篇小说本身可以作为一种声誉，而对生产场域的人来说，文学杂志是一些可以搜索到的内容发生地：它们是才华的聚集地，其中很可能存在下一代作品可被出版的纯文学小说家。

　　有了从迪恩·杨那里了解到的文学杂志的概况、等级和功能，尼克森在六年的时间里又发表了五个短篇小说，其中包括在《犁铧》（*Ploughshares*）上发表的《情感》（*Affection*），那

---

① 译注：CLMP，Community of Literary Magazines and Presses 的简称，文学杂志和出版社团。

份杂志可以说是美国顶级的非营利性文学杂志，自 1971 年成立后不久就得到了 NEA 的资助。《情感》引起了三位文学代理人的兴趣，他们横跨创作场域和生产场域，同时理解两者的规则。因为知道短篇小说集在出版商那里不受欢迎，所以三位代理人接近尼克森时说的话是一样的："他们读了《情感》，但没有问'你有其他*短篇小说*吗？'（而是说），'如果你有一部*长篇小说*的话，我会很乐意读'。"尼克森把《现在你看到它了》寄给了他们，一部由环环相扣的短故事构成的小说。虽然"故事中的小说"（novel in stories）早就出现了，从舍伍德·安德森（Sherwood Anderson）在 1919 年出版的《俄亥俄州的温士堡镇》（*Winesburg, Ohio*）（评论人不知道该如何评价）开始，到了 20 世纪 90 年代和 21 世纪，这已经成了一个常见的解决创作和生产场域利益不平衡的方案。文学作家在写短篇小说，而文学读者似乎更喜欢长篇小说，"故事中的小说"是出版商用来调和场域之间差异的妥协。

尼克森与第一位回复她的文学代理人签约了。她的代理人非常了解生产场域，不过或许更重要的是，她与生产场域有良好的关系。两周内，代理人已经让小说引起了三家大出版社编辑的兴趣。皇冠出版社（Crown）和克瑙夫出版社（Knopf）的两位编辑都对小说感兴趣，但要求进行重大改写。最负盛名的克瑙夫出版社的编辑，希望完全抛弃"故事中的小说"这样的手法，以单一的叙述方式重写；编辑要求这位来自创作场域的新作者表现出对生产和接受场域的尊重。第三位编辑来自利特尔－布朗出版社，编辑不仅如尼克森自己一样理解这部小说，而且还非常热情，认为无需修改就可以出版。尼克森的代理人强烈建议她与利特尔 – 布朗签约，并为她提供了 10000 美元的预付金。因为尼克森作为教授有稳定的收入，不需要 10000 美元来支付生活费用，所以她用这笔钱买了一辆红色的本田 CRX 汽车，为了庆祝，在车牌上刻上了"NOWUCIT"。

对尼克森的文学代理人来说，利特尔 – 布朗出版社的编辑帕特丽夏·穆尔卡希（Patricia Mulcahy）很明显是把《现在你看到它了》带入生产场域最好的人选。因为尼克森的代理人知道游戏规则，穆尔卡希对这本小说的热情使这个决定如此清晰。事实证明，她确实是正确的。在穆尔卡希热情的羽翼之下，《现在你看到它了》到了《纽约时报》书评人、可能是美国最有名的图书评论人角谷美智子（Michiko Kakutani）的手中。尼克森回忆说："穆尔卡希说，她最近一段时间内都没有要求角谷美智子评论任何书。她一直在攒着（就是说，在有一些特别的书给她看之前，不给她推荐书）。她说她可以让（《现在你看到它了》）成为（角谷美智子）待读图书的首选，但她也不能确定角谷美智子是否会评论它。前一周她就听到角谷美智子正在写这本书评论的一些传言，然后直到那个美妙的星期五到来之前，这是我们听到的最后的消息。"

即使尼克森用单一的叙述方式重写了《现在你看到它了》，皇冠或克瑙夫的编辑会有足够的热情来兑现他们的承诺并联系到角谷美智子吗？很可能不会。尼克森代理人的经验得到了验证：穆尔卡希做到了。近二十年后，尼克森依然记得那天："1991 年 3 月 29 日，这是我人生中最幸福的一天。早上 6 点，我接到了来自纽约的充满尖叫声的电话，因为它（角谷美智子的评论）正在敲门。"在这份言辞热情洋溢的评论中，角谷美智子说，现在你看到的是"一本耀眼的、扣人心弦的书"，作者尼克森是一位"非常有才华的新作家"，她有"完全独特的声音……能在诗意华丽与由衷真切的语言之间完美游走"。[1] 这篇评论还附上了尼克森的照片，这张照片由帮助尼克森沿着这条路走下去的丈夫拍摄。由于角谷美智子炙手可热的评论，尼克森的代理人又为这本书的平装版权付给了她额外的 10000 美元——由于已经买了一辆红色本田庆祝，这笔钱"可能花在杂货店了"，尼克森认为。

直到今天，利特尔 – 布朗出版社转来的角谷美智子惊人评论的图片仍然挂在尼克森在米尔斯学院的办公室里。在《犁铧》上读过尼克森的一个短篇小说后，她的代理人将她从一位不起眼的英文系助理教授变成了一位已经有作品出版的著名小说家，拥有五位数的预付金和美国最有影响力的渠道里最有名的评论人的精彩评论。尼克森的童年梦想一下子变成了现实，正是她的文学代理人帮助她实现了这个梦想。

虽然尼克森永远不会忘记而且在二十年后依然极其感激这些，但她不久之后就解雇了这个代理人。她这么做不是因为她已经成熟到不需要代理人，也不是因为她脑中只有小说的成功。根据尼克森自己的说法，正是她代理人的商业头脑让她走到了那个位置，尼克森仍然认为这份商业头脑无与伦比。是的，尼克森的代理人确实成功地运作了《现在你看到它了》，但尼克森越来越担心一些她的代理人看不到或不会去做的有意义的事。

这些事是什么？要理解尼克森解雇她的代理人的原因，首先必须了解代理人的功能如何随着时间的推移而发展，以及他们如何在创作和生产场域之间建立桥梁。

从单一职责到双重职责

美国历史上有记录的第一家文学代理机构是 1893 年由著名革命家保罗·里维尔（Paul Revere）的后代保罗·里维尔·雷诺兹（Paul Revere Reynolds）在纽约创立的。[2] 雷诺兹儿子的名字同样是保罗·里维尔·雷诺兹，他也是一名文学代理人，他在 1971 年的《中间人》（*The Middle Man*）中，简洁地描述过文学代理人的工作。在老雷诺兹时期和小雷诺兹的职业生涯中，文学代理人都参与了图书出版的"商业工作"。他们的主要工作是处理作者和出版商之间的版权问题，其中很多人都是从事合同法的律师。在这种情况下，作为作者和出版商之间的合同代理人，文学代理人是贝克尔所描述的艺术世界里典型的"支持人员"，因为作家的工作是保持创造力，而文学代理人的工作是确保样板合同的语言符合惯例。

在这个比较旧的模型中，出版社组稿编辑的工作是为小说从创作到生产场域安全转移过程中的重要人物服务。编辑的"双重职责"让他们和专注艺术问题的作者一起工作，也让他们和专注财务问题的代理人一起工作；作者和代理人能够在同一笔交易中专注艺术和商业两个"独立场域"，而编辑则在两者之间进行关系交流。[3]

许多出版商倾向于和代理人沟通财务问题，因为代理人与作者不同，他们精通生产场域的合同规范，可以在提要求时区分有意义的要求和无关紧要的要求、合理的要求和不合理的要求。编辑们在与作者沟通时使用一套对话方式，而与代理人沟通时使用完全不同的另一套对话方式，他们履行双重职责的方式是减少特定场域对话方式之间的龃龉。然而，在 20 世纪的大部分时间里，拥有文学代理人并不是一种常态，而是一种奢侈。文学代理人主要为名字经济作家服务，这些人的作品在出版过程中涉及的金钱数额较大，附属权利较为复杂。在追踪作家和编辑之间文学代理人数量的不断增长时，艾瑞克·德·贝莱古（Eric de Bellaigue）得到了一个大概的估算，第二次世界大战之前，已有 10% 到 12% 的出版作家有代理人，到 20 世纪 60 年代这个比例是 50% 左右，到 20 世纪 90 年代末是 90%，到 2008 年，在主要出版商那里，近 99.5% 的作家都有代理人。[4]

约翰·B. 汤普森将 20 世纪 60 年代末到 70 年代初文学代理人的兴起归因于多种因素，其中主要原因是连锁书店的兴起和受过大学教育的人口不断增加，这些导致了图书市场的总体增长。[5] 随着作者收入的增长，由于协同媒体策略（如电视和电影版权交易）和多市场的全球版权，对复杂谈判和权利管理的需求更大了。与此同时，出版公司的集聚和整合导致了：（1）编辑人员的工作量增加，他们没有多少时间在投稿的"淤泥堆"中寻找新的人才，（2）组稿编辑具有选择和修改书稿的认知能力，以及（3）在文学代理人兴起的同时，出版公司的就业门槛提高了。在出版公司解雇编辑人员的同时，任何人，包括被解雇的

编辑，都可以称自己为文学代理人并在家里签下作者。一些前
编辑甚至更喜欢他们作为文学代理人的新工作，认为它更接近
他们早些时候作为编辑所做的工作。[6]

　　随着出版商的集团化扩张，编辑们必须承担更多的项目。
因此创作场域新人才的"发现"几乎完全由文学代理人负责，
一些文学代理机构也已经被出版公司并购。虽然出版商过去有
时会向他们收到和准备出版的书稿作者推荐代理人，但现在，
角色已经倒转了，代理人承担了"发现"和润色书稿的工作，
然后把书稿交给可能"适合"的出版社和编辑。20 世纪 80 年代
早期，柯瑟、卡杜辛和鲍威尔痛惜于大出版商不再接受没有代
理人的书稿，但到了 21 世纪，没有一家美国的大出版商会考虑
投稿作品。[7]这些转换从根本上改变了作者、代理人和编辑之间
的结构关系，因为文学代理人成为了创作和生产场域间主要的
边界协调者。

　　随着文学代理人工作的多样化，他们的职责也从合同谈判
和版权管理扩展到一系列新的服务：（1）在创作场域发现作者，
（2）直接参与文学创作，如润色和编辑书稿，以及（3）在作者
的长期职业生涯管理中发挥更大的作用。这样，文学代理人从
单纯处理合同和版权问题到开始承担双重职责，并且开始*同时*
管理作者的创作和财务问题。在这样的约定中，代理人和编辑
都承担了双重职责，并且随着时间的推移，他们一起开发了一
种行业化的混合语言，这种语言可能只有这些人才能看懂。举
例来说，如果一个编辑告诉一个代理人，他这里的一份作者书
稿处在"拥挤的"空间，那编辑是在委婉地说三件事：从艺术的

角度来看，作品缺乏潜力；从商业角度来看，这部作品的竞争者太多，不太可能会成功；从关系角度（编辑和代理人之间）来看，拒绝这部有问题的作品并不意味着对未来的合作不感兴趣。

随着从单一职责到双重职责的转变，成为代理人的前组稿编辑具有很简单的优势，他们*已经*在以前的工作中培养了双重职责的技能。与此同时，文学代理人的不断扩大也创造了另一个把编辑变成代理人的经济拉动因素，那就是代理人从作品出版中获得的经济回报份额增加了。20世纪90年代，国内文学代理人的惯常佣金从10%增加到15%，而今天国际出版的佣金有时会达到20%。由于文学代理人的职责已经从单纯为合同服务转变为跨越艺术和商业的双重职责，他们的收入也增加了。

今天的文学代理人

到今天，文学代理机构的规模仍然相对较小，可能是一个文学代理人在自家餐厅里工作，也可能是有十到二十个代理人再加上几个员工在同一屋檐下工作。[8] 独立代理人们合作成立代理机构有三个原因，其中两个是财务原因，还有一个原因是由他们作为两个场域协调者的位置决定。通过形成团队，代理人们可以解决两个财务问题，一方面是降低个人的运营成本，另一方面则是共同承担在一个不平等和不确定的市场中工作的风险。[9] 文学代理机构的形成也改善了关于合法性的第三个担忧，因为代理人是两个场域之间的边界协调者，这种位置经常会吸引"掠食者"。对"掠食者"而言，不那么尽责的文学代理人的角色是很有吸引力的，因为这样可能会使未来的作家不了解生产场域的标准操作惯例。在一个普遍不受监管的行业中，服务于高欲望且往往低信息量的人群，"掠食者"不可避免地会出现。出于这个原因，成立代理机构而不是在自己家中工作，也使真正的文学代理人能够进一步区别于自称是文学代理人的人。

1901 年，纽约长岛的 H. T. 本森赫斯特（H. T. Bensonhurst）写了一封信发表在《纽约时报》上，信中说他写了一份手稿，但他不认识出版商，这封信是对《纽约时报》上寻找作家的文学代理人发的广告的回复。当他知道那些回应他的文学代理人，不是想要他签订出版合同并从中抽取佣金，而是希望他从自己的口袋中拿出钱来为他们的服务付费时，他感到很困惑。六十五年后，年轻的保罗·里维尔·雷诺兹解释了代理人收取作者服务费的现象，"部分被称为代理人的人并不是真正的代理人，而是掠食性的鲨鱼"。[10] 今天，在本森赫斯特信件发表的一个多世纪之后，这种情况依然没有改变——如果有改变的话，只能是随着替代性出版渠道的增加，这种情况在 21 世纪甚至愈演愈烈。虽然作者和作者的同盟者们面对这种诡计已经变得聪明了一些，但是对那些自称代理人而事实上是鲨鱼的人来说，在创作场域的底层作者经济这个深海中，依然游着源源不断、供过于求、充满希望的"小鱼"，其中很多"小鱼"并不熟悉这片他们游弋其中的、充满掠食者的水域。

缺乏合法性声誉会给文学代理人带来巨大的损失，而成为合法的代理人意味着成为一个真正的场域之间的边界协调者。换句话说，合法代理人可以从生产场域作者作品的未来销售中获得收入，而不是从创作场域的作者口袋中获得收入。再加上想要进入生产场域的作者供过于求，以及在一个基于偶然的市场中工作的不确定性，文学代理人的两个合法性规则如下：

1. 由于作者供过于求，那么一位对他或她工作的项目没有鉴别力的文学代理人实际上并不是文学代理人，而是一个掠食者。

2. 由于需求不确定，一位收入不必长期依赖他或她正从事的项目的成败、*不承担此种风险*的文学代理人，实际上并不是文学代理人，而是一个掠食者。[11]

所以，那些不能鉴别他们与之工作的作者，那些从作者手中收取阅读费、评估费和营销费的人实际上不是文学代理人，他们只是在伪装自己来做非法生意。[12] 换一种方式说，不同于以往那些只需解决合同问题的文学代理人，今天那些不将自己的时间和声誉平等地投资到艺术问题上以履行双重职责的文学代理人，就会被怀疑他们已经不是真正的文学代理人了。与他们的前辈不同，今天的代理人不仅要将他们的收入归功于他们代理的书和作者，而且还要归功于自己的专业声誉。

鉴于掠食者的存在，文学代理人，特别是那些因刚进入这份职业而缺乏声誉的文学代理人，应如何建立自己的合法性呢？许多新的文学代理人是通过曾在生产场域工作而获得声誉的——目前的文学代理人中有三分之二曾为出版商工作——或者通过他们工作的代理机构或代理人的声誉保证来建立合法性。[13] 另一方面，文学代理机构也可以通过他们代理的名字经济作者来证实他们的合法性，这可以表明他们是*什么*（即合法的文学代理人）和他们是*谁*（即代理特定种类书的*合法的*文学代理人）。文学代理人也可以通过获得作者代理人协会（Association of Authors'Representatives，简称 AAR）的成员资格来建立合法性。[14]

　　AAR 将其功能简化到最少，对准入条件与工作道德准则有严格的要求，以排除所有伪装成文学代理人的掠食者。获得 AAR 会员资格不是一件简单的事，因为要得到资格，必须具备以下条件：（1）过去的 18 个月内至少成功完成 10 笔交易的制度化文化资本，（2）获得两封现任 AAR 成员推荐信的社会资本，以及（3）能支付入会费和会员费的经济资本。AAR 的八点道德准则涵盖了广泛的商业行为，包括合法和非法收费，向作者付款的时间和处理方式，以及更普遍意义上的代理人获得收入的合法和非法方式。[15]虽然 AAR 会员资格是一个向创作场域的作者和生产场域的编辑证明合法性的重要信号，但也并不意味着美国每一位合法的文学代理人都是 AAR 成员。例如，安德鲁·威利（Andrew Wylie）并不是 AAR 的成员，但他可能是美国最知名的文学代理人，并且作为出版商的"双重代理人"和作者无懈可击的支持者而在跨越场域的实践中闻名。

　　虽然有合法性的代理人也可能不是 AAR 成员，但 AAR 会员及其传达的信号对于年轻代理人和边缘代理人来说最重要，他们必须设法在不请自来的作者的问询中谋求更高的收入。有趣的是，那些最诚恳、最合法的代理人往往最受 AAR 准入要求的限制，而这些人又*最*需要它的合法证明。因此，AAR 成员资格可能是一个有意义的合法性信号，但同时对非成员资格者基本上没有意义：非成员可能由于没有合法性而无法取得成员资格，也可能因为合法性非常强而不用加入。尽管如此，在将 AAR 成员与美国全部文学代理人进行比较时，差异确实存在（见图 4.1）。

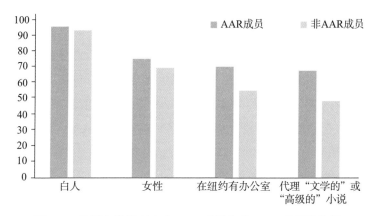

图 4.1　美国文学代理人中 AAR 成员和非 AAR 成员的特征

注：N=1193。

　　总的来说，文学代理人大多是白人（94%），AAR 成员中白人的比例稍微高一点。AAR 成员也比非 AAR 成员有更高的女性比例，更可能在纽约有一间办公室，更可能代理"文学的"或"高级的"小说。事实上，常见的文学代理人是一个在纽约工作的白人女性——美国文学代理人中 38% 的特征。然而更重要的是，这种对文学代理人的人口统计不止能告诉我们代理人是谁，也能反映他们在做的事、他们如何决定要代理哪本书。

文学代理人如何做决策？

从创作场域的有利位置来看，特别是从无法找到将作品带到生产场域的代理人的作者来看，文学代理人只是一个守门人。和罗马竞技场的观众一样，一个代理人拇指朝上或朝下可以表明一个非自出版作者职业生涯的未来或者终点。在场域过渡的过程中，能得到代理人拇指朝上的情况很少见。佛里欧文学管理（Folio Literary Management）的联合创始人斯科特·霍夫曼（Scott Hoffman）估计，在他为投稿作者服务的代理机构中，超过 11000 人的投稿被拒绝了。换句话说，在所有条件相同的情况下，霍夫曼估计他的机构接受代理一份投稿的可能性为 0.009%。[16] 尽管代理人确实会花一些时间为生产场域守门，但守门只是他们做的事情中很小的一部分。对那些无法找到代理人的作者来说，文学代理人是出版的守门人，但从代理人的角度来看，他们更像开拓者或发现者；他们并非是在把人们挡在门外，而是更多地在寻找那些他们可以领进门内的作者。《百万》（The Millions）杂志的书评编辑米歇尔·伯恩（Michael Bourne）对代理人由于自身的筛选功能而面对供过于求的问题感同身受，并提出了一个思想实验：

> 想象一下，有一天晚上你做了一个梦，梦中你身处于一个有着无数书架的巨大书店中，所有书都是纯白色的封面，上面只有作者名、书名、对这本书和作者的简单介绍。这是一个令人焦虑的梦，而事实证明，

> 你的生活就取决于在这个巨大书店里搜寻的能力，取
> 决于判断哪本书好和哪本书不好的能力。问题是，在
> 这家书店里，大多数的书都不好——平庸的，模仿别
> 人的，写得很差的，或者是那种你再过一百万年都不
> 会读的书。你知道这家书店里有一些非常好的书，可
> 能甚至是一本或两本可称之为伟大的书，但是从外表
> 上看，它们和那些很糟糕的书没有区别。[17]

这种困境只是文学代理人日常生活的一部分。正如伯恩所暗示的那样，文学代理人唯一可行的解决办法就是寻找捷径：是否有代理人知道名字的作者？是否有一些投稿是由他们可以信任其判断能力的人推荐的？文学代理人没有把他们的整个职业生涯用来寻找干草堆中可能存在也可能不存在的一根针，而是采取了另外两种策略：（1）通过主动寻找作者而不是被动应对投稿来尽可能地避免干草堆的产生，以及（2）通过专业化来减少干草堆的体积。通过这些方式，虽然文学代理人实际上还是生产场域的守门人，但他们在策略上努力减少他们必须做的守门工作；他们更愿意充当可能彼此合适的作者和编辑之间的联络人。

代理人的工作是将小说从创作场域投放到生产场域，所以代理人会在两个场域中都占据一席之地，并花费大量时间熟悉两者的特点。为了避免大海捞针，代理人会定期进入创作场域，并通过他们的搜索策略，了解创作场域内部的细微和约定俗成之事。对于代理纯文学小说的代理人来说，这意味着他们必须

知道在哪里以及如何找到符合代理人专业性和敏感点的新的小说作者，并希望联系到一批作家圈子中的作家，这些人可以向他们推荐新的有才华的作家。创意写作 MFA 项目的兴起让这项任务变简单了。纯文学小说作家不再隐藏或分散在创作场域之中，就算不是大多数，下一代词纯文学小说作家中的很多人如今也聚集到了一起；有时他们可以进一步被创意写作教授直接筛选出来，文学代理人不是直接与这些教授合作，就是信任这些教授的品味和评价。[18]

专业化是代理人减少干草堆体积的第二个工具。代理人们被淹没在太多的书稿里，而且他们认为这其中"正确的"书稿还不够多。通过专业化，他们可以从一开始就排除大多数书稿。在伯恩的思想实验中，浪漫小说可能有绿色的封面，科幻小说有红色的封面；一位专门从事浪漫小说而不是科幻小说的代理人可以在做决定之前就把所有红色的封面都排除掉。专业化也使代理人可以缩小他们的技能和专业知识范围，只代理那些与他们有情感联系的书稿类型。[19] 代理人希望对手稿产生工作热情，这不仅是偏好或不受约束的偏见，而且也有两个关键的实用目的。首先，如上所述，它使代理人在定义仍过于宽泛的类型场域中进一步专注，进入类型内更无形的"品味"场域。其次，不像前几代只处理出版业务方面合同的代理人，今天的代理人有双重职责，与他们正在处理的书有了情感联系，他们就可以与作者合作，通过调整或彻底重写来改进他们的书稿。正是出于这个原因，文学代理人必须熟悉创作场域，他们不仅要有社会网络、社会资本和象征资本来寻找和打动他们想要代理的作者，而且他们要完全沉浸在作者的创造过程中，成为他们写作的热情支持者，并直观地了解他们的艺术意图。

对情感联系的依赖——最常见的是通过代理人自己的品味、兴趣和经历——是三重策略中的一重。通过这种策略，在从创作场域到生产场域的过滤过程中，文学代理人做出评估性决策（见图4.2）。另外两重是对艺术能力（立足于创作场域的逻辑）的评估性判断和市场可行性（立足于生产场域的逻辑）的评估性判断。文学代理人杰夫·克莱曼（Jeff Kleinman）在描述自己平时拿到书稿后做出决定的方法时说，"我有三个标准，第一个是错过地铁。第二个是对任何愿意听的可怜人滔滔不绝地谈论。第三个是立刻在脑海中想出由谁编辑"。[20]

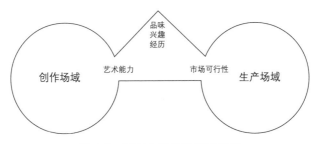

图 4.2 代理人评估的三重策略

有时候这些策略是互补的（例如，一部写得异常好的纯文学小说可能会改善市场可行性，同时也会吸引代理人的情感），尽管并非总是如此（例如，一本很有艺术性但难以分类的书，会使市场可行性难以预测；或在某一个主题上很有市场潜力，但代理人不感兴趣）。反过来，并非对任何书，三重策略都承受相同的重量，但是三重中的两重必须足够有力，而第三重必须至少承受一些重量以使代理人认为这份书稿真的有价值。这里举一个例子来说明品味、兴趣和经历作为一种有意义的评价机制的作用。假设一个代理人，在他所在的文学代理机构网站简介中对潜在作者说，他对所有关于他最喜欢的棒球队的故事，或背景设置在他曾居住过的五个地方的故事，包括他现在居住的布鲁克林，都会有浓厚的兴趣。对这位代理人来说，他更偏向于处理与自身兴趣和经历重叠的小说，即使他公开的直率和所说的特点不是很典型，但这是正常的。只要代理人的品味、兴趣和经历足够多样，可以匹配潜在作家、出版商和读者的多样性，那么在代理人把小说从创作场域过滤到生产场域的过程中，这种需求就不是一个问题。换句话说，在挑选小说的过程中，代理人依赖于他们自己与小说的"文化匹配"而非定义，只要代理人本身具备足够的多样性，就不会产生问题。[21] 然而，如图 4.1 所示，事实并非如此，至少在种族背景和地理区域方面，文学代理人绝大多数是白人，而且大多数在纽约工作。

　　在某种程度上，这些人口统计特征能映射到代理人的品味、兴趣和经历（甚至能基于种族、性别、区域等因素映射到品味、兴趣和经历的共同认知），不管是对生产场域未被充分代表的作家，还是对接受场域其品味未被充分照顾到的读者来说，文学代理人群体缺乏多样性可能会产生问题。虽然那些找到了喜欢自己作品的代理人的作家在一定程度上得到了幸福感，但由于文化匹配，另一些作家可能会发现比起其他人，代理人更少考虑到他们。例如，想象一个白人女作家，她的经历和背景在她的小说中有所反映。由于作为美国白人女性的共同经历，或者基于共同背景的共同经历的感知，这位假想中的作家在美国有近 800 个文学代理人可以与她的作品产生联系。[22] 而对于黑人男作家来说，2015 年在美国仅有两个可以找到的黑人男性代理人（不到代理人总数的 0.2%）可以与他的书稿产生联系，这种联系可能出于同作为美国黑人男性的共同经历，也可能是在共同的人口统计特征之上对相似的经历的感知。

在这种情况下，作家写作，代理人根据各自经历的角度来选择书稿，群体之间产生的不平等不是直接在人与人之间形成的，而是通过小说过滤的。因此，非白人作家，无论是否是有意的，最终都会不成比例地去竞争仅占总数 6% 的非白人代理人。黎巴嫩裔英语文学代理人妮可·阿拉吉（Nicole Aragi）就是这样的例子，《纽约杂志》称她"在过去十年间，在介绍最伟大的年轻少数族裔作家方面（比任何人）都做得更多"。阿拉吉公开承认她的背景如何影响她的品味、经历和选择书稿时的兴趣："我一直在寻找文学中能以某种方式反映我自己在不同文化之间生活经历的东西。我认为人们读书是为了娱乐，也是为了了解自己。"[23] 尽管阿拉吉在做决定时利用自己的品味、兴趣和经历的基本过程在文学代理人中是标准做法，但实际上阿拉吉的情况不同，因为她是一个在白人主导行业中的有色人种女性。[24] 她描述了拥有"在不同文化间"生活的经历，而且她对那些根据她的经历来说感觉真实的方式来讲故事的书稿尤其感兴趣，就像上面那个假想的文学代理人对关于他最喜欢的棒球队的故事感兴趣，对背景设置在他住过的城市的故事感兴趣一样。

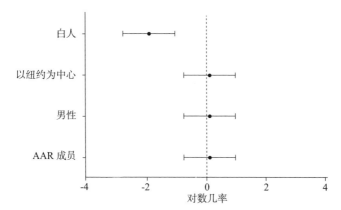

图 4.3　代理"少数族裔"或"多元文化"小说的文学代理人特征对数几率

注：N = 1131 代表类型总数的全部控制。

　　由于文学代理人使用文化匹配作为筛选策略、专业化工具和为工作投注热情的方式，他们的人口特征最终可能与他们代理的小说类型相关联。再加上文学代理人群体与一般人口的人口统计特征分离，美国的纯文学小说最终变成朝向有选择权的人的、讲述他们故事的文学：以纽约为中心、中上阶级、白人。这一点在图 4.3 中可以清楚地看到，白人文学代理人比起非白人代理人，对代理"少数族裔"或"多元文化"小说的兴趣显著较小。虽然这可以被解读为非白人代理人比白人代理人更有可能对少数族裔或多元文化小说感兴趣，但这一问题的关键在于，代理人在选择书稿的时候，会使用他们自己的品味、兴趣和经历——包括在"少数族裔"或"多元文化"小说中白人 / 非白人二元空间下他们自己的种族背景——作为三重策略中的一重。

上述这种文化匹配通常通过*热情*这个情感上的缩写来表达，除此之外，代理人将小说从创作场域引入生产场域的过程中评估小说的另外两重策略也同样重要，因为它们能映射一个代理人的双重职责。实际上，代理人对作家"艺术能力"的评估也是他对书稿投入多少创造性时间的规划，他对小说"市场可行性"的评估是他投入多少商业时间的规划。在这些情况下，与书稿的情感联系可以与更务实的关注点对应：这份书稿需要多少工作量？作者需要多少情感管理？他的工作效率怎么样？如果总的来说这些问题的答案是"很多"、"很多"和"一点点"的话，那么与作品的情感联系就需要非常强，才能把作品重新定位为一个值得接受的项目。

由于代理人必须在不确定的条件下工作——他们必须先在小说中投入时间，然后才能知道如果他们为作者提供出版协议的话，他们是否能从作者的预付金中得到这份投入的补偿——对一部小说潜力的全心信任通常是接受它的先决条件。如果一个代理人对一部小说不信任，那么他最好把时间花在寻找另一部他更信任的小说上。所以，代理人可能会拒绝一部他有强烈热情的书稿，因为他认为花在上面的艺术性时间投资太多，市场回报的机会又太小。达蒙，现在是一位著名的虚构和非虚构作家，回忆他第一次用电话和他的代理人说话，他的代理人说起损益表时是多么直白："我记得那天早上他打给我的时候……'我想做这个，这个和那个'。我很年轻，当时可能只有二十六岁之类的。我就想，'你是认真的吗？'因为那是一家相当大

的代理机构。然后他说，'但我必须让你知道，如果我拿不到
30000 美元的预付的话，它对我来说就不值了'。老实说，我甚
至都不知道那是什么意思。"

对于达蒙的代理人来说，当他衡量在这份书稿上要花多少
工作量、其他他正在做的项目，以及卖给出版商的可能性的时
候，他预计的时间投资是 4500 美元，如果卖给出版商的话就是
预付金的 15%。然而对达蒙来说，他是一位南方黑人作家，他
写的小说关于南方黑人的生活。他的代理人认为值得投入时间
的 30000 美元预付金直接排除了独立文学出版社，而达蒙认为
在独立文学出版社中，他的作品可以与他为之写作的读者产生
更好的联系，"他甚至不会考虑阿冈昆出版社（Algon quin）。他
也不会考虑灰狼出版社（Graywolf）。他不会考虑很多我认为实
际上能更好地理解我写的东西的出版社。（在那些出版社）你不
必做太多（比如，让不同的读者都能理解你），因为那就是他们
的市场，他们很擅长向南方人销售纯文学小说"。

文学代理人必须要衡量他的热情和在新书稿中计划的时间
投入，他也必须衡量他遇到另一个对这部书稿充满热情的编辑
的可能性，而那位编辑基于可感知的艺术能力、个人的热情、
市场可行性和出版商合适程度在做他自己的损益表。在这种情
况下，文学代理人比起守门人，更像是在创作场域的作者和生
产场域的编辑之间的媒人。当涉及合适的投稿时，一个文学代
理人的关系网络和他自身一样重要，既有表面的（也就是弱关
系：他知道能与书稿匹配的合适编辑吗？编辑们知道他吗？），
又有深层的（也就是强关系：他们喜欢彼此吗？*信任*彼此吗？更

重要的是，他们对一些作品而不是另一些作品有*共同的*品味和热情吗？）。就像一位编辑描述的那样，"你可以把代理人当成一种信息源，他们能告诉你关于作者或合作项目的东西……所以这是一种信任。信任是建立良好关系的基础"。

代理人倾向于以同心圆的方式谈论他们和编辑的关系。和代理人关系最近的是几位编辑／朋友，他们一起用半正式的方式做生意。再往外一层是一群有时会和他们一起做生意、可以很好预测他们品味和需求的编辑。最外层是一个更大、更无形的编辑圈，代理人可能与这些编辑进行过一两次交易，但并不亲近。与其说代理人和编辑的关系完全基于共同性格或社交关系，不如说两者都有一点：互相信任和理解的代理人和编辑更倾向于一起工作，而倾向于一起工作的代理人和编辑会变得越来越信任和理解彼此。当工作进展得很顺利时，他们的关系会通过重复交易而更深入，他们越来越能够预测对方的需求和敏感点，不仅让工作变得更简单，而且也更加互利。

由于大多数文学代理人和所有大的出版公司都位于曼哈顿，代理人和编辑们已经通过漫长的午餐和下班后的小酌建立了面对面的关系。虽然局外人经常把过去时代的"三杯马提尼酒的午餐"作为肆意挥霍的象征，但是对代理人和编辑来说，漫长的午餐也提供了在不断交换书稿的过程中缓和与改善关系的功能。除了互相认识之外——代理人想认识编辑，这样才能发给他们*对的书*（不必在错的书上浪费时间），编辑想认识代理人，这样才能收到*对的书*（不必因收到错的书浪费时间）——代理人和编辑漫长的午餐中也有八卦消息的交换。在创作和生产的边界之间，代理人和编辑能自由地交换消息，因为他们要做好自己的工作就必须依赖新消息，像小说这样的一次性文化商品，大多数情况下都不必担心披露几乎不存在的专有权问题。[25]

通过网络与编辑和其他代理人一起工作对更年轻的文学代理人来说依然很重要，但由于他们缺乏坚实的关系网，他们必须通过其他方式获得信息。西蒙是一位致力于成为成熟文学代理人和 AAR 成员的代理人助理，她描述了自己怎样用每日"出版人午餐"（Publishers Lunch）*的邮件来收集那些资历更老的代理人和出版人在午餐上交换的消息："知道在这一行中正在发生什么是很重要的，每日邮件是很好的信息来源，通过它你可以知道谁在买什么（比如哪些编辑在买哪些她将来想代理的种类的书）。"[26] 对像西蒙这样还没有定期午餐会的年轻代理人助理来说，她一个人在桌子前吃饭的时候从"出版人午餐"中收集的内部消息是无价的。

另一个可以补充"三杯马提尼酒的午餐"消息的渠道是 AAR 通讯。在这份通讯的"未来编辑"版块中有很多新编辑简介，并给出了编辑背景极其详细的细节信息。比如，在最近的一期通讯中，文学代理人可以认识到这样一位新编辑，他在六年级时由于父亲结束了博士课程而从明尼苏达搬到了芝加哥，他学过小提琴和吉他，后来被美国空军学院招募去踢足球。他不想去法学院、医学院或毕业后进入金融行业（如同"他所有的朋友那样"）。这位新编辑把家当装进车里然后开车来到了

---

* 编注：该 Newsletter 迄今仍在运行，推荐订阅。

纽约，在这里，他无所事事地和家人一起待着，直到他的父亲
（现在是一位教授和作家）把他安排到一家最终雇了他的出版社
做助理编辑。一位感兴趣的代理人也可以从中了解到，这位编
辑寻找的是"历史、科技、音乐、运动……科学以及任何不是
回忆录或小说"的书稿。他还会在空闲时间里通过打 Xbox 来
"实现他未尽的 NFL① 梦"——"输的时候我会不顾形象地伤心
难过。"他说。代理人还可以得知，这位编辑也在找机会加入一
个八十年代翻唱乐队，虽然他的新工作无法让他像以前那样拥
有那么多可以花在音乐上的时间。

　　虽然从 AAR "未来编辑"中可以很容易地找到编辑小传中
包含的细节——看起来很像过于放纵的约会简介——它们实际
上包含了可以在漫长的、微醺的凌乱午餐中可以了解到的东西。27
由于依赖代理人和编辑之间的共同品味、兴趣和经历，AAR 编
辑小传中包含的信息并不是多余的。相反，如果代理人代理的
是一份有关空军历史的书稿，一部关于明尼苏达维京人内幕的
故事，或是芝加哥的音乐史，他就会知道这位编辑可能有兴趣
看，只要书稿不是小说或回忆录。

　　在这样的例子中，和守门人不同，文学代理人不仅仅是媒
人，而且还是翻译者。比起作家，代理人可以从创作场域理解
书稿的逻辑，然后把它转换成有共同品味和市场可行性的语言，
并把这种语言传递给编辑。虽然作者可能认为，他关于空军中
性别关系的非虚构书写实际上是对更广泛的性别关系的检视，

---

① 译注：NFL，National Football League 美国国家橄榄球联盟。

但为了吸引编辑，代理人可能会将这本书的意义重新定位，表示这是一本"真正"与空军内部工作有关的书，只是通过性别关系的视角来看待而已。或者代理人会越过那些军事爱好者编辑，直接将书稿送到对性别关系感兴趣的编辑那里：这是一群完全不同的编辑，而作者不需要意识到这些。

从他们的社交互动和他们使用的理解手稿的混合语言中来看，代理人和编辑即使只是象征性地坐在谈判桌的两端，他们彼此之间都要比其他任何从事图书工作的人更相像。好的文学代理人就像好的编辑，因为他们在创作和生产场域之间位于相似的位置，都能使用同样流利的艺术语言和商业语言。科尼莉亚·尼克森从不怀疑她代理人的商业头脑，但她开始怀疑她的代理人使用这两种语言的流利程度了，这就是她离开那位奠定她职业生涯的代理人的原因。

为什么科尼莉亚·尼克森解雇了她的代理人，以及她怎样寻找下一位代理人

不可否认，科尼莉亚·尼克森的文学代理人将她从创作场域的默默无闻中带到了生产场域的庆典盛会当中。根据代理人的建议，尼克森的短篇小说变成了一部更加畅销的"故事中的小说"。几周后，尼克森的代理人又利用她以前的经历和关系，将《现在你看到它了》发给了"对"的出版社和编辑。有三位编辑迅速而积极地回应了。代理人知道热情在做出选择决定时的重要性，因而她引导尼克森选择了最热情的编辑，这是一个由精明的内部人士做出的明智决定，因为编辑的热情最终转化

成了同样拥有热情的角谷美智子在《纽约时报》上的评论。

　　尽管她在新场域取得了成功，但尼克森还是对她的代理人产生了怀疑。她回忆，"她是那种商业经理类型的代理人"，这是一位过去时代的代理人，根据尼克森的说法，对代理人必须在创作和生产场域的边缘地带承担的双重职责，她不太熟练。对尼克森来说，压垮两人关系上的最后一根稻草是一篇名为"女人们来来往往"（The Women Come and go）的短故事。尼克森很喜欢这个故事，她对代理人说，她相信这会是她写过的最好的东西。她要求代理人帮她把这个故事发给《纽约客》《哈泼斯》或《时尚先生》。尼克森记得，她的代理人把故事退给了她，并附了一张便笺："她把它退了回来然后说，'它或许可以作为小说的一部分，但我不认为作为一个短篇它会成功'。这些话击溃了我，太可怕了。"这件事使尼克森确认，她和她的代理人没有对文学共同的感觉和口味，虽然她的代理人擅长商业运作，但她在工作职责的另一方面，离创作场域更近的那一端，是一个坏的合作伙伴。尼克森认为，她的代理人缺乏艺术能力和敏感性，无法成为她事业真正的领路人。虽然她的代理人对这个故事不感兴趣，但尼克森仍然认为《女人们来来往往》是她写过的最好的作品之一，她没有被代理人的意见吓退：

　　　　《新英格兰评论》联系了我。他们写信说"如果你有任何可以给我们看的作品（请给我们）"。那天我很快就寄给了他们，就是（我的代理人）退给我的那份复印件，我把它寄给了《新英格兰评论》。一周后，我在邮件里收到了《新英格兰评论》的合同。作品在秋天出版了，并在我的代理人对我说"我不认为作为一个短篇它会成功"的一年后，我收到了道布尔戴的祝贺信，我凭《女人们来来往往》获了欧·亨利奖的一等奖。这是个了不起的故事。欧·亨利奖的一等奖，那就是过去一年英语世界里发表的最好的故事。然后我打电话给我的代理人告诉了她这件事。我说，"很抱歉我不能再和你一起工作了。你不会阅读"。

凭借经验，尼克森知道自己需要一位新的代理人。这个人不仅要有生产场域的商业头脑以使交易顺利完成，而且还要在"艺术"是什么的方面和她有共同感受，两人要能够凭借共同的兴趣和经历找到热情。这个人就是文学代理人温迪·维尔（Wendy Weil）。尼克森在《诗人与作家》上第一次知道维尔，这是一份为创作场域服务的、贸易性质的出版物，它依靠纽约州艺术委员会的种子资金建立，依靠 NEA 文学小组的赞助而逐渐扩大影响力。维尔在图书出版界工作了二十五年，然后在 1986 年创办了她自己的文学代理机构。这是一家小工作室，只有维尔，两个助手，还有她的狗，但她为尼克森敬佩的作家做代理：艾丽丝·沃克（Alice Walker）、丽塔·梅·布朗（Rita Mae Brown）、苏珊·布朗米勒（Susan Brownmiller）和保罗·莫奈特（Paul Monette）。除了代理无懈可击的文学作品之外，维尔也代理无懈可击的商业作品，比如芬尼·弗拉格（Fannie Flagg）的《口哨车站咖啡馆的绿色油炸番茄》（*Fried*

Green Tomatoes at the Whistle Stop Cafe）。但对尼克森来说更重要的是，这是一位尊重并理解她作为短篇小说作家身份的代理人，维尔也代理了安德烈娅·巴雷特（Andrea Barrett）的《船热》（*Ship Fever*），一部曾获美国国家图书奖的短篇小说集。"我读过《船热》，我喜欢它，"尼克森后来回忆道，"我只想要温迪·维尔。"

尼克森写信给维尔请求她的代理。附在信中的还有《现在你看到它了》和所有关于她的积极评论，包括角谷美智子的那篇。她们沟通了一年，似乎在兴趣、情感以及背景和经历方面都很匹配。维尔要求看到更多尼克森的作品，所以尼克森给了她写的第二部故事小说《天使赤身裸体》（以下有时简称为《天使》）。在前一任代理人那里，这本书曾有一位编辑，康特珀恩特出版社的杰克·舒梅克（Jack Shoemaker）想买，但是这笔交易很快就因为代理人太过进取的商业立场而告吹。"她想要（一笔）60000美元（的预付金），或者是一些远超我们接受能力的荒唐数字。"舒梅克回忆道。所以《天使赤身裸体》依然留在尼克森的抽屉里，直到她把它寄给维尔。

> 她喜欢这本书。但还是没有接受我的请求。然后我跟她说了《贾勒茨维尔》，这部我一直知道将会开始写的小说。然后我说："我会写这部小说，我现在真的就要做这件事。我在做前期研究，我会写这部小说。"然后她说："好吧，先写给我第一章。"然后她读了第一章，说："好，我愿意做你的代理。条件是你每个月

都发给我一章。每个月。"她说:"在你写的时候,我
会试着为你把《天使赤身裸体》投出去。但是你必须
每个月发给我一章。"然后我这么做了。这么做了,她
先读,然后给我回应。我是说,我以前从没听说过代
理人会做这个。我把这件事告诉其他作家,他们都大
吃一惊。代理人就像商业经理。但是她是一个真正的
文学代理人。她阅读。她给的回应也非常棒。她很聪
明,也是一位好读者。

除了做一位聪明的好读者,与尼克森有共同的文学感受之
外,维尔还必须权衡商业考量,比如与尼克森效率有关的她的
时间投入。维尔的"每月一章"是一个测试。尼克森足够多产
到值得为她投入时间成本吗?尼克森的前任代理人对她在《天
使赤身裸体》上的工作时间估价是 9000 美元(60000 美元预付
金的 15%),因此与康特珀恩特这样的独立出版社的合作就失
败了。维尔理解尼克森的作品和长期承诺,因此没有和第一个
代理人有相同的超常预期。舒梅克和维尔也能更好地互相匹配,
他们属于第二个"代理人 – 编辑"关系的同心圆:他们关系不是
非常亲密,但是理解并欣赏彼此的品味,能有规律地产生工作
上的合作。

舒梅克讲述他与维尔的关系时说:"她是那种给我展示我关
注的东西的人(代理人)之一。她知道我的口味,她会给我看
那些她觉得我会喜欢的书稿,这就是诀窍。太多的代理人把一
份书稿发给所有人,他们一点都不知道我们这里出版什么类型

的作品，也不知道我的口味是什么。我欣赏的、与之合作最多
的代理人是这样的：当他们看到一本书的时候会说'啊，杰克，
我真的很喜欢这个'，当他们这么说的时候我就可以和他们聊起
来。"舒梅克，除了与维尔的关系之外，也是尼克森写作圈里一
位核心成员——诗人罗伯特·哈斯的好朋友。当尼克森回忆她
出版《天使赤身裸体》的经历时说，维尔一上任，她就有了两
个盟友，一个来自作家的创作场域，一个站在创作和生产的边
界上："温迪·维尔在那里，鲍勃·哈斯①也在那里。"

　　拥有了凭借《女人们来来去去》而获得的欧·亨利奖，一
位她欣赏的代理人，以及一份《天使赤身裸体》已经签好的出
版合同，尼克森继续写作当时还被叫作"玛莎的版本"的《贾
勒茨维尔》。把这份书稿放到正确的编辑手中是温迪·维尔的工
作。那双正确的手，当时维尔还不知道，又将会是康特珀恩特
出版社；虽然这双手并不是舒梅克的手，而是一位舒梅克雇用的
编辑的手。然而，回到康特珀恩特的路并不是一条笔直的简单
道路。

---

① 译注：Bob Hass，诗人罗伯特·哈斯的昵称。

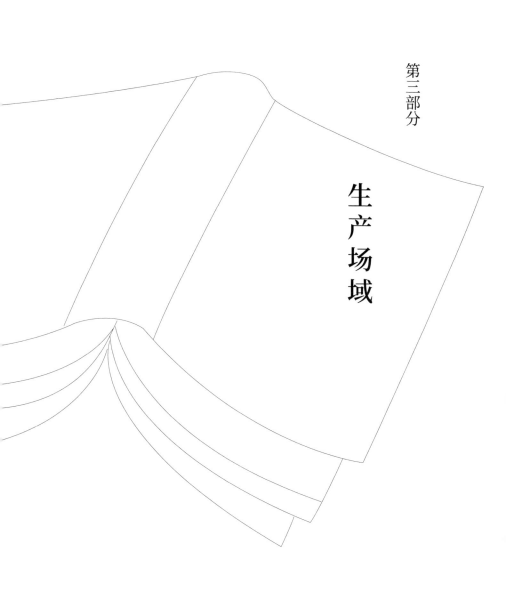

第三部分

生产场域

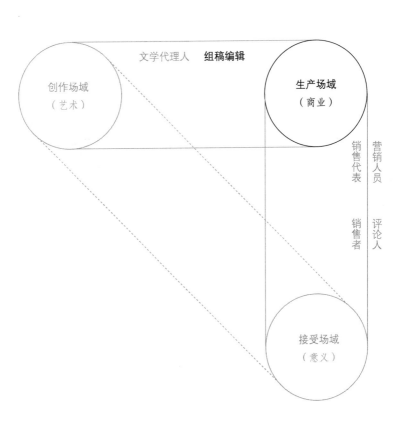

5

文化的决策制定、品味和财务承诺

或者说，为什么康特珀恩特出版社在拒绝《贾勒茨维尔》后又接受了它？

从好搭档到坏搭档到失去搭档

作为代理科尼莉亚·尼克森的前提条件，温迪·维尔要求她每个月完成《贾勒茨维尔》的一章并寄给她。维尔认为她可以让《天使》出版，但对尼克森和维尔来说，《贾勒茨维尔》才是制胜机会；这是一本尼克森一直打算要写的书，虽然这仍是一个关于故事的故事，还没有落到纸上，但这是一部维尔想要代理的小说。不过，虽然她对《贾勒茨维尔》（当时还被叫作"玛莎的版本"）很感兴趣，但对维尔来说，尼克森缓慢的写作速度令人担忧。即使她很信任尼克森的能力，但她依然需要满足她的双重职责——她既是可信任的艺术评估者，又是将作品引入商业场域的翻译者。在"测试"尼克森产量的时候，维尔也在寻找这两种考虑之间的平衡。尼克森写作《玛莎的版本》时，维尔在为《天使》的出版而努力。

康特珀恩特出版社的杰克·舒梅克展现出了对《天使》的兴趣，但尼克森的前一个代理人拒绝了他的提议。那个时候，有了角谷美智子对《现在你看到它了》的热烈评论，她的代理人将目标定在更大的集团出版商身上，而不是像康特珀恩特这样小的独立出版商，他们缺乏现金储备来提供大笔预付金或参加竞标战。但对尼克森的新代理人来说，跟让这本书出版比起来，确保它能获得大笔预付金就显得不那么重要。维尔不是《现在你看到它了》的代理人，所以对尼克森下一部书稿的代理是一个全新的开始。维尔不反感小出版社；如果他们是唯一的选择，虽然预付金会比较低，但他们会让她的作者继续处在创作与生产场域的游戏当中。如果她能让《天使》出版，尼克森就能在写作《玛莎的版本》的时候维持她的事业并继续建立声誉。对维尔来说最关键的是，她签下尼克森的首要原因一直都是《玛莎的版本》，但让《天使》"从抽屉里出来"然后出版，还是会分散尼克森对她们俩都很关注的书稿的精力。

康特珀恩特做《天使》的出版商是有道理的，这一点甚至超过了舒梅克的预料。尼克森、维尔和舒梅克的三重唱形成了维维安娜·泽利泽（Viviana Zelizer）所说的"好搭档"关系：他们在商业交易上是好伙伴，因为他们都在经营"有质量的"文学作品这一点上建立了口碑，他们能在统一的水平线上理解《天使》。[1]相应地，维尔和舒梅克之间早就有了商业合作关系，这种关系中充满人际交往技巧和相互欣赏的因素。尼克森和舒梅克之间也有一个有力的两步式关系，他们有一个共同朋友罗伯特·哈斯。虽然如此，当时没有人知道，在《天使》这本书上，尼克森和舒梅克之间的"好搭档"关系会变坏。

2000年4月1日，康特珀恩特出版了《天使》。这是一部由十一个互相关联的故事组成的小说，是一部关于音乐家玛吉和生物学家韦伯斯特之间复杂关系的小说。这本书即使不能说受到了热烈的好评，也起码得到了积极的评论。小说家贝弗利·戈洛戈斯基（Beverly Gologorsky）在《纽约时报》的评论中说："尼克森在《天使》中的伟大成就是将玛吉和韦伯斯特日常生活中的普通事件转变为精美的戏剧。尼克森故事中的人生课程由两个坚持自我的人物主导着，他们甚至迫使尼克森的读者向内审视。"[2]但对另一些评论人来说，尼克森在《天使》中使用的由故事组成小说这种写作方式不同于《现在你看到它了》，而是在故事的方向上走得太远。尽管戈洛戈斯基在《纽约时报》中指出，"惊人坚实的线索联结起了这部'故事中的小说'的十一个部分"，但《出版商周刊》中一位匿名评论人写道，"虽然自称'小说'……（《天使》）实际上只是十一个短故事的集合而已"。另一位匿名评论人也在《科克斯》里总结说，《天使》"很优雅，但情节令人不安"，它的愉悦感"被晦涩的结构削弱了"。虽然总体来说评论是积极的，提高了尼克森的声誉，但是，此前她曾用过的使小说从创作场域转移到生产场域的故事技巧，这一次不太奏效了。对尼克森来说，另一项《天使》和《现在你看到它了》的共同点让她更担心：即使有积极正面的评论，但这本小说卖得并不好。《天使》卖得太差，以至于舒梅克不得不做出一个艰难的决定：

> 我很爱那本书。我认为《天使》是一部非常好的小说。所以我们以精装本形式出版了（它）。坦白来说我们在商业上做得不好……我们无法让它在市场上成功。我觉得部分原因是在康特珀恩特刚创办的时候，我们不像后来那样擅长某些营销理念或策略……而且我们无法在平装（封面）上成功，也就是说，我永远也无法证明这一点。精装本销量非常低，我们没办法回本然后做平本，所以我们最后只能廉价出售（以极低的价格出售，把库存销掉）……然后保持一个很低的印刷量……我觉得科尼莉亚对此非常伤心，这是可以理解的。

尼克森确实非常伤心。出版《天使》的平装本可以为第一批书店读者提供第二次机会，可以将图书的生命延伸到折扣书店的精装本之外。在常规书店，《天使》的销量可能会带来新的销售，而在折扣书店中，销量只会产生空货架，这些货架很快就会被其他的孤儿图书填满。不需要知道这个过程的运作细节，尼克森就已经感觉到很受伤。

然而对舒梅克来说，并不是因为对《天使》缺乏信念才导致他和尼克森之间关系破裂的。十年后，当他说起《天使》的时候依然很怜惜，并秘密地为这本书酝酿了新计划。但和文学代理人一样，一位编辑和出版社的拥有者也面临着双重职责，舒梅克想要做的事并不总是与他能做的事情一致；甚至他自己的品味、信念和社会关系也会在某种程度上与市场现实背道而驰。随着尼克森和舒梅克之间良好的经济关系变得糟糕，二人之间的人际关系也陷入了困境。出版《天使》的过程中，尼克森与舒梅克的妻子，一位回忆录作者兼小说家的关系变得越来越密切，"我们有一段时间是独立的朋友，直到（康特珀恩特）决定不做平装书"。对尼克森来说，就像对舒梅克来说一样，关系破裂不是因为彼此间产生了敌意，而是因为他们的经济关系和社会关系密不可分；只要一样泡汤了，另一样也泡汤了。

即使好的搭档关系变得糟糕了，舒梅克还是有其他的书可以出版，尼克森和维尔也还是有其他的书要处理。维尔有两个助理，都是刚从莎拉·劳伦斯学院毕业的年轻女性，她们也在小说写作的过程中帮忙。对尼克森来说，"当时她们就是我想象中（《玛莎的版本》）的读者。她们说这本书很有吸引力。所以在我写的时候会在某种程度上想到她们"。然而《玛莎的版本》没有以尼克森承诺的速度写完。尼克森没有做到每个月寄给维尔一章，她花了五年的时间才写完第一稿，大多数时间都在做调查。但直到整个写作过程的最后，维尔和尼克森都对这本书很热情。

康特珀恩特没有通过这本小说的选题，因为出版社内部的读者报告不像舒梅克期望的那样热情。这对尼克森和维尔来说是个打击，但也只是一个小小的打击而已，因为维尔在行业内声誉良好而且有很多关系，当时她正在设法使《玛莎的版本》潜游到更深的水域。《玛莎的版本》的反复重写开始了，第一次重写后的书稿在 2002 年被送到五位编辑那里，第二次重写的书稿在 2003 年到 2005 年间被送到了另外十六位编辑那里。十六位编辑全都拒绝了《玛莎的版本》。结果，尼克森和维尔在几年的时间里，发现她们原本和康特珀恩特的好搭档关系变成了坏搭档，到现在似乎已经没有了搭档。然而，和代理人一样，编辑也不仅仅是生产场域的守门人，《玛莎的版本》能变化成型为《贾勒茨维尔》的部分原因就是这些编辑的拒绝。要理解在一开始拒绝了这份书稿的康特珀恩特为什么最后又接受了它，就必须先理解在这段时间内，《玛莎的版本》和康特珀恩特出版社发生了怎样的改变。

从代理型消费者到双重职责

和代理人一样，图书编辑的正式角色最初出现在 19 世纪末 20 世纪初，是对一个普遍问题的两种解决方案之一。在第一次世界大战前，许多出版商同时从事图书和杂志生意，他们先把作者的作品在杂志上连载，然后再将其集结成册出版。杂志的目标受众是一般读者，这意味着杂志的内容必须要做到即使对口味最敏感的读者来说也无可指摘。马克·阿荣森（Marc

Aronson）在回忆那个时代的时候说："如果（一本）杂志不能被放在咖啡桌上被全家人阅读的话，那它就不会出版。"[3] 出版商没有要求作者的写作不要偏离想象中的"全家人"这一微妙的道德标准，而是寻找保罗·赫希（Paul Hirsch）所说的"代理型消费者"，即可以代表一般市场的人。[4]

对这个问题的其中一个解决方法是这样的，出版商麦克米伦（Macmillan）把要出版的阅读内容外包给一批精英和受尊敬的女性，他们可以用自己的道德标准检查这些作品；代理型消费者本身也是消费者，只是他们是精英消费者而已。斯克里布纳之子出版公司（Charles Scribner's Sons）则相反，他们使用了另一种模式，把他们的代理型消费者带进了公司内部，他们招募既可以检查作品的正派程度，又可以和作者一起工作以使他们的书稿离开道德灰色区域的全职员工。在维持一般大众杂志连载要求的道德标准这个问题的第二种解决方案中，编辑的专业角色第一次诞生了。然而在斯克里布纳之子出版公司中，这种创新进一步得到超越，编辑的角色将继续向前发展。

1910 年，麦克斯维尔·珀金斯（Maxwell Perkins）入职斯克里布纳的广告部，开始了自己在图书出版界的职业生涯。在出版公司编辑数量急剧增加的浪潮中，他转变成了一名编辑的角色。从 1919 年以后，至少在生产场域内，他逐渐声名鹊起。那一年，一位名不见经传的明尼苏达作家向出版社提交了一份名为《浪漫的利己主义者》（*The Romantic Egoist*）的书稿；尽管珀金斯极力游说，但斯克里布纳的编辑还是对这份书稿反应冷淡并拒绝了它。珀金斯继续与这位小说家一起工作，帮他把八十页的《浪漫的利己主义者》改了新名字，再次投给斯克里布纳，但再次被拒绝了。这一次，珀金斯为这部小说的价值积极游说，他使用了一种资本，这种资本到今天依然是编辑手中最锋利的箭：他对作品的热情。这部作品被重新命名为《人间天堂》(*This Side of Paradise*)，并在 1920 年出版，据报道，首印 3000 册在三天内就销售一空，在接下来的两年内重印了 11 次。在珀金斯的帮助下，F. 斯科特·菲茨杰拉德（F. Scott Fitzgerald）跻身名字经济，五年后，还是在珀金斯的帮助下，他将出版《了不起的盖茨比》(*The Great Gatsby*)。

珀金斯后来成为欧内斯特·海明威（Ernest Hemingway）的终身编辑和朋友，同时也是玛·金·罗琳斯（Marjorie Kinnan Rawlings）获普利策奖的最畅销作品《鹿苑长春》(*The Yearling*)的编辑。然而珀金斯在编辑界的声誉与其说基于他和谁一起工作，不如说是基于他怎样与作者一起工作。由于珀金斯的引领——或至少引领方向的大部分功劳都归功于他——编辑的角色改变了，编辑从检查作品道德标准的支持人员，变成了积极参与创作和重塑小说的沉默伙伴，变成了作家的同盟和朋友。没有什么比他与托马斯·沃尔夫（Thomas Wolfe）的合作更能巩固珀金斯的声誉，更能展现编辑职责的转变了。

在珀金斯的指导下，沃尔夫 1100 页的书稿《啊，失去的》(*O Lost*)被缩减成以一个人物为中心的、重命名为"天使，望故乡"(*Look Homeward, Angel*)的小说。也是在珀金斯的影响下，沃尔夫的下一本书从"装在三个箱子里包含四十万字的不计其数的纸页"变成了《时间和河流》(*Of Time and the River*)，沃尔夫把这本书题献给了珀金斯。[5]但随着时间的推移，沃尔夫开始厌恶珀金斯，因为很多文人提高了珀金斯的地位，将他从沃尔夫小说创作的沉默伙伴，变成了比沃尔夫本人更值得因小说的成功而获得称赞的人物。[6]伯纳德·德文托（Bernard DeVoto）暗示，《天使，望故乡》"经珀金斯先生之手在斯克里布纳的装配线上被劈砍、塑造、压缩成一种很像小说的东西"。[7]

在几十年的时间里，珀金斯从为斯克里布纳维持道德标准的员工，到屡获殊荣的文学作品的沉默合作伙伴，再到被认为本质上是作品真正的*作者*。珀金斯与希拉姆·海顿（Hiram Haydn）和萨克斯·康明斯（Saxe Commins）等同时代人一起，改变了编辑的意义。到了 20 世纪 30 年代，"围绕编辑形成了一个文化神话：编辑是救世主，找到了书稿的灵魂；编辑是炼金师，将铅变成金子；编辑是先知，能意识到其他人没有意识到的东西"。[8]这个认为编辑能给予作家一切的浪漫咒语，被二战后出现的下一代编辑接受了。罗伯特·戈特利布（Robert Gottlieb）和罗杰·斯特劳斯（Roger Straus）等编辑都被认为是靠他们的智慧成为了作家的救世主、炼金师、先知，以及也许是最重要的：成为了作家的朋友。然而直到今天，麦克斯维尔·珀金斯仍是这份职业中柏拉图式的人物，他的信件集《编辑致作家》（*Editor to Author*）仍是编辑理想的图腾。

今天，人们常常对市场导向入侵了曾经崇高的、艺术导向的编辑实践感到担忧。现在的一些编辑认为 20 世纪 50 年代和 60 年代是编辑自主和基于艺术的编辑实践的黄金时代——他们认为这是现已失去的两种东西——这些哀悼过去编辑自主性的挽歌所唱诵的对象正是珀金斯。然而早在这个被追认的黄金时代开始之*前*，珀金斯本人就已经退休了。在他退休后，他提出了关于编辑自主和编辑实践相同的担忧；在珀金斯退出后很长的时间里，编辑们还在关注这些问题。今天的编辑认为在 20 世纪60 年代后逝去的东西，珀金斯认为早在 20 世纪 50 年代之前就已经逝去了，如果它真的存在过的话。"实利主义统治着美国，"珀金斯写道，"对有些书，人们选择一时之利而非文学价值。"[9]对于珀金斯本人来说，他没有后见之明，"麦克斯维尔·珀金斯过去的美好时光"和如今据称是糟糕的新时代完全一致，而他常常与这个时代被放到一起来看。

对今天的编辑来说，市场力量侵蚀编辑工作的转折点发生在 20 世纪 70 年代和 80 年代。当时，国际集团收购和整合出版社以使投资组合多样化。正是在这个时代，一些被解雇或泄气的编辑开始转向文学代理人的新角色。虽然编辑们对编辑工作减少了艺术性聚焦而感到痛惜（当然有些是在第一次集团化浪潮期间发生的），但与此同时，文学代理人正在从仅处理合同的单一职责发展为开始*承担*艺术性聚焦工作。换句话说，某种程度上今天编辑所描述的更简单的过去是一个想象的过去，如果要使描述更准确的话，那么说"发生了角色转变"比起"发生了整体性损失"更加准确。如果说编辑现在专注于"商业"而不仅仅是"艺术"，那么代理人已经在整个系统中弥补了不足，因为他们已经承担了关注艺术的工作，从而形成了一个代理人和编辑都承担双重角色的新结构。

代理人和编辑的相互依赖关系

由于代理人和编辑共同承担艺术和财务的双重职责，因而他们是将小说翻译成生产场域语言的导管。在这个过程中，一份书稿"是什么"的定义必须通过对不同的书"是什么"的共同理解，被相互作用地、对话式地建构出来。在代理人和编辑之间，如果形容一本小说是"扣人心弦的"或"惊心动魄的"，就意味着这是一本"赚钱的书"，而如果形容一本小说是"私人的"和"谨慎的"，则意味着它是"艺术的"。对一本运动员的自传来说，说它"写得好"意味着它是"易读的"，但代理人或编辑会非常谨慎地说他们支持的纯文学小说"写得好"，因为任何低于"无与伦比的"或"精美的"的形容词都会引发对这部小说质量的怀疑。

代理人和编辑进行的部分场域过渡工作，是把不可比较的东西变成可以比较的。在小说创作场域，"不同于其他任何东西"是作家成就的一种标志，而在小说的代理人和编辑之间，"不同于其他任何东西"就是一种诅咒；断言中简单的失实就将引发对说话者可信度的怀疑，代理人和编辑也不知道*如何处理*无法比较的书。在生产场域的代理人和编辑之间，比较既可以减轻不确定性，也可以解释为什么一本书值得花时间或投钱。出于这个原因，说一本书与另一本书"相似"不仅仅是关于故事或风格的描述（有*许多*故事或风格相似的书），它更常是关于市场潜力的描述。正是在文化对象的跨场域过渡中，分类比较才越来越重要，而一旦完全进入到其中一个场域，分类比较的必要性就会消退。[10] 在场域过渡中，类别话语就像弯刀，能在供过于求的潜在书稿中辟出一条道路，还能用来把文化对象放置在合适的路径上。[11] 例如，进入生产场域后，纯文学小说和浪漫小说就会沿着两条不同的路径前行，代理人和编辑会设计地图，并为它们分别设定预计或偏好的坐标。

如果一个代理人工作做得很好，那么发给编辑一本书不仅意味着他本人相信这本书，还意味着他感觉收到这本书的编辑也相信这本书。因为代理人和编辑有把书稿引入生产场域的共同信念，所以他们是相互依赖的。通过这种相互依赖，他们在某种程度上也是盟友，但即使在"好搭档关系"下，双方也依然要为合同权利摆开架势谈判。在好搭档关系中，双方在谈判时都对彼此有需求，他们倾向于避免激烈的争吵。而在坏搭档关系（比如，一位代理人误解了编辑的兴趣点，也没有理解编辑的需求，或为了获得出版合同而扩大了搜索书稿的范围）中，这种相互依赖也是一种必需，这样他们就能非常亲切地讨论这次搭档关系*暂时*不奏效的原因，他们的关系就依然能保持完整。编辑通过几种方式与暂时不能结成搭档关系但十分值得信赖的代理人保持良好关系：在拒绝书稿的时候，他们同时也不吝惜对书稿的赞美；他们会指出，虽然对这份书稿来说搭档关系并不成立，但他们希望下一次还能继续一起工作；为了重申这一点，他们在拒绝书稿的时候甚至会对代理人提起他们之间的关系和美好回忆。

与可信赖的盟友保持良好关系是如此重要，编辑甚至会产生认知不一致的时刻或产生错误的记忆以使整体搭档关系保持良好。一位编辑讲述了许多年前的一个故事，当时一个与他有长期联系的文学代理人给了他一份根本不可能满足条件的书稿，要求他出版。这是非常令他失望的状况。这位编辑在讲述这个故事时，中途纠正了自己，说："你知道，那一定是其他人，我不能……那听起来根本不像他。"但这个故事确实是关于他的。这位编辑没有重新考虑他与这位文学代理人的关系，而是总结说他当时不是弄错了发生的事，而是弄错了这件事发生在谁身上。

代理人和编辑的相互依赖性还有两个目的，二者都有助于在评估价值主观的一次性文化商品时减少不确定性。首先，让代理人和编辑在同一份书稿中印上他们认可（和代表声誉）的印记，能证明对这个作品的信念不是完全孤立的。其次，代理人和编辑都要履行跨场域的双重职责，出版商的商业部门从来不需要直接和作者谈财务问题（这是代理人的工作），而作者从来不用和出版商的商业部门谈艺术问题（这是编辑的工作）。[12]

由于代理人和编辑之间的相互依赖性，编辑如何决定出版哪本书这个问题本身就可能显得有一点夸大。他们不是完全根据有什么书来做出版决定的，而是依赖代理人来筛选不合适的书稿。因此，大多数情况下，编辑是从代理人经过深思熟虑而筛选给他们的列表中选择要出版的书，只有在代理人完成他的工作之后，编辑决定出版哪本书的工作才真正开始。

编辑如何做出决定并使其合法化

和代理人一样，编辑使用多重策略来决定要做哪些书。这些策略没有被正式地权衡过或无差别地使用，而是一种无计划的方式，它们可以用来为编辑的决策提供依据，或者在做出决定后为决定提供理由及合法性。对编辑来说，他们决定出版哪本书的策略有四重：对艺术能力的看法；他们自身的品味、兴趣和经历；对市场可行性的看法；与出版商的匹配程度，或是否可以让出版社中的其他人参与到这个项目中来减轻工作量（见图 5.1）。并非每一重策略都需要在每一个项目中承担相同的重量——事实上很少这样做——而是如果他根据四重策略的逻辑发现某个项目有不可弥补的品质缺陷，那他就不会做这个项目。在四重策略中，编辑依赖代理人了解他们两方的性情（对他们来说什么才算"好"，包括他们的品味、兴趣和经历）和他们的位置（以他们身处的位置来说怎样算有市场可行性，以及他们为之工作的哪本书与出版商相契合）。或许最重要的就是代理人对作品艺术能力的评估是否与编辑匹配，其次重要的则是编辑自己的兴趣、品味和经历。由于编辑在很大程度上要感激从创作场域中筛选作品、并把最有机会出版的书稿带给他们的代理人，所以编辑自己无法提前了解像艺术能力这样"更柔软"的东西是否能够匹配。

和代理人一样，编辑也使用自身的品味、兴趣和经历来选择书稿。从麦克斯维尔·珀金斯时代开始，编辑在购买决策方面拥有了自由和（对外人来说）惊人的自主权。他们不会被要求必须做什么，而是经常面对开放的上限和下限：如果没有上级允许的话，他们不能为手稿提供*超过*某个数额的预付，如果没有遭到反对的话，他们每年也不能以*低于*某个数额的预付接受手稿。

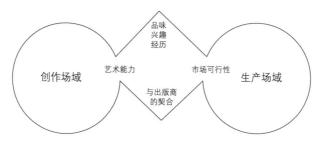

图5.1　编辑评估的四重策略

一位编辑描述了在做出版决定时与小说产生个人化联结的重要性，"我用的是一个很简单的标准，但很少有书稿能满足这个标准。那就是某本书能否影响我的情绪。它可能是笑或哭或其他情绪，生气。所以是的，我认为只是影响情绪"。影响情绪的重要性不止对这位编辑来说是特殊的，也不仅仅只是一个简单的地位象征，宣告个人化联结就是有些编辑使用的唯一标准，虽然某种程度上确实是这样。编辑对情感联结的依赖——以及从中获得的力量——在生产场域中长期存在。

二十多年前，普特南之子出版公司的高级执行总编菲斯·塞尔（Faith Sale）以相似的方式描述过与书稿产生情感联结的力量："一旦我被小说的声音迷住了，我就会尽我所能去做任何能让小说接触到最大读者群的事，不管这是意味着简单地走一走出版的后续流程，还是负责小说的全面重建，并在出版社内部引起大家的注意……但是我无法假装：我对小说的热爱更多地是出于本能而非理性理解力，更多地出于情绪反应而非计算后的判断。产生联结的时刻就是我成为这本书的（或作者的）支持者的那一刻。"[13]

虽然从好的方面来说，编辑有决定出版他们信任之书的相对自主权，但坏的方面是，在这种情况下，和代理人一样，编辑可能会忽略不符合他们自身经历的书稿。因此，编辑自主权只有在编辑本身足够多样化的基础上，才会使出版的图书多样化；但编辑多样化的程度并不高。[14]关于编辑职业中的种族多样性，在2014年《出版商周刊》（*Publishers Weekly*）的一份薪资调查中可以看出，在受调查的编辑中，88%是白人，3.7%是亚裔，2.8%是西班牙裔（包括所有种族），2.8%是混血，1.4%是黑人。尽管编辑多样性的缺乏可以归因到许多因素上，但其结果就是编辑群体的高度分化，这些编辑多多少少都会依据自身的品味、感受和经历来选择书稿。[15]

然而自相矛盾的是，虽然这被认为是行业甚至编辑内部广泛存在的问题，但是在选书稿时依赖自己的品味、感受和经历却意味着这是一位"好编辑"，如果不这么做，那就是一位"糟糕的编辑"。[16]皇冠出版社的执行出版人和副总裁詹姆斯·韦德（James Wade）在给年轻编辑的建议中写道："如果你怀疑自己会有意或无意地扭曲作者的想法和表达方式，那无论出于什么原因（你的'专业知识'或道德评价，甚至是模糊的品味），你都不用编辑那本书了。"[17]因此，编辑们往往回避那些他们认为自己无法直观切身理解其人物或故事的纯文学小说或流行小说，而是倾向于选择那些他们认为自己是"对的人"的项目。举一个这种编辑职业中一般原则的例子，当一位编辑被问及她最感兴趣的是哪本书时，她描述了她手头上最近的一个项目："我可以立即判断（我要出版它）……（这位作者）和我一样出生在纽约，我们上的是类似的学校，这就像和一位朋友一起玩，而这位朋友同时是了不起的故事讲述者。所以这本书是我非常喜欢的。我立刻就知道了。"

　　然而，由于创作场域和生产场域是相互依赖的，所以对"对的编辑"过少的作家来说，编辑对品味、感知和经历的依赖就会带来挑战。第四章中讨论过的南方黑人作家达蒙就是这种情况，他认为自己在创作场域的作品部分取决于生产场域中编辑运作方式的现实：

> 　　我认为作家在很多情况下是给组稿编辑写作的。这就像说，我们能意识到。那可能会破坏你的想象。这意味着有很多时候，如果你像我一样写书，这本书本身和组稿编辑那样的人不像，我就必须综合……那些不了解习俗的细微差别和当地人（即小说人物）生活习惯的所有其他人（比如组稿编辑）的经历……这就是发生在我身上的事。即使我重写了，我尽我所能地重写了，但我做这件事感觉非常羞愧。我必须把书卖出去。

对牙买加裔美国浪漫小说作家马克西姆（Maxine）来说情

况也是如此，她写作的时候必须考虑到出版商的期望："大多数时候必须要很有钱。不能使用毒品，不能出现诅咒，性必须是浪漫的。这种感觉就像是他们在努力与街头文学划清界限。这种感觉就像是黑色面孔的白人丑角，但会受到更多限制。这种感觉就像是对黑人性行为的监督。"编辑往往更倾向于分享与品味和经历相匹配（"我立刻就知道了"）的故事，但把选择编辑感觉亲近的小说作为"好编辑"的一种必要，也会对那些代表性不足的故事和作家产生不良影响。

尽管编辑很快就可以援引他们选择过程中基于艺术和品味的因素，但隐藏在这些表述背后的可能是对市场可行性或出版商匹配度的担忧。当决定要出版一部小说的时候，四重判断标准有时候不会被明说，因为它们都是被纳入到决策过程中"明显的"或"平淡无奇的"标准。反过来，当决定不出版一部小说的时候，则要公开承认它们产生的影响，就是宣布编辑工作中基本的特殊待遇——拥有选择出版哪本书的相对自主权——实际上存在限制。

艺术能力与个人兴趣常常相互重叠，同样地，市场可行性和出版商契合程度也常常相互重叠。对出版商来说，即使一个作者得到过好的评论，但惨淡的销售额也会对他的书的市场可行性打上休止符；而对另一个出版商而言，同样的情景可以被看作是一个从其他出版商定义市场可行性的非理性实践中吸取教训的好机会。与出版商契合程度一样，市场可行性也可以归结为一本书所属的类别，基于对这一类别的"火爆"、"冷门"或"饱和"的观察（更广泛的基于市场的总结），或更狭窄的出版商与这个类别的"契合"：这本书是*我们*通常做的那种类型的书吗？虽然常常不被明说，但这些思考策略与基于品味的思考策略一样重要，并且通常与编辑自主权的限制有关。然而，他们没有正式地被这些规则限制，正如伍迪·鲍威尔（Woody Powell）对学术出版社编辑的总结，他们没有被其他人强制要求，而是在做选择的时候进行了*自我规制*，努力不去做其他人难以推销出去的书。[18]

如果一位编辑发现他自己经常要自我规制，那他就有两种处理策略。长期策略是去另一家出版社做编辑，找一家他不需要对出版抉择进行*自我规制*的出版社；在新的出版社中，他的感知力和品味与出版商对市场可行性的看法更加契合。正是出于这个原因（除相对低的工资之外），编辑们才经常更换工作，因为他们的部分补偿是文化资本的自由和决策自主权，这使他们寻找那些不需要自我规制的工作。

短期策略则是更日常的策略的一部分，编辑将努力让出版社中的其他人与他的兴趣相符。编辑有时会创造性地说服同事和高层，改变他们认为不合适或市场不可行性的看法。正如蕾秋·多纳蒂奥（Rachel Donadio）所写的那样，在这种角色中，编辑们已经成了"商人和游说者"。[19]西蒙与舒斯特的联合创始人，M.林肯·舒斯特（M. Lincoln Schuster）给年轻编辑写过编辑工作的二十四条解释，其中之一是，"仅仅'喜欢'或'不喜欢'一份书稿或一本书的想法和蓝图是不够的，你必须知道而且能够在提案的时候有信服力地说出你这样认为的原因"。[20]编辑很少花资本来尝试推动一份出版社中其他人不能跟进的书稿，或者那种他们无法说服或哄骗其他人跟进的书稿。如果他们对一份书稿或提议感觉不太确定的话，他们会先让其他编辑再看一看，而不是直接在编辑会议上以不确定的感觉提出来，因为这样做的最坏结果就是让这个提议直接被否决。

编辑减少提议被否决次数的最好办法就是在会议前做游说，不断在办公室里谈论这部他想要的小说，如果别人不太想跟进的话，这是一种有说服力地传递热情的方式。关于出版书的提议这种事后的故事讲述，有时候反过来是通过销售规划实现的，或者说弄清究竟要卖出多少本才能让其他人有兴趣参与进来，然后提前做销售计算以达到这个目标。一位编辑解释了他怎样为一本新书创建初始损益表（P&L）："损益表的关键是让数字说话。即使我已经决定了要做一本书，我也得知道我必须从'后面'（损益表的底部）开始做起，因为我知道目标应该是什么，什么是合理的，然后我再往前填表……如果数字看起来不合理，那预付金就必须降低，或者我就得思考，我能不能合理说明这本书会有更高的销售额，所以（我）查询了作者以往的销售记录和不同的'对标书目'（comp titles），看看什么可能是合理的……（笑）你总能搞定。好吧，不总是这样，但你通常能搞定。"

编辑会对一份他选择支持的手稿做倒推的工作，以产生合理甚至积极的预测，类似地，"对标书目"也被用来向出版社和场域中其他人暗示这本书和哪些书类似。一本好的用以对标的书可能是最近出版的相似主题或相似形式的书，但不是所有这样的书都可以。相反，作为说服别人的工具，对标书目是一个精心构思的列表，列表中排除了那些对编辑论证不利的书，加入了能帮助编辑论证的书。[21]一位编辑解释说，"对标书目是用来讲一个故事的，你知道，什么故事都可以。它们是故事的简写，所以这个过程起倒推作用。想出一个故事之后，对标书目能让这个故事产生意义"。[22]另一位编辑把选择对标的书比作《金发姑娘和三只熊》里三只熊吃的粥①。卖得太差的书（即太凉的那碗粥）或者卖得太好的书（即太烫的那本书）都不是好的对标书目。[23]相反，对这位编辑来说，"选择对标书目是一种艺术……粥的温度必须恰到好处"。[24]

对编辑来说，讲述销售预期是另一种传递*热情*的方式。出版商斯科特·沃克（Scott Walker）指出了从自己的热情中生产出集体热情的必要性，"一个编辑必须能以这样的方式为书定位，出版团队中的其他人能分享他或她的热情"。[25]最终还是编辑的热情，不管是来自启发性策略中的哪一种，使其支持一部作品并找到出版的方式。通常，他需要在编辑会议之前就和其他编辑一起种下集体热情的种子，或反过来，有所保留对已经引起广泛讨论热度项目的热情；这样的话，当另一家出版商为它"付更多钱"的时候，出版社里的所有人都会意识到这个项目的编辑对此缺乏热情（在出版社内部讨论这本书没有谈下来的原因时会讲述这件事）。

编辑热情的力量与社会学家对职业和组织中情绪作用的一

---

① 译注:《金发姑娘和三只熊》是由英国儿童文学作家托尼·罗斯创作的童话故事。在故事中，三只熊家里的桌子上有三碗粥，最大碗的粥太烫，中号碗的粥太凉，最小的那只碗里面的粥正好。故事详情可参阅同名中译童话绘本《金发姑娘与三只熊》。

般看法形成了鲜明对比，对后者来说，情感通常是低地位、服务导向的职业劳动形式。[26] 即使对如白领经理这样较高地位的人来说，尽管他们有更多表达愤怒的自由，但情绪管理也是一个常见的问题。[27] 然而，对在出版社中工作的编辑来说，积极情绪的给予和控制是判断把时间花在哪些书上的主要工具。情绪的传递与其说是一种劳动形式，更像是一种资本形式：给予或保留对项目的热情最终是一种使他工作顺利的工具。[28] 编辑不能随意调配他的热情——和所有的资本形式一样，存量会随着使用而耗尽——但是，热情比其他任何东西更像是一张编辑的承诺票，它让整个出版社朝他想要的方向运作起来。

由于编辑热情的力量，编辑有时候可能难以用语言来解释他们对一本书出版与否的决定，但这并不意味着他们在实际上会因自己社会结构派生出的品味和偏好而不顾市场和契合度。相反，决策中的一重或所有策略可能在不同时间内被导入到编辑热情的形成中，并且在最后被简单地称之为"热情"、"兴奋"或"失望"。在这方面，詹姆斯·柯兰（James Curran）曾注意到这一点，"当他们说是书选择了他们的时候，他们实际上说的是，他们在一个他们认为不需质疑的价值框架内选择书"。[29]

然而，不能将编辑视为无法准确叙述他们做决策过程的人，他们只是有时无法在情感联结之外讨论他们的决策，这是他们在出版社中享受相对决策自由的假象。[30] 换句话说，对编辑来说，通过"我非常，非常喜欢它"来描述他对一本小说的出版决定时，既可以虽不完整但也准确地描述他是*怎样*做出决策的，又能准确地描述他的出版商同意出版这本书的原因。在这些例子中，可感知的艺术能力、个人品味、市场可行性和出版商契合度都可以促使编辑对一个项目产生热情，而且它们也可以被视作可用的、独立的标识，来解释他的热情和对其他人的游说，无论这种热情究竟源自何处。

为什么康特珀恩特出版社在拒绝《贾勒茨维尔》后又接受了它

在尼克森的后内战小说两次提交给康特珀恩特出版社之间的时间里，这部小说和这家出版社都发生了变化。就像《贾勒茨维尔》不同于《玛莎的版本》一样，康特珀恩特也和此前不同了：它只剩下了杰克·舒梅克。正是这些变化——小说的变化和小说所处情境的变化——使得尼克森和舒梅克从糟糕的搭档重新变成了好搭档。

对《玛莎的版本》来说，促成改变的第一个催化剂是编辑退稿信的内容。虽然生产场域面向的是被视为商品的小说，但编辑依然需要承担双重职责，即使对他们拒绝出版的书，他们也要参与其艺术方面的问题。他们在这种情况下这样做，并非出于快乐而是出于义务：他们与文学代理人相互依赖，遇到糟糕的搭档关系时，他们必须对自己的拒绝做出解释以维持良好的关系。作家可能会也可能不会看到这些退稿信，但代理人一定会看到，这解释了为什么编辑会给代理人发私人信件，请求代理人继续寄来书稿，并说明这份书稿被拒绝的原因。这些私人信件既能表明编辑对未来的期求，又能表明这份书稿被*读过*且被认真考虑过。

这些退稿信的功能在维尔收到的信中都能得到体现，这些信中同时包含对尼克森小说的六十五个正面评价和六十五个负面评价。虽然在正面评价的数量上，可能存在基于关系的安慰性评价（即使是退稿信，这种类型的信件也要求必须同时有正面和负面评价），但在负面评价上却不是这样，而且编辑们真正的想法仍可以从他们的积极赞誉中推断出来。由于信任和共同感受对代理人和编辑的关系来说是重要的，所以维尔不是随机挑选编辑，而是把《玛莎的版本》给了她认为能够与她共享对这部小说热情的编辑。换句话说，这位场域中的专家已经构建了一份精心挑选的编辑列表，列表中的编辑都是她认为会喜欢这部小说的人。但即使有了这份精心挑选的列表，就像在《玛莎的版本》的退稿信中看到的那样，解释性评价却与预期不一致（见图5.2）。

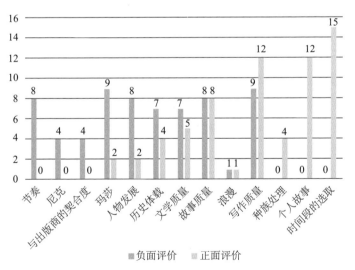

图 5.2 《玛莎的版本》的退稿信

组稿编辑之间最普遍的分歧集中在对故事整体"文学性"的看法上：编辑们对小说的文学质量、写作质量、整体质量以及作为历史小说来说它有多成功这几点上存在分歧。[31] 编辑对某些要素表示了一致的肯定（尼克森与故事的亲密程度，时间段的选取和对种族问题的处理），对另一些要素也有一致的负面评价（缓慢的节奏，主要人物的描写和更宽泛的人物发展）。虽然编辑为了与维尔保持良好关系而在退稿信中同时给出了正面和负面评价，但尼克森仍要求看退稿信，因为她知道里面可能有一两个智慧宝石能激发她重新修改小说的想象力。维尔同意了。即使发生了这么多令人失望的事，她还是想要使作者高兴并对这个故事充满信心。通过维尔，尼克森把生产场域中编辑的意见带到了她的创作场域，她开始是独自一人，后来在社交圈中朋友的帮助下，将《玛莎的版本》改写成了《贾勒茨维尔》。

尼克森在重写的过程中保持了这个故事不可动摇的个人性，并继续改进了对时间段的处理以及种族和种族主义的作用。从编辑提出的故事节奏以及尼克和玛莎人物特征的问题中，尼克森意识到了她此前犯下的错误。事实上，她在一封退稿信中发现了最终写出《贾勒茨维尔》的钥匙："（尽管）不可能真正理解尼克，但令人失望的是，他给人留下的印象不过是你刻板印象中的卑鄙男人。"正如第二章中讨论的那样，她有意识地避免理解尼克，她说："有时男人做一些事，我不知道为什么。"虽然编辑在"不可能真正理解尼克"这一点上错了，但因为尼克森本人是一位小说家，所以读者因无法理解尼克和他的动机而影响了对小说看法，可谓尼克森的失败。意识到这一点后，尼克森重新梳理了她的笔记并修改了书稿。为了进入尼克的头脑，尼克森必须弄清楚尼克是谁。

"我不是一个有文化的人。我有的只是关于知识的传言。"这是小说中新加入部分的开头，这部分以尼克为第一人称视角进行叙述。他的人物复杂性通过互相抵触的张力浮现：对家庭过大的责任感；无法实现父亲期望的无能；玛莎的直率对他产生的引力与斥力；身处一个依然被内战分裂的城镇中，既是和平主义者又有着前邦联战士的身份。在将《玛莎的版本》改写为《贾勒茨维尔》的过程中，马里兰州内战后的种族关系成了尼克离开贾勒茨维尔的关键因素。在《玛莎的版本》中，尼克离开贾勒茨维尔只是发生在玛莎身上的一件事，而在改写中，读者就知道了为什么会发生这件事：尼克因恐惧而离开，他恐惧于自己的人生，恐惧与凯恩斯家族结亲，恐惧于玛莎的率直背后她与她那个暴力哥哥的相似性。在解开尼克内心的过程中，尼克森同时发展了尼克和玛莎两个人物，因为他们的复杂性和对这些复杂性的反应都要求同时听到两个人的声音。最终，由于一封编辑的退稿信，它从关于一个女人的故事变成了关于两个人的故事，变成了关于一个城镇的故事。在因尼克森的社交圈而改名为"贾勒茨维尔"的新版本中，小说的前八十三页以玛莎的第一人称视角叙述，其后的八十三页以尼克的第一人称叙述，最后一部分由城镇中其他居民的第一人称叙述，内容涵盖了谋杀和玛莎审判的结果。

在《玛莎的版本》改变原有的方向成为《贾勒茨维尔》的同时，康特珀恩特出版社也在发生改变。当《玛莎的版本》投给康特珀恩特时，它是一家位于华盛顿，由杰克·舒梅克和弗兰克·皮尔（Frank Pearl）共同创办的，由珀尔修斯出版公司（Perseus Book Group）控股的出版社。而当《贾勒茨维尔》投给康特珀恩特时，这家出版社已经被卖给了查理·温顿（Charlie Winton），他是独立分销商西部出版集团（Publishers Group West）的创始人，这家公司现在依然是康特珀恩特的分销商，这时候除舒梅克之外所有职工都已经被换掉了。因此，不仅《玛莎的版本》变成了《贾勒茨维尔》，而且那个拒绝了《玛莎的版本》的康特珀恩特出版社也不复存在了。舒梅克解释说："我是唯一一个仍保有康特珀恩特的出版理念或康特珀恩特头衔的人。所以对（《贾勒茨维尔》）来说，克服（《天使赤身裸体》）在现在的营销人员、公关人员或西部出版公司心中的印象是很简单的。"一部被拒绝的小说在同一家出版社获得第二次机会是很罕见的，是舒梅克和尼克森社交关系网的中间人罗伯特·哈斯重新把《贾勒茨维尔》和康特珀恩特联系到了一起。舒梅克这样回忆：

> 我（和康特珀恩特）一起回到了加利福尼亚，当时我问鲍勃·哈斯："科尼莉亚的书怎么样了？"他说："我不知道，我去问问她。"我说，好吧，如果她创作出了我想再看一次的东西的话。然后我收到了温迪（·维尔）的一封便笺或一个电话，她说我们很确定你想看看这个。然后我拿到了它就开始读，它非常吸引人，因为有了三种或四种其他的声音……这是一本需

要文学背景的书，也是一本需要文学出版商的书。

舒梅克和温顿当时刚雇了一位新编辑亚当·克雷曼，他曾在出版商麦克斯威尼（McSweeney's）那里实习过。克雷曼了解并且欣赏尼克森丈夫迪恩·杨的作品，但当时还不知道尼克森。在知道《贾勒茨维尔》投到舒梅克这里的几周后，他在一次书店读书会中向尼克森介绍了自己。活动结束的一天后，他去找舒梅克，询问是否可以让他读一读那份书稿："杰克告诉我他出版了（《天使赤身裸体》），把这本书给我看了看。所以我知道了她是一个有作品出版过的作家，我知道了杰克喜欢她，我还知道了她和我欣赏的作家迪恩·杨结婚了。"克雷曼固执地不肯承认是这些社会关系使他赞成《贾勒茨维尔》的出版，但承认了在他一度对书稿有所怀疑的时候，是他此前对尼克森的认知和她的关系使他将书稿读完的：

> 一切都非常强烈，但是，第一部分玛莎的部分……太乐观了……但我知道科尼莉亚·尼克森是谁，我在思考的时候相信了她的声誉，"噢，这可能还是一个好故事"。在犹豫的时候，我忘记了开场白中说过这将会是个谋杀故事，作为一个编辑这非常不专业，但如果我忘记了，那一个普通读者也可能会忘记然后把这本书放下。但后来我读到尼克的部分，我觉得非常好。张力开始形成，我开始感到不安。

在解释他被《贾勒茨维尔》吸引的过程时，克雷曼对他自身的品味、兴趣和经历的依赖显现了出来。玛莎的部分使他担心，是因为那部分是"乐观的"；克雷曼很可能不喜欢《玛莎的版本》，因为那个版本完全从玛莎的角度叙述。相反，克雷曼与年轻男人尼克产生了联结，在阅读尼克部分的时候，他生发了对这部小说的热情。尼克森最初并没有从尼克的角度来写，因为她认为自己无法抓住年轻男人的视角，而在小说的修订中，她抓住了另一位年轻男人克雷曼的注意力。

个体与人物之间的性别纽带是如此强大，以至于在一起编辑这份书稿的时候，克雷曼和尼克森意识到他们在以不同的方式读同一本小说。尼克森说，"我总是跟着玛莎，你知道，她一部分是我母亲，一部分是我自己。她是独立的。但我意识到，亚当跟的是尼克。对亚当来说，尼克是一个明星！那太奇妙了"。虽然在《贾勒茨维尔》中玛莎和尼克的第一人称占据了相同的篇幅，但尼克森和克雷曼始终无法在哪个场景最动人这个问题上达成一致。对尼克森来说，是玛莎开枪打死尼克的时刻；尼克森无法忘记玛莎在犯下暴行时清晰的痛苦。克雷曼认可这个场景的重要性，但对他来说，最动人的场景是以尼克的行动为中心的，实际上他没有动，他在谷仓上，看着下面正等着他的玛莎，他知道自己不能和她结婚。在写下这个场景的时候，尼克森从来没有喜欢过它，因为从她在创作场域的位置来说，一个位于暗处的人看着其他人是对陈旧表演形式的复现。相反，克雷曼的情感深深沉浸在尼克这个人物身上，他不太关心可能很陈旧的表演形式，而是在第一次读到这个场景的时候就流泪了。克雷曼解释了他对这个场景的反应，他把尼克与他自己的经历联系到了一起，好像尼克是他的朋友：

> 当他坐在谷仓顶楼，而怀孕的玛莎在家中的圣坛边等他的时候（此时我最情绪化）。他看着所有步入那个房子参加他婚礼的人。他穿着礼服，但他无法让自己离开谷仓。他在那里待了很多个小时，时钟在滴答响动，但他做不到。然后他看到理查德和他自己的表亲跑出了房子，理查德想杀了他。你开始想拔头发，你想打他。但是你也有一点同情他。否则你就太生气了。你仿佛想过去摇他，就像他是你最好的朋友一样，然后说，"你很害怕，但你必须要做这件事"。

在讨论尼克的时候，克雷曼用很多方式描述了他的性格：尼克"有很好的道德出发点"，但同时也是一个不现实的"梦想家"。他想拥有简单生活的愿望是"令人敬佩的"，但在其他时候他又是"卑鄙的"，因为他取得性控制权后羞辱了玛莎。对克雷曼来说，尼克是复杂的——既值得同情又值得愤怒。作为一名新编辑，最终是尼克带给他的情感冲击起了决定性作用，使他不仅认为康特珀恩特应该通过出版《贾勒茨维尔》的提议，而且认为自己应该是引导这部小说经过生产过程的编辑。他在这样做的时候使用了编辑箭袋中最具穿透力的一支箭：克雷曼坚定地表达了自己对作品的热情。

克雷曼给舒梅克写了《贾勒茨维尔》的阅读报告。他的报告中充满了热烈的语言，这不但表明了他想做这本书的渴望之情，也表明了这本书给他带来的情绪反应。这两点在他报告的前两句中就十分清晰地展示了出来："所以，就像昨天我向你提到的一样，这本书非常好，我强烈建议我们出版这本书。我建议进行一些调整（如下），但首先，我要开始滔滔不绝了。"克雷曼继续向舒梅克推荐这本书令人激动的背景："这是一个发生在美国历史上非常有趣的时间点上的复杂故事"，在这个故事中，"与战争起因相同的分歧暗涌在每一个场景中，等待着沸腾"。在讨论"根深蒂固的种族主义和似乎只在纸上被固定下来的奴隶制的废除"时，克雷曼用这一段剩下的篇幅向舒梅克阐明，他如何认为《贾勒茨维尔》将是一本纯文学书。克雷曼认为它不是直白或平庸的，这个故事和它的背景非常复杂动人。总结了主要情节后，为了进一步阐明他对这个项目的热情，克雷曼回归了开头的情感语言。尼克在谷仓里看着玛莎是"书中最令人心痛的场景。我非常痛苦"，然后是尼克的"死非常快，而且更加令人伤心"。为了确保他的观点已经表达清楚，克雷曼以一句话结束了他的报告："这本书令人无法抗拒。"

虽然在写这份《贾勒茨维尔》的阅读报告时克雷曼还是一个很年轻的编辑，但对舒梅克来说，这份报告进一步证明了雇用克雷曼是个正确的决定，克雷曼能够理解这份工作的微妙之处和细节。舒梅克很高兴地看到，克雷曼已经有了参与编辑过程的感觉，也知道如何以及什么时候支持自己的愿望。后来，在评价克雷曼报告对他购买《贾勒茨维尔》这个决定的影响时，舒梅克眨了眨眼，"即使是我选择（把《贾勒茨维尔》交给亚当），亚当也会认为这是一个会迸发灵感的选择。我想我是受到影响才做出了这个决定"。

在克雷曼的热情帮助下，舒梅克和尼克森之间曾因《天使赤身裸体》没有出平装本而变坏的好搭档关系不久就恢复如初。但在当时，尼克森和克雷曼都不知道，舒梅克私下也怀有希望，希望他能通过一些修补工作进一步巩固这种好搭档关系。《贾勒茨维尔》出版前，舒梅克自信地说，"我的希望就是，《贾勒茨维尔》的销量可以足够好，以证明我们可以为《天使赤身裸体》出版平装本"。虽然有了舒梅克的乐观和克雷曼的热情，但他们的工作才刚刚开始；克雷曼对书稿仍有一些担忧，这些担忧既有关于他自己的，也有关于这本书与康特珀恩特的契合度的。作为一名擅长做说客的年轻编辑，他将这些挥之不去的担忧隐藏在自己激动而热情的赞美之下。一旦这本书出版的提议通过，这些担忧都将在进一步的编辑过程中被安全地解决。

6

产业结构与出版商的地位和配置

或者说，《贾勒茨维尔》的部分结局如何以相当文学性的方式变成开头？

搭档的形成，以及使好的搭档关系变得更好

亚当·克雷曼热烈地赞美了《贾勒茨维尔》，但依然存在一个挥之不去的问题：这是一本什么类型的小说？尼克森作为纯文学小说作家有很好的声誉，但是《贾勒茨维尔》的情节很复杂，包含更常出现在流行小说中的谋杀和审判等等。小说的开始是玛莎浪漫乐观的部分，接着就是尼克充满怀疑、恐惧和暴力的

部分，读者对此会做出怎样的反应？《贾勒茨维尔》的前三分之一是某种浪漫小说，而剩下的三分之二又完全是另一回事吗？这些问题对克雷曼来说充满风险，但他不是第一个问出这些问题的人。一位编辑曾在这部小说的退稿信中写过，"（它）对我来说跨越了文学和商业的界限。当然，如果平衡掌握得好，这个混合区域是很棒的出版地带"。这封信暗示，至少对这位编辑来说，小说的平衡掌握得并不好，虽然她没有说平衡倾向于哪一方。使问题进一步复杂化的是，对一些编辑来说，这份书稿很明显是纯文学小说作品——或许甚至太文学了——但对另一些编辑来说它太商业了。一位编辑曾说过，《贾勒茨维尔》"似乎更多由情节驱动而非由角色驱动"，她用一种委婉的方式指出这部小说不够具有文学性。

无论是"文学的"还是"商业的"，《贾勒茨维尔》绝对是属于历史小说的作品，但同样地，它是太历史还是不够历史？"虽然这个故事在史实上是准确的，"一位编辑评论道，"但它可能无法使小说读者满意或足够满意。"对另一位编辑来说，这个故事"似乎没有超越它的类别，即历史小说的常见范畴"，第三位编辑说它"选取这个时期并设置得很完美，但没有我常在历史小说中找到的那种自我意识"。此外，这部小说究竟是如一位编辑所说，因为尼克森是"非常非常惹人喜爱的作家"所以是成功的，还是像另一位编辑所说，更应该"担心这部小说，因为它的语言不够有力，这可能使它在激烈竞争的内战文学市场上不够有竞争力"。

对科尼莉亚·尼克森来说，《贾勒茨维尔》是"文学的"、

"商业的"还是"历史的"这个问题没有太大意义；她认为很明显，这部小说涵盖了所有这些范畴。虽然这个答案对身处创作场域的尼克森来说很合理，但是在生产场域，对《贾勒茨维尔》是什么这个问题缺乏清晰的答案可能会引发一系列的问题。通过何种渠道推动，将它营销推广给哪些读者，如何回答这些问题，都依赖于《贾勒茨维尔》被如何看待。

除了《贾勒茨维尔》这个具体案例外，在如何理解新书稿这一点上产生的基准线不一致，是所有小说在场域转换中都会经历的一部分过程。在创作场域，《贾勒茨维尔》本质上只是它本身——一部"行"或"不行"的艺术作品。但在生产场域，为了让场域中的其他人能理解，小说必须打上更清晰的类别印记。明确的类型界定并非是通过文本的编码自动生成的，在某种程度上，类型是被界定的。换句话说，要弄清《贾勒茨维尔》最合适的类型是什么，不仅部分地受文本的限制，而且必须通过仔细观察推导出一个类别并使其生效；对《贾勒茨维尔》进行市场化类型界定的同时，也创造了机遇和挑战。[1]虽然亚当·克雷曼清楚地看到了《贾勒茨维尔》的文学质量，但他也在他的阅读报告中解释说，这部小说使身处场域边缘的他专注于情节而非文学性。在热情支持出版《贾勒茨维尔》的过程中，克雷曼也参与了在常见的类型中对《贾勒茨维尔》的含义进行解释的工作，以便它能成功融入生产场域。

科尼莉亚·尼克森从她的伯克利山公寓开车前往康特珀恩特办公室的那天，不论字面意义还是象征意义上，北加利福尼亚的东海湾都阳光明媚。尼克森想和克雷曼一起修改书稿，而舒梅克想在午饭中重新开始与尼克森的友好关系。康特珀恩特办公室位于伯克利第四街主要零售区的南边，这个地方曾是工业区，20 世纪 90 年代被改造成高级商店街区。在当时，虽然主街上仍是木材厂和日间工人聚集地，但街道上的两个零售区中有两家独立书店，一家苹果商店，一些咖啡店、精品玩具店和服装店，几家提供早午餐的高端咖啡店，两家高档厨具店等等。

这个商业区曾是并仍是那种你期待能在这里找到"文学的"或"高质量的"独立出版社办公室的地方，事实上这里确实有几家。街的北端是西部出版集团（PGW）的大楼，这是一家由查理·温顿（康特珀恩特的拥有者和首席执行官）创办的独立分销公司，其创始人曾被《出版商周刊》评为"拯救美国独立出版"的人。希尔出版社（Seal Press）、枫树出版社（Maple Tree Press）和阿瓦隆旅行出版社（Avalon Travel）的办公室也在 PGW 大楼中，与中央庭院相邻。开销售会议的时候，康特珀恩特的工作人员会从位于第四商业街的办公室走到北边的 PGW 办公室参会。

在那天的午餐中，尼克森、舒梅克和克雷曼聊了行业八卦、老出版故事和彼此共同的朋友熟人。分别回忆那次午餐的时候，尼克森和克雷曼都很确定，在吃饭期间他们没聊过《贾勒茨维尔》。这次由舒梅克组织的午餐的目的，是让他们在正式开始合作之前了解彼此，培养信任和融洽的关系。而直接开始紧张地谈论《贾勒茨维尔》的话，这个目的就无法达到了。如果克雷曼要编辑尼克森的小说，那么他们两个就需要认识和了解彼此。

舒梅克此前已经知道了尼克森在 MFA 项目中教书，并且知

道她会被周围有年轻人的环境所激励，所以他认为二十多岁的
克雷曼会是她工作的好搭档。同样地，克雷曼对《贾勒茨维尔》
不加掩饰的热情也使得他能够成为她的好搭档。舒梅克认为，
其他使克雷曼成为这个项目编辑的因素则相对飘渺，例如感觉、
性情和编辑风格。舒梅克说：

> 亚当不专制。有一些编辑是更强硬的……如果我
> 拿到一份书稿，这份书稿是一个写得不太好但主意很
> 好的作家写出的非虚构作品，那我会想要一位强硬苛
> 刻的编辑来编辑这份书稿；但如果我们想尊重文学风
> 格的话就不会这样……科尼莉亚·尼克森首先是一位
> 文体家。你必须真的能够感受并回应她句子的优美。
> 我觉得真正的编辑诀窍就是能进入作家的声音或头脑
> 中，帮他们更好地完成作品。我认为亚当对此有与生
> 俱来的感受力。

　　他们开始工作之后，克雷曼对作为文体家的尼克森"与生
俱来的感受力"就通过几种方式展现了出来。虽然他和她一起
编辑小说，但克雷曼认为尼克森是"真正的专业人士"，不需
要那种其他作家可能需要的亲自动手的编辑风格："我不想调整
她的语法……我只是试着问她问题：'你为什么要这么做？'或
'你想过这么做吗？'"

　　克雷曼在《贾勒茨维尔》中捕捉到了尼克森写作中反复出
现的象征，比如对花的运用。但克雷曼做编辑"与生俱来的感

受力"中也包括不向尼克森提及象征的发现。克雷曼描述道：
"花出现在（尼克和玛莎）关系初始阶段的很多场景中，接着是
做爱的时候，最后是她用来杀死他的枪上雕刻着花的图案。我
在第一次读的时候就发现了这个很好的象征使用方式。但我从
来没跟科尼莉亚提起过。我不想向她指出小说中她没有注意但
确实存在的象征，或对象征的潜在使用，不想让她通过修改使
它更突出或更多。"尼克森后来被问及她对花这个象征的使用
时，她很高兴有人注意到了这一点，但或许更重要的是它唤起
的新情感——玛莎杀死尼克所用的那把枪上的雕花图案，引发
了他们恋爱过程中反复出现的主题，这一点对她来说是新的看
法："是这样的！"她边说边赞美作为编辑和读者的克雷曼。

　　克雷曼也在小说的开头段落里发现了象征，在那一段中，
玛莎背着一位失去腿的联盟军士兵。对克雷曼来说这里的象征
很明显。从第一行开始，尼克森就把自己的人物放到了特定的
时间和地点中。失去腿的退伍军人是失去战争能力的美国南方
的隐喻，而背着这个男人的玛莎代表了小说的主题：在父权制社
会的长期战争中，男人的损失为女人创造了新的变强大的机会。
如同花朵图案的反复出现一样，克雷曼也从没跟科尼莉亚说过
他在开头段落中看到的象征。成功的小说家总是无意识地使用
象征，而且他们也没必要意识到。和花朵图案一样，尼克森写
失去腿的男人的场景也不是为了用作象征功能。虽然后来尼克
森不同意克雷曼对这个场景的解释，她说她"只是觉得那听起
来很酷，想表现玛莎是个假小子，能背起这个男人"。

　　克雷曼尽量避免与尼克森谈论他从小说中收获的这些细腻

的愉悦感，但他确实有一个对《贾勒茨维尔》的主要编辑意见。克雷曼的编辑意见非常重要，早在午餐之前，舒梅克就联系维尔，告诉她康特珀恩特与尼克森的合同是以她接受克雷曼建议为条件的。回忆最初的午餐时，克雷曼和尼克森都不知道维尔和舒梅克之间的幕后对话。他们只是简单地坐在一起，建立信任，这样克雷曼对尼克森来说，就不只是一个想大改她花了十年写成的作品的二十多岁陌生年轻人了。

从吃午餐的地方出来后，站在康特珀恩特办公室门前，舒梅克在道别前对尼克森说了克雷曼的主要编辑意见。他对尼克森说，克雷曼对《贾勒茨维尔》有一个想法，他也认同这个想法，觉得那是个好主意。克雷曼的想法不会带给尼克森太多工作量，但涉及对小说结构的重构：克雷曼想把《贾勒茨维尔》结尾的一部分放到开头，在回忆他们的恋爱和玛莎的审判之前，以目击人对这场谋杀的讲述作为开头。为什么克雷曼想要调整《贾勒茨维尔》的顺序？为什么舒梅克在把这个意见告诉尼克森之前就强烈支持它？为了理解克雷曼要改变《贾勒茨维尔》的提议，就不能仅仅了解与这本书相关的人。相反，要理解克雷曼的编辑意见，就必须理解更广阔的生产场域，以及不同的图书出版商如何在其中进行适应和运作。

平衡艺术与商业

三千英里外，在康特珀恩特存在前的几十年，法拉、斯特劳斯和吉罗（Farrar，Straus and Giroux）还远不是美国图书出版的文学蓝筹股。相反，当约翰·法拉（John Farrar）和罗杰·斯特劳斯（Roger Straus）于 1946 年首次合作时，他们出版的书还是大杂烩。他们出版了詹姆斯·布兰奇·卡贝尔（James Branch Campbell）的骑士恋爱故事《两个海盗》（*There Was Two Pirates*，1946），欧文·达德森（Owen Dodson）的诗集《有力的长梯》（*Powerful LongLadder*，1947），希尔达·霍兰德（Hild Holland）以描述性标题命名的《你为什么单身？》（*Why Are You Single*，1949），威廉·加德纳·史密斯（William Gardner Smith）以非裔美国人眼光对吉姆·克劳（Jim Crow）的批评作品《最后的征服者》（*Last of the Conquerors*，1948），以及维持出版社商业运作的最重要的作品，盖洛德·豪瑟（Gaylord Hauser）的时尚饮食书《看起来更年轻，活得更久》（*Look Younger，Live Longer*，1950），在这本书中作者讨论过马桶座太高的问题。企鹅出版公司的前首席执行官彼得·梅耶（Peter Mayor）说，在早年，法拉将"文学作品"带入出版社，而斯特劳斯则有一种"商人的敏感"，他把目光投向有利可图、能引起市场关注的书。[2] 一些社会学家预测在纯文学书和商业书之间可能产生内部的紧张关系，但这种大杂烩的出版是有意为之的，正如法拉和斯特劳斯在新闻采访中所说："我们出版的书是大众的，我们挑选书的愿景是它们能产生娱乐、传知和激励的功能。我们既不回避现实，也不回避浪漫。"[3]

六十多年后，独立出版社康特珀恩特也出版相似的书：一部关于越南战争对肯塔基州一个小城镇的影响的纯文学小说《希门特维尔》（*Cementville*，2014），一部名为《爱与转换的季节》（*Love and the Turning Seasons*，2014）的印度色欲诗集，以及近千页的肯尼迪刺杀事件阴谋论的《秘密的遗产》（*The Legacy of Secrecy*，2009/2013）。虽然康特珀恩特没有故意模仿法拉和斯特劳斯早期的分工和敏感性，但查理·温顿和杰克·舒梅克也扮演了类似的角色。一位曾在生产场域同康特珀恩特合作过的人说："查理来自分销业，所以他会出版那些卖得非常好的阴谋论（书），但杰克带到出版社的是类似晦涩优美的佛教诗歌这样的东西，你不得不担心这些书的销售。"康特珀恩特这种在文学性和商业性间的平衡并没有在工作中引发紧张关系，相反，这是一个正常的、通常没有太多考虑的实际操作。康特珀恩特有"杰克的书"和"查理的书"，这没让出版社出现分裂，只是让康特珀恩特表现得像康特珀恩特而已，两种不同类型的书都能够和谐共存。

同早年法拉、斯特劳斯和吉罗出版社一样——一边出版高级诗歌，一边出版关于马桶座高度的指南书——康特珀恩特中不同的书服务于不同的目的。与许多文化生产场域的社会学研究中理所当然的智慧之见不同，对图书出版场域的参与者来说，他们最恐惧的不是艺术和商业的混合，而是艺术和商业的*失衡*。换句话说，对外人来说艺术和商业之间存在根本的、无法解决的紧张关系，而在生产场域的行内人看来，这只不过是一种平庸的观察，几乎无法用以描述生产文化的日常工作。在实践中，出版商通过两种方式保持艺术和商业的平衡：（1）平衡短期利益和长期利益，（2）平衡行业导向和市场导向。

平衡短期利益和长期利益

出版商通常会在预计销量大、销售快的"商业书"和预计有更长的销售寿命但销售慢的"纯文学书"之间进行多样化统筹。出版商的目标一直都是在"领头书"（frontlist）（*本销售季的新书*）和"再版书"（backlist）（*此前销售季中出版，但现在仍在印刷和销售*）之间制造销售平衡。虽然一些出版商可能更偏重领头书，但对许多出版商来说，再版书在任何销售季中都会占 30% 到 50% 的销售额。[4] 一位在独立出版社工作的出版人这样描述短期书和长期书之间的关系："我们的目标是出版畅销书（商业书），这样才能为再版书（纯文学书）投资，因为当'畅销书'不'畅销'的时候（'大'商业书失败了，这是不可避免的），我们需要再版书为我们创造收入。"

潜在畅销书或"商业书"旨在通过填补未满足的消费者需求以进入排行榜。它们的价值可以用一个句子精准概述，虽然它们经常被重点推广，但它们一般都可以"自我推销"。成为畅销书的书不一定写得非常好，不一定被认为有艺术价值，虽然它们也可能有。潜在的畅销书可能包括关于热点时事的非虚构作品、名人回忆录、烹饪书、名作家写的儿童图书，以及名作家的新书。当实际销量达不到目标的时候，另外一些有"畅销书"潜质的"大"书会被加入到重点营销名单中，这就是约翰·B.汤普森所说的"极端出版"的一部分。[5]

"商业书"的优势在于，它们一旦成功就会迅速产生大量收入。对促销、营销和销售人员来说，有畅销潜力的书能让他们的工作轻松很多，因为它们的价值很容易描述。但这种书的劣势在于，为了成就畅销，它们长期的销量并不好，而且潜在畅销书需要大量预付金，这些支出可能无法得到回报。当畅销书确实畅销的时候，基于图书出版行业销量的不可预测性，它们产生的收入不仅会用于投资更多的潜在畅销书，也会投资各种可能会出现在再版图书目录中的"更小"和"更艺术"的书。

"更小"的书被认为是更"永恒"和"写得好"的书，而且往往会被认为拥有"高质量"和"文学性"的内在品质。阅读它们的乐趣往往被认为更加"微妙""亲密"以及"复杂"，同时它们的价值无法用一句话概括。更小的书不是用于填补未满足的读者需求，而是必须被"解释"的。它们被期望通过口口相传，在"热爱好书"的书店店员的推荐下通过"手把手销售"（handselling）的方式获得更长的寿命。这种书"永恒"的品质意味着它很可能在时间的推移中一直卖得很好，如果下一个销售季中的新畅销书失败了，它们也能保证一定的收入。

更小或更文学的书的优势在于它们要求的财务投资也比较小。许多编辑热衷于做这种书，如果它们成功再版的话，就会在一个不可预测的市场上提供稳定的财务。它们的劣势在于，即使畅销书的销量可能会低于预期，但更小的书更难被描述，也更难被重点推广，它们可能根本卖不出去。[6] 通过建立其文学地位，小的纯文学书逐渐拥有了提供长期财务稳定性的能力。法拉、斯特劳斯和吉罗旗下的出版人乔纳森·加拉西（Jonathan Galassi）曾说，这些小赌注通常是未来著名作家的开端之处。[7] 与可能缺少永恒品质与文学价值的那些一时的畅销书不同，小书的成功机会是在课堂上被广泛采用。[8]一家西海岸出版社的编辑塔利亚说，"如果你出版了下一本《杀死一只知更鸟》，一本学校里的孩子会在接下来五年里一直读的书，那你的余生可以想做（出版）什么就做什么了"。

尽管这种承诺提供了一个有意义的刺激点，但是很少有人真的能成为这种文学彩票（出版一部会给全国的下一代学生阅读的文学作品）的赢家。事实上，在独立出版商中——比如20世纪中叶的法拉、斯特劳斯和吉罗以及今天的康特珀恩特——"商业书"和"纯文学书"的平衡是一种规范化和通常无可争议的商业策略。塔利亚的同事伊丽莎白在解释她所在出版社中"大"书和"小"书之间的关系时，很好地描述了这种生产场域的工作特征："每年你做一本关于性之类的咖啡桌上的书，一本你知道一定会卖得好的书，然后你就可以出版一些你的'小'书了。"

"关于性的咖啡桌上的书"可能会在短期之内卖得好，但它们不可能拥有像再版书一样的寿命，而且它们也不能帮助出版社在更广阔的生产场域中建立声誉。而出版更多的纯文学书，不但可以让编辑们高兴，而且作为未来一系列小的长期投资，可以让出版社在质量领域保持声誉，该出版社会被认为是《纽约时报》这样的评论刊物受欢迎的图书来源。当出版商无法维持这种平衡时，他们可能会被场域中的其他人嘲笑，会被指责为了降低风险而制作低下的劣品。和科尼莉亚·尼克森的情况一样，这种艺术和商业间的平衡对个体小说家来说虽然很难实现，但对那些在出版过很多书的出版社工作的人来说，这只是日常生活中不起眼的一部分。

每本书都必须卖两次：平衡行业导向和市场导向

图书出版商一直都被描述为是双面神雅努斯，既面向创作场域，又面向接受场域，同时守卫它们之间的大门。除了这种常见描述之外，一位相对无名但最适合比喻出版商这种凝视的古希腊罗马神是赫卡特：站在十字路口的三头女神。生产场域的参与者们同时在创作场域和接受场域中花费时间，但大多数情况下，他们的凝视指向另一个方向：指向彼此和他们自己。虽然创作、生产和接受场域是相互依赖的，但大多数情况下，任何场域中的参与者都会凝视本场域的水面，希望他们的倒影同时也在凝视他们自己。生产场域对自身保持如此坚定的兴趣有一些根本原因，[9]其中最重要的原因就是，每本书都必须卖两次。

一本书的第一次销售称为"批发"（sell-in），通常指的是让一本书"发"到零售商那里，但这通常是通过把书卖给生产场域自身来实现的。第二次销售是卖给接受场域，称为"零售"（sell through）；一本书被读者购买的时候，这本书就"通过"零售商被卖出去了。让一本书批发出去意味着保证这本书在书店的铺货，并且需要在生产场域形成广泛反响。为了分散风险，所有出版商都会在每个销售季出版很多新书，所有这些书都至少在某些方面是独特的。而且几乎所有有权决定是否存货的人都不会真的读这些书，因此，图书对零售商的首次销售很大程度上依赖出版商的信誉。

要在生产场域中工作就必须接受这一点，从长期来看，图书出版是一门利润很低的生意。由于哪本书能产生回报这一点具有极大不确定性，以及这是一个地位和社会关系至关重要的场域，所以首次面向行业的销售就要求出版商必须是一个有名的有良好声誉的实体。如果出版纯文学小说，出版商要以出版"高质量的"或"艰涩的"书而闻名，这些书往往会被认为太好以致不能出版。[10] 一方面，商业书和纯文学书的平衡是在时间短销量大的图书和销量小时间长的图书之间的平衡；另一方面，这是让两类必要的受众都感到满意的平衡：需要生产场域行业受众的关注，他们能带来热情、营销和铺货率，也需要接受场域的消费者受众满意，希望他们能通过这些途径最终购买图书。

一家出版社的宣传主管（publicity director）解释了良好声誉的重要性，这家出版社有出版纯文学小说的良好声誉，同时也出版很多商业书："（我们由于出版'高质量'的书）而在评论人那里有很好的声誉。所以如果我们说，我们对（一本特定的书）很看好的话，他们一定会去看。"对这位宣传主管来说，在一家拥有良好声誉的公司工作让她的工作轻松了很多。她打出的电话会得到回音，书评编辑会认真对待她的热情和她负责的书的质量。一方面，她的雇主不会只出版那些吸引该场域中高文学敏感性的书，但另一方面，他们也不会冒同样的风险，完全放弃这些人然后采取一种只出版差书的"嘲讽"策略——在某种程度上，这就是发生在西蒙与舒斯特身上的事，他们在1975 年被多产业的海湾西部集团（Gulf and Western）收购后，由于牺牲艺术和文学而只关注商业导向的书，被嘲讽地称为"西蒙与舒斯特商店"。[11]

在一家独立出版社，艺术书和商业书之间的平衡是非正式

的，但是一旦发生了不平衡，它就会威胁到一家出版社的长期
生存能力。如果一家出版社太偏向行业导向和纯文学方面的书，
那它可能永远得不到允许自由出版或刊行出版实验的大量收入。
如果一家出版社缺乏足够的行业性导向或有太多商业性导向的
书，那它可能会永远追逐不会到来的畅销书——并且很快就会
破产。在多元化和谐出版策略中有一个悖论，一位从业多年的
出版人回忆道，他的独立出版社因做了一本意料之外的畅销书
而遭遇了毁灭性打击："这是我们遇到过的最糟糕的事。大家很
难回到正常状态中，（很多人）最终辞职了。如果你有了一本畅
销书，它会改变你的想法，你就会去冒更大的风险，然后你就
醒悟了，如果你不能每年都做出畅销书，你就会破产。你会变
得依赖它们。这就和赌博一样，最终你的运气会耗尽。"

　　因为每本书都要卖两次，所以独立出版商们通过平衡出版
过程中的行业导向和市场导向，不仅平衡了短期利益和长期利
益，还避免了让自己过度依赖畅销书。大多数追随布迪厄理论
的社会学家将文学场域分为艺术驱动和商业驱动两极，而在生
产场域的组织层面，艺术性和商业性作为营销和售卖图书的必
要特征是和谐的。[12]

　　过去四十年，大型出版公司知道要想获得长期的成功，艺
术书和商业书之间的平衡非常必要，于是将二者正式地、实际
地分离了。这种分离并非用以说明艺术和商业之间的紧张关系，
而是进一步巩固了它们在大型出版商中保持和谐的相互依赖性
和顺畅性。

"大家伙"的情况：开放的体系以及大与小、快与慢

美国图书出版的第一次集团化发生在 20 世纪 60 年代末到 80 年代初之间。[13] 在这二十年间，多产业集团收购出版社，梦想着实现媒体聚合并使他们的投资组合多样化。他们裁掉编辑以简化运营，一些公司在这个过程中开始对出版哪些书进行集中决策和控制。很大程度上是由于这些变化，变化发生前的时代（20 世纪 50 年代和 60 年代初）被改写成美国图书出版的黄金时代，在那时，文学热情主宰着决策制定，出版社独立处理商业问题。尽管这些表述对于那个时代像法拉和斯特劳斯这样的出版商身上实际发生的事来说不完全准确，但这种描述的作用是试图表明，在集团控制下，艺术和商业之间的*平衡*已经不复存在。后来，大的多产业集团认识到图书出版是一项低利润的业务，"好年份"的利润通常在 1% 到 4% 之间，所以图书出版的第一次集团化是相对短暂的。[14] 这些集团在评估出版企业的利润和损失后，发现古老的行业谚语是正确的：在图书出版业内赚到小钱的最好方式，就是从投入一笔大钱开始做起。

在 20 世纪 80 年代至今的第二次集团化过程中，多产业集团卖掉了他们的图书出版公司，然后这些公司又被核心业务在图书出版领域的集团收购了。[15] 正是在第二次集团化中，那些长期在独立出版社中存在的，艺术性和商业性问题之间的非正式平衡，在大集团结构中被正式化并稳固化了。同第一次集团化一样，大公司在第二次集团化中也收购了很多独立出版社，但与第一次集团化不同的是，关于出版内容的决策几乎完全是分

散和自主的，对没有巨额预付金的书来说也是这样。这种"开放体系"或"联盟"组织模式使集团内各不相同且多为自主的出版品牌能形成独特的身份，在实质性与象征性上将艺术书和商业书分成不重叠的部分。[16] 例如，企鹅兰登书屋控制着近250个独立的品牌，当选择出版图书时，这些品牌能专注它们的出版重心，彼此独立地运作。森提奈尔（Sentinel）为保守读者出版商业非虚构图书，施皮格尔和格罗（Spiegel & Grau）专注于新的文学作家作品，格罗塞特和邓拉普（Grosset & Dunlap）出版儿童图书（如《爱心熊》），朔肯（Schocken）出版犹太人感兴趣的虚构和非虚构图书。虽然在大多数情况下，接受场域不了解不同品牌专业身份的来龙去脉，但在对本行业的首次"销售"中，品牌身份能证明这些新书"是"什么，以及它们在更广阔场域中的位置。

　　单独品牌授予自主权给大集团提供了三个优势。首先，品牌可以依赖规模带来的好处，同时仍能对各种利基市场（niche）① 保持专注和专业。第二，这种多品牌模型保留了出版决策的多样性，使大集团能顺利进入新趋势，而不会榨取旧企业的生机。[17] 第三，拥有多品牌的集团可以必要地分散图书出版的风险：不同品牌同时做不同的事，因为没有一个品牌能保证接下来几个月读者想读什么，更不用说几年后了。因此，虽然一个品牌可以而且仍将在自己的市场内平衡纯文学书和商业书，

---

① 译注：利基是指面向特定消费群体、具有专业性的小型利润市场。利基市场指的是已有市场绝对优势的企业忽略的某些细分市场，并且在此市场尚未完善供应服务。

但从集团层面上来说有第二种平衡，即单独品牌可能偶尔失衡，但可以保证整个系统范围内的平衡。

基于这种安排，大集团的品牌在编辑方面可能做的规模很小也很缓慢，但他们知道偶尔糟糕的销售季或者错失的投资并不会使他们破产。相反，在营销和宣传方面，集团化的出版商能同时做得很大而且很快，能将资本和行业影响力的燃料引入到已点着的图书和品牌上。通过这种方式，通过在编辑方面的多元化、小和缓慢，以及在营销和宣传方面的单一、大和迅速，大出版商甚至更有能力制造畅销书，也避免了在编辑决策的时候仅考虑财务因素。在这种模式中，几乎不需多做什么就可以达到艺术与商业的平衡，因为它完全正式化并深深嵌入系统的组织结构中。

"小家伙"的案例：平衡艺术、商业和专业身份

像康特珀恩特这样的非集团化（或"独立"）出版商没有大集团拥有的优势。在低利润行业中，独立出版商更小、更精简，也可以说更有效率。他们在官僚水平更低的情况下运作，有时候把文字编辑和封面设计外包出去，有时候把分销外包给独立分销商或大的集团出版商。独立出版商也没有资本——或往往可以说是欲望——去提供给作者大额预付金，他们很少参与新书稿的竞标战或"拍卖"。独立出版商的赌注更小，所以他们的输赢也就更小。

集团出版商通过将风险分散在多品牌中并将所有力量集中

于畅销书（把它们推到最高）的方式来减少售卖文化的内在不确定性，而独立出版商则通过两种方式减少不确定性——首先，独立出版商通过把一件事做得特别好来培养高度组织性和专业性的身份；第二，他们可以在维持一个跨类型和类别的全能图书目录的同时，在集团出版商之间、之前或之下寻找盈利空间。在专业身份的问题上，他们并非单纯出版一部分艺术书和一部分商业书；专业出版的利基就是它本身，在这个利基中，最成功的商业性书和最成功的艺术书表现形式是一样的。在全能图书目录的问题上，他们的目标是在卖得快和卖得慢的书之间达到平衡状态，尽管规模小于集团化出版商。

　　对创造和依赖于专业身份的独立出版商来说，他们希望自己的声誉在三个场域都众所周知，至少对那些创作、生产和接受场域中对他们感兴趣的人能知道他们在做什么以及他们是谁。具有专业身份的独立出版商可能专注于女性主义文学［如希尔出版社（Seal Press）］，政治左倾［如海玛克特图书（Haymarket Books）、七故事出版社（Seven Stories Press）］或右倾［勒涅里（Regnery）］，或艺术与设计［塔森（Taschen）］的图书。[18] 对另一些专业独立出版商来说，利基是出版商，出版商也是利基。理想的例子是名字经济作家大卫·艾格斯（Dave Eggers）创办的独立非营利出版社麦克斯威尼（McSweeney's）。一位没有在麦克斯威尼工作过的编辑描述了这家出版社是怎样培养和依赖它的利基身份的：

　　　　对他们来说，每本书都不只是书，是艺术品。这是你想在读完之后展示的那种艺术品。一本麦克斯威尼的书对人们来说能产生意义。这家出版社有粉丝，而且不只是他们出版的作者的粉丝。他们做直接销售也做订阅销售。他们有接近一千名订阅者，这些人会为麦克斯威尼接下来的十本书付一百美元，不管那十本书内容究竟是什么。当人们签下订阅协议后，麦克斯威尼可能只有四本书的出书计划，但有一千人足够喜欢并信任麦克斯威尼，不管他们出什么都想要。所以不管麦克斯威尼出什么书，销量都不可能低于一千，因为人们早在知道那本书是什么之前就已经买了。

对麦克斯威尼来说，在开发一种读者愿意在得知书名前就付费的专业身份过程中，一种利基身份保证了他们的生意，也使他们能承担风险，因为麦克斯威尼出版的卖得最差的书也可以从订阅者那里产生一定的收入。麦克斯威尼在生产场域也能利用他们明确的身份，他们不用在美国图书博览会上租展位——虽然他们在那里——因为书商会订他们的书，仅仅因为那是麦克斯威尼的书。他们也能保证人员精简，这归功于一群慕名而来作为粉丝的稳定的实习生。由于艾格斯作为名字经济作家的身份和麦克斯威尼的非营利作品，场域中的其他人也愿意为他们做那些不愿为集团出版商做的事。

社会学家已经强调，保持一个清晰、有力的身份有助于将生产者和消费者联系起来——这个故事如果不适合大多数出版商的话，起码很适合麦克斯威尼——但过于强烈的身份也同时会对出版商构成挑战。一位麦克斯威尼的员工说："我们的身份通过我们想做的事自然而有机地形成，但同时那意味着会有很多人因为我们而写作。我们收到很多写得像大卫·艾格斯的投稿，或模仿大卫·福斯特（David Foster）或乔治·桑德斯（George Saunders）的投稿，因为这就是我们'做'的东西，但我们已经做了，我们不需要另一个写得很像大卫·艾格斯的人，因为大卫本人写得比任何人都更像大卫。这是一个挑战。"

像麦克斯威尼这样拥有可操作的专业身份的独立出版商，可能会面临作家"为"他们写得太多的问题，但没有这种专业身份的其他独立出版商就不会有这种挑战。这些出版商必须使用其他方式与大集团竞争。这就是更多面的独立出版商（他们仍保持着对广泛文学的聚焦）面临的情况，如灰狼出版社（Graywolf Press）、格罗夫·亚特兰大出版社（Grove Atlantic）、梅尔维出版社（Melville House）、俯瞰出版社（Overlook）和康特珀恩特。在康特珀恩特，就像集团出版商旗下的不同出版品牌一样，即使规模比较小，"杰克的书"和"查理的书"也为不同的目标服务。杰克的书的目标是再版书和康特珀恩特的文学声誉（平衡的出版策略中艺术的一面），查理的书的目标则是销售季的底线（平衡的出版策略中商业的一面）。一位熟悉康特珀恩特运作方式的编辑描述道，"我认为杰克已经在行业里工作了足够久的时间，他知道如果你以正确的方式做了你想做的事，那就是一个最好的收支平衡的生意，他只想出版他喜欢的东西。而我觉得查理更注重销量，他想要成功，因为那些就是他喜欢的书"。

当时，"杰克的书"是像《贾勒茨维尔》这样需要解释其价值才能卖出去的书，而"查理的书"可能已经有了本土读者：一位前美国职业橄榄球联盟球员退役后写的关于自己健康挑战的回忆录，一本已经被一家著名工作室改编成电影的类型小说，作者希望有一家文学出版社为其带来文学出版认可。重要的是，温顿和舒梅克都在寻找他们各自喜欢的书；通过同时做他们想做的书，他们平衡了康特珀恩特的出版目标。

虽然一些利基导向的独立出版商表达了对康特珀恩特多面手"守旧派"策略（他们相信从长期来看，康特珀恩特无法通过竞争成为主要的多面手出版商的镜像）的批评，而其他利基和多面独立出版商观察到康特珀恩特通过策略从集团出版商市场中挖掘出了微妙的利润空间。另一位熟悉这家出版社的编辑说："康特珀恩特的基本存在就是要纠正主要出版商对中间作家的抛弃。我们有那么多好作家，不管出于何种原因，他们的第一本或第二本小说只能卖出 5000 本，所以他们就是'失败者'；康特珀恩特这时候就会介入，使这些有才华的作家的职业生涯复活，不必使他们因无法满足不合理的过高期望而受害。对他们来说卖出 5000 本已经很不错了，但如果 FSG（法拉、斯特劳斯和吉罗）只卖出 3000、4000 或 5000 本，那你就是个'失败者'。"

因此，独立出版商存活的另一个策略是与集团出版商采取对"成功者"和"失败者"不同的定义方式。有时，这种策略可以通过挑选在集团标准下表现不佳但有才华的作家来实现。对这些作家来说，康特珀恩特更少的预付金变得更有吸引力，同时也更容易达成他们相对较小的预期。由于赌注很小，所以不太可能出现灾难性的损失。同样地，赢也被重新定义了。另一位独立出版社的编辑说，一本书的成败与对它的预期有关："（一本书）只有在你觉得它会卖得好然后它卖得不好的时候，才是个问题。如果你觉得它不会卖得好，然后它真的卖得不好，这不是个问题。这就是为什么你必须要给一本书定一个预期利润，如果预付金不太多，你又不想印太多（本），那你就不会在这本书上损失太多。可能你会损失时间，但如果你印了4000本，卖出了3000本，你就会在这本书上赚到钱。如果你没有在预付金上花太多钱，也没有通过巡回和广告之类的方式卖书——这就不是个问题。"

虽然相对小的损失让更多的多面手独立出版商得以运作，但更少的损失通常伴随着更少的畅销书，在与集团竞争时，他们提供更少的预付金这一点也会构成一系列挑战。因此，多面手*和*专业的独立出版社通过以下两种方式使自身在生产场域合法化（他们自认的必要性）。首先，他们愿意接收被集团出版商忽略或拒绝的书稿和作者；其次，他们愿意花更多时间与作者合作来完善书稿——超过预付金相应数量的奉献、热情和关心。他们的论证表明，独立出版商用时间和注意力来弥补金钱的不足。即使如此，这也取决于作家被"安置"在出版商图书目录的哪个位置上。一位在独立出版社的"重点"作家得到的出版社注意力和在集团出版社得到的一样多，但如果这位独立出版社作家去了集团出版社，他可能就会变成一位"中间作家"，然后得到的注意力变少，而一位独立出版社的中间作家在集团出版社根本不会得到任何注意，因为他的书也许根本不会被出版。

因此，当多面手独立出版商宣称他们能给作家别的地方得不到的注意力时，他们是对的，但他们也会表明对本身就*需要*很多注意力的项目更多关注的意愿，来区分自己与集团出版社。换句话说，有时候独立出版商在书上花更多时间，不是因为他们"更关心"，而是因为他们能吸引到的书就是*需要很多时间*。一位在独立出版社工作的编辑这样说："所有到我们这里的书几乎都被其他地方拒绝过。这没什么理由——有时候它们只是需要一些新的润色工作和个人关怀。这就是我们拿到好书的唯一方式——它们可能有一点不寻常，但其中有一些非常特殊和独特的东西可以被挖掘出来。"

对在集团出版社工作的编辑来说，一份完美的书稿是那种——在承担双重职责的代理人的帮助下——不需要编辑修改就可以出版的书稿。独立出版社的编辑就很难拥有这样钻石般的作品，他们不是在投稿中寻找钻石，而是在其中寻找钻石原料。因此，独立出版社编辑在与作者一起工作的过程中花费更多的时间和关怀，不是因为他们想这么做，而是因为他们不得不这么做。这并不意味着独立出版社编辑比集团编辑更有能力或更专注。相反，尤其对多面手独立出版社来说，这是一个专业性的问题：做一个独立出版社的编辑就像做一个天才的宠物美容师，他们专门为那些毛发杂乱的狗做美容。

《贾勒茨维尔》的结尾如何文学性地变成了开头

虽然亚当·克雷曼对《贾勒茨维尔》非常热情，但他还是看到了那些曾拒绝过这本书的集团编辑注意到的"毛发杂乱"特质。克雷曼认为，这部小说有极佳前景，但有*一些东西不太对*。克雷曼在别人反对的时候支持《贾勒茨维尔》的出版，并不仅仅因为他本人的位置和倾向，而且还因为康特珀恩特的位置和倾向，这使得这部小说成为了一部值得跟进的小说。[19]

作为康特珀恩特的编辑，克雷曼没有被尼克森前两部小说惨淡的销售量吓退。相反，从康特珀恩特的角度来看，尼克森是两部颇受好评的小说的作者，某种程度上，她收到的热烈评论和惨淡销量使她成了那种康特珀恩特将会而且应该合作的作家。对康特珀恩特来说，尼克森是一个在生产到接受场域转换过程中一直被裂缝绊倒的有才华的作家。由于跌倒了两次，她已经不太可能得到第二次集团出版商的机会了，即使她的作家才华已被承认。如果康特珀恩特能将尼克森的预付金压得比较低并控制好销售预期，尼克森实际上就是他们一直在找的那种作家：一位有成就的作家，她没有大的财务需求，她的作品也可以最终在或大或小的方面获得回报。所以舒梅克联系了维尔，他们通过谈判，为尼克森定下了 6000 美元的预付。只要康特珀恩特没有多印，他们起码可以卖出 5000 本，然后通过独立出版商降低标准的方式获得胜利。

虽然尼克森就是那种像康特珀恩特这样的出版社将会而且应该会感兴趣的作家，但在出版社内，特别是对克雷曼来说，这部小说本身依然有一些问题。克雷曼说，《贾勒茨维尔》的前三分之一非常"乐观"，不是那种普通读者会期望在谋杀和审判情节中看到的东西。在克雷曼的概要中可以看到，从玛莎视角讲述的前三分之一的故事中，包含了她与尼克的追求与恋爱。他们在家族背景差异很大的情况下相爱、互相写情书、挤出时间一起待在花田中。一位拒绝过这本书的编辑对书稿前三分之一的回应是："这个爱情故事本身困扰了我……写作风格过于浪漫，不像尼克森写法庭场景时的风格。"

克雷曼在读玛莎的部分时更有针对性地发现了相同的问题："我读的时候一度认为（《贾勒茨维尔》）是那种像丹尼尔·斯蒂尔（Danielle Steel）①的平装书一类的书，我真的很紧张，因为那在文化上（对康特珀恩特和我自己来说）不是正确的选择……编辑的问题是如何让读者读完非常浪漫的玛莎部分后依然对书有兴趣，毕竟那部分只是叙述过程中的一种声音。"如果《贾勒茨维尔》的前三分之一可能会被误认为是浪漫小说，那它就不是康特珀恩特会要的那种书。虽然这本书在历史、文学和商业小说之间的范畴重叠可以克服，但纯文学小说和浪漫小说之间的壁垒是坚不可摧的。在任何时间任何地点，这种区分都不太可能成功——尼克森的早期灵感来自 D. H. 劳伦斯，他在保持文学诚意的同时写作爱情故事，尽管他是一个男性作者——但在今天的生产场域中，如果一部纯文学小说先被解读成浪漫

---

① 译注：美国通俗畅销作家，以创作浪漫小说著称，其小说具有相似的情节结构，包括黑暗元素的应用，如监狱、欺诈、自杀等。

小说就是一个问题，正如浪漫小说以一场谋杀作结也是一个问题。康特珀恩特不知道如何推广和营销浪漫小说，也没有兴趣这么做。相反，对康特珀恩特这样的多面手公司来说，在生产场域保持"高质量"声誉的同时，出版浪漫小说或出版可能会被误解成浪漫小说的书，将会是一个诅咒。有那种专门通过出版浪漫小说赚钱并在这个过程中出版"好作品"的出版社，但康特珀恩特不是其中的一员。同样地，尼克森作为受好评的纯文学小说家的声誉也与被误解成浪漫小说的作品不相容。

在书稿最终到克雷曼手中之前，尼克森通过与创作场域社交圈的对话，通过她的文学代理人，通过回应生产场域中编辑的意见，已经使《贾勒茨维尔》更"文学"了。尼克森已经将小说从单一视角叙述变成了多视角叙述，通过暴露人物动机深化了人物性格，从而更聚焦于背景中充满后奴隶制种族主义和内战后敌对的潜在意义。然而，为了使书稿更适合康特珀恩特，尼克森必须向文学的方向再进一步。克雷曼这样解释他对书稿的介入：

> 我向杰克建议，因为这部小说被分为三部分，第三部分是尼克谋杀案和玛莎审判的外围叙述，我们可以做的是把四五个外围人物移到小说的开头。这样你就能立即读到谋杀案发生后二十五页的紧张气氛。你能感觉到一些事情错得很离谱。你不知道细节，你也不完全知道发生了什么，但你被吸引进去了，然后当你读到爱情故事的时候，你已经怀疑玛莎会杀掉尼克，

或至少对尼克的死负一部分责任。在重新按照时间顺序读这个故事时，你已经在玛莎讲述的动人和浪漫的爱情中加入了一种非常黑暗的元素。这使他们浪漫的乐观变成了一种力量，把它变得更动人心弦、更悲伤，因为你知道这一切不会有一个好的结局。

对克雷曼和康特珀恩特来说，将《贾勒茨维尔》通过*拦腰法*[①]改成非线性叙事是一种利用小说情节驱动来实现文学优势的方式。不同于此前把《贾勒茨维尔》的全部重量都压在尼克森的行文中，现在她的写作可以通过引入更复杂的形式得到进一步支撑。通过将《玛莎的版本》的单一叙述视角变成多元叙事视角，尼克森已经为《贾勒茨维尔》注入了很多复杂性，她认为克雷曼的建议"无与伦比"，这个建议"太棒了，我怎么感谢他都不为过"，她的眼睛闪着光。

正如一位曾拒绝过《贾勒茨维尔》的编辑指出的那样，这部小说"跨越了纯文学和商业化的界限"，"如果平衡掌握得好，这个混合区域是很棒的出版地带"。克雷曼的建议和尼克森对这个建议的兴奋是一个使二者平衡的创造性编辑行为。和温迪·维尔一样，克雷曼不是简单地做一个生产场域的守门人，而是成为了《贾勒茨维尔》创造过程中的沉默伙伴。尼克森是一位适合康特珀恩特位置和倾向的作家，但克雷曼的工作使

---

① 译注：In media's res，拉丁语意为"在事件之中"，是一种文学叙事手法，指故事并非从最初开始讲起，而是从某个中间时间点开始。

《贾勒茨维尔》真正变成了一本康特珀恩特的书。在出版商声誉及其出版作品的二元关系中，《贾勒茨维尔》成了那种罕见类型的书，它在像康特珀恩特这样的独立多面手出版社中平衡了艺术性和商业性问题。这本书是一个以文学风格讲述的商业故事，它的作者是一位广受好评但销量不定的小说家。虽然需要花费一些时间来挖掘小说中的钻石，但《贾勒茨维尔》在多年碰壁后，突然出现了转机。不过至少在一段时间内，即使对克雷曼和尼克森来说，这个转机有多大还仍未可知。

7

故事讲述和神话制造

或者说，一封一句话邮件如何使印量翻倍？

撒下集体信念网

尼克森没花太长时间就根据克雷曼的建议重新修改了书稿。根据克雷曼的建议，修改后的故事开始于玛莎谋杀尼克后目击人的叙述，然后回溯到玛莎陷入爱河的部分，再转移到尼克的视角，讲述了两人从关系破裂到尼克的死亡，最后以玛莎的审判作结。在这个重大的结构转变后，还有一些相对较小的发展性编辑工作和文字编辑工作需要完成。

　　在正式的职业角色中，文字编辑（copy editors）的工作是保持文体和语法的准确，而不是对文稿有大的修改意见。但文字编辑也有很多不同类型，他们所做的工作常有不为人所知的微妙之处。克雷曼联系了米凯拉·布查特（Mikayla Butchart）为《贾勒茨维尔》做编辑工作，她供职于另一家出版社，偶尔兼职做文字编辑和插画师。就像舒梅克选择克雷曼做《贾勒茨维尔》编辑的原因是他对与文学作家一起工作有"与生俱来"的感觉一样，克雷曼选择布查特的原因也是如此："她工作做得非常彻底，如果我告诉她不要搞乱作家的写法，她就会尊重这一点。有些文字编辑太咬文嚼字了，他们甚至会挑剔诗歌的语言……但对米凯拉我完全信任，她是那种我信任其判断力的文字编辑。"

　　克雷曼对布查特的选择是因为她作为文字编辑的敏锐，但也有另一方面的考虑。在进入接受场域之前，《贾勒茨维尔》在生产场域还有很长的路要走，除了文字编辑之外，并非所有人都会从头到尾一字不落地读完这部小说。对克雷曼来说，他对布查特的信任不仅仅因为她具有某种敏锐性的文字编辑身份，还因为她作为《贾勒茨维尔》的读者的身份——她平时的编辑工作使得她对这部小说的意见格外有用。布查特和克雷曼此前曾一起工作过，在邮件往来的过程中，布查特迅速成为克雷曼的倾诉对象，听他诉说关于尼克森小说更广泛的解释性和评价性问题并给出回应。[1]

发信人：亚当·克雷曼

收信人：米凯拉·布查特
主题：回复：有空审读吗？

……私人问题：开头的四章有意义吗？就是玛莎的大章节之前的那些？那些章节以前在后面，和其他人的叙述在一起，但我跟科尼莉亚说我们应该把它们移到前面去，给玛莎的章节更多的黑暗感和紧张感。我很想知道你对现在的叙述、写作等的想法……

发信人：米凯拉·布查特
收信人：亚当·克雷曼
主题：回复：有空审读吗？

关于你提出的书稿编排的私人问题，（我的回答是）一个大声的是！我觉得由于在开头就知道了他们关系最终会消亡，玛莎和尼克的大篇章变得更引人入胜了。我觉得整个故事出奇地动人，何况我通常可是一个很难搞定的人。如果这本书按照时间顺序叙述的话，我可能不会有这种反应——浪漫故事中的紧张通常不会让我产生足够的兴趣（特别是主要人物是如此迷人又美丽）。时间线的移动使它不再局限于浪漫或悲剧故事，而是引导着读者直到中途才能发现原委，让这个故事按照作者的意图展开……

对于大多数编辑而言，和大多数人一样，个人的评价和解释存在相当程度的不确定性；评价经常在互动和社会影响的*过程*中展开。使用口语化的"私人问题"暗示了这并非布查特正式审稿工作的一部分，克雷曼只是在问一个几乎不相关的第三方，看看她对这部小说的评价如何，她如何看待他重构这部小说的决定。虽然克雷曼的编辑建议已经得到了舒梅克和尼克森的支持，但直到有了布查特的肯定，他尚存的疑虑才得到了一些缓解。在布查特第二天的邮件中，克雷曼另外两个私人的评价意见也得到了确认：

发信人：米凯拉·布查特

收信人：亚当·克雷曼

主题：回复：有空审读吗？

……总之，用更私人的方式来说，我发现她的故事很吸引人，构造得很好，出人意料地动人，就像我说过的一样……你可以告诉她，她的文字让编辑哭了两次……她在为一系列不同角色发声的方面做得非常出色，我觉得她的写作很有说服力和吸引力。

你对小说的最后一段有什么感觉，用她自己的话的那段？它读起来几乎就像一位作者的后记。我认为是有点像，尽管它似乎是横跨在了现实和虚构的灰色地带上。或许最好还是把它独立出来，作为家谱和地图之前书后附录资料的一部分，而不是在它现在的位

> 置……话说回来，我并不是在对书稿做怎样的评价，
> 只是给你提供了这些观察，你可以自己决定怎么做。

对克雷曼来说，这封邮件除了包含返还给他的、编辑好的文稿之外，还包含了两件馈赠。首先，本身就是编辑的布查特提供了一个编辑意见，后来在《贾勒茨维尔》的最后一稿中，这段科尼莉亚·尼克森的第一人称叙述确实作为后记出现了。其次，同时作为执行编辑（managing editor）和读者，布查特指出她在做审稿工作的时候曾两次为小说流泪，这很好地佐证了克雷曼对书稿的热情。从布查特那里，克雷曼知道了他对《贾勒茨维尔》的情绪反应并不是孤立的。

除了编辑双重职责中"艺术性"的一面（评估书稿，和作者一起完善书稿），一位好编辑也必须是好的销售员。一旦"基于艺术"的工作结束了，编辑就必须将自己的热情作为工具，让自己做的小说得到积极评价。在大多数情况下，编辑要传递热情的对象并不会真的读这本书。相反，编辑是用自己的方式做一名故事讲述者，围绕这本他最喜欢的书建立集体信念网络。编辑最初的热情必须非常强，并且准确地向其他人说明，因为这种热情会通过一系列发送者和接收者循环传递下去，就像书稿从生产场域传递到接受场域一样。另一位编辑解释了这种热情使用"感染性"语言的宣传工作的重要性：

> 保持热情是最重要的事，如果这热情是真的就更
> 好了。因为如果你说"我真的很爱这本书"或"我们真

的很爱这本书"，那就意味着它更有可能排在人们待读
书单的前面。所以我必须非常热情，用热情去感染我的
文字编辑和封面设计师，让他们做出最好的工作，用热
情去感染我们的营销人员，这样他们就能感染销售团
队，销售团队可以感染（书店），这样书店就可以感染
读者。同时你还要感染其他人，例如博主、评论人，你
知道的，就是真的让他们感受到你对这本书有多热情。
所以你希望这种热情能够在人与人之间传递，而不是消
散，后者就是你没有真正热爱它的时候会发生的事。

对克雷曼来说，"文字编辑哭了两次"是可以在办公室里传
播的重要轶事，因为她表面上在修订摇摆不定的修饰语，实际
在情感上对这个故事全神贯注，而这进一步佐证了他热情的可
信度。即使这个轶事很小，但当克雷曼要使人们环绕他的热情
开始合作的时候，它就成了一个向康特珀恩特办公室内部发送
的有用信号。

　　一封来自另一位发件人的邮件将助推《贾勒茨维尔》进入
新航道。就在布查特回复邮件的一个月后，康特珀恩特的首席
执行官和出版人查理·温顿收到了另一封关于《贾勒茨维尔》
的邮件。它的简洁性掩盖了它的重要性。它总共只有一句话，
邮件里写道："大概读到《贾勒茨维尔》的一半，目前为止很喜
欢。"这是第一步也是重要的一步，《贾勒茨维尔》从一本即将
出版的书变成了一本将被合力推到接受场域中的书。但为什么
会这样？如何做到的？这封邮件是谁写的？

中间书和领头书：沉没、游上来或被拉起

出版商的新书目录中关键的部分是"领头书"和"中间书"。图书目录是出版商的出书目录，是出版商用来与零售商沟通的季度宣传册（纸质版或电子版）。就像人们可以预料到的那样，一个出版商的"再版书"（即前几季的书）总是出现在目录的后面，而新的中间书会出现在中间，领头书会出现在最前面。① 但一本新书要成为领头书或是作为中间书，并不只是出现在宣传册的哪个位置那么简单。

书名在出版商目录上出现的位置是一项考古证据，能证明任何一个销售季中哪本书在出版社内部的热情战中最终获胜了。有时候这基于真实、非强制的信念，而有时候领头的书名会因为名字经济的作家身份或由于出版商追逐巨额预付金而被早早指定。成为领头书就意味着被区别对待，这种区别对待体现在出版商的热情所提供的金钱、时间和资源上。保罗·赫希曾说，中间书是"替补演员"：如果领头书无法履行期望中的销量职责，出版商就会希望中间书取代它们的位置。³ 换句话说，作为一种信念和投资，领头书将被带到接受场域的海岸上，而中间书则会被放到属于它们自己的水域当中，任其自行沉没或游上来。

在许多时候，围绕领头书而形成的集体信念网倾向于自我

---

① 译注：中间书（midlist book）相当于我国新书中的普通书，领头书（fron fist book）相当于我国新书中的重点书。

实现。他们的目标是为这些书提供足够的资源，在它们通过生产场域的过程中，他们会继续提供更多的资源。和其他出版社不同，在康特珀恩特，领头书很少被指定，而是在出版过程中自然而然地出现。因为康特珀恩特某种程度上是在做这样的生意，即接收那些在集团出版商那里无法成为中间作家的有才华的作家，后者在康特珀恩特这里成为领头作家的可能性会更大。此外，由于康特珀恩特不会提供金额巨大的预付金，所以在真正做决定之前，谁会占据领头位置这件事并不是预定好的。更重要的是，在购买康特珀恩特之前，作为西部出版集团创始人，曾从事分销的查理·温顿尤其熟悉这件事，即每本书都要通过两次销售中的第一次——对生产场域本身的销售。

温顿在分销方面的背景使他在领头书决策这件事上保持谨慎。领头书是一个很重要的位置，因为赋予一本书领头的位置能使分销商做出与出版商一起努力将这本书推向接受场域的承诺。与其指定一本领头书，不如把这本书留给宣传和营销人员，全凭他们用热情来感染其他人。出版商应当去发现其他人对哪本书自然而然地产生热情，这会使挑选领头书的决策更加明晰。这里的逻辑是，如果中间书自行沉没或游上来，如果康特珀恩特通过等待得到一些早期反馈，知道谁是最厉害的游泳者，那他们就可以更好地针对这些游泳者提供额外的拉力。一位康特珀恩特的员工这样描述这种策略："从查理的角度来看，这种（销售）项目发生的方式就像它们是一个非常流动、有机、主观的问题。很显然在任何人头脑中都是这样的。但我们做的事情是赌，赌将会有一本书在任何一个给定的月份中站起来，发挥领头作用。你要么指定一本书，让这本书成为这个月的领头书，领头的小说和领头的非虚构作品，要么你就等待，然后发现哪本书走上去并成为领头书。"

等待然后发现哪本书最终会成为领头书，这意味着避免决策并将来自分销商积累的新信息纳入决策中；意味着用努力乘上业已存在的集体热情，而不是努力创造热情。这种方式的优势在于，不会在生产过程中早早陷入承诺的泥潭，而是随着生产过程的开展，集体信念网络开始自然地传播。但这种方式的劣势是另一种风险：出版商会发现时间一点点过去，而领头书没有出现。幸运的是，对康特珀恩特来说，围绕《贾勒茨维尔》的热情已经在生产周期中早早建立了起来。

封面、照片、梗概和推荐语

从拉丁词根"ad vertere"①上看，广告（advertising）的目标是让人们转向某种东西。而在这种宽泛的定义下，图书的"包装"（packaging）——从开本到封面、封底的梗概、推荐语和作者照片——都是广告。由于传统上所认为的广告——电视、广播、印刷品和在线活动——对非名字经济作家来说几乎不存在，所以图书的"包装"就是出版商告诉读者他们如何定义新小说中的故事的主要场所。这远不是最近的潮流，使用艺术封面和请名字经济朋友给一本书写特殊的"推荐语"，这样的做

---

① 译注：ad 与 vertere 在拉丁语中同为"旋转"的意思。

法在 20 世纪 20 年代首次出现，在美国已经有了近一百年的
历史。

　　和电影海报一样，图书封面主要依赖两种工具：比喻和趋
势。图书封面上的比喻旨在向潜在读者传达，这本书是为他们
而做的文化产品。图书封面的设计可以依赖以往的设计套路和
标准化的图像字体惯例，这不是因为设计师缺乏创造力，而是
因为这些元素都是关于这本书所属类别的瞬时视觉线索。趋势
（比如"手绘"字体，非常大的字体，黑底白字，极简主义和
"干净"的封面设计）是一种可以跨越图书类别的比喻，它更容
易落伍或过时。汤姆·戴克霍夫（Tom Dyckhoff）指出，这种
"速成设计"（design shorthand）使书店"几乎全部用颜色编码，
从而让选择变得容易"。[4]

　　除了吸引眼球和传达类别信息之外，理想的图书封面应该
抓住这本书的核心本质。这一点可能有点隐晦或宽泛了，然而，
出于以下两个原因，这样做并非易事。首先，封面设计师不会
真正阅读他们要为之设计封面的书，他们只会收到"简介"，简
介中包含了故事梗概、书所属的类别、潜在读者、可理解的艺
术性、作者以前的书的封面，以及在这个类别中与这本书竞争
的其他的书，以便这本书的封面可以有所区别。第二，即使封
面设计师有时间读完整本书，这本书"是什么"也不总是很清
楚。例如，考虑一下，如果使用以下的提示，设计师能做到
用一种整洁的、视觉上引人注目的方式来传达《贾勒茨维尔》
吗？——《贾勒茨维尔》是一部文学的、商业的、历史的小说
作品，它基于一个内战后的真实故事创作，充满了战争和种族

主义间弥漫的张力，同时也记录了一个浪漫的爱情故事如何演变成谋杀和审判，所有这些都深深根植于同一个地方。

《贾勒茨维尔》的封面设计师是格瑞琳·阿特伯里（Gerilyn Attebery），她曾是杰克·舒梅克经营的出版社的设计总监。因为阿特伯里曾经与这里的封面设计师们面对面一起工作，所以她与康特珀恩特员工的关系很好，而且认为和他们一起工作很放松。对她来说，封面设计师的工作很可能会在"封面设计"中更偏向*设计*，而对出版商来说则更倾向于*封面*。阿特伯里曾担任过这两种角色，她明白这一点。封面设计师与代理人、责任编辑和文字编辑一样，都在某种程度上扮演某一类型的角色，与相应类型的书相"匹配"。在康特珀恩特，阿特伯里扮演的角色是更"商业"的纯文学书的设计师。

给封面设计师的简介中包含了克雷曼写的故事梗概、该地区的历史地图和一张玛莎·简·凯恩斯的照片。虽然这张照片可以体现一定的历史性和这个故事的真实性，但它不能传达这个故事核心的谋杀案。只使用玛莎的照片可能会使男性读者敬而远之，但他们和克雷曼一样，如果可以吸引他们阅读这部小说的话，他们可能也会喜欢。因此，阿特伯里需要在使用玛莎照片的同时，使封面既能吸引到女性读者又能吸引男性读者，且又必须在封面设计的惯例和限制内进行设计。在第一轮设计中，阿特伯里给康特珀恩特提供了五张封面（见图 7.1）。

图 7.1 《贾勒茨维尔》封面（康特珀恩特出版社提供）

　　阿特伯里知道康特珀恩特把她看成是更"商业"的封面设计师，她知道她必须至少给他们提供一个封面。用她的话说，这个封面要是"明亮的""直白的"而不是"稳重的""历史的"或"文学的"。出版社的目的不是要一个完全"商业"的封面，而是要一个"商业"和"文学"和谐并存的封面。根据她自己的口味，她更喜欢她发给康特珀恩特的第二、第三和第四个封面，但她也知道，这些封面会被理解成太"历史的"或太"文学的"而不够"商业"："开始的时候我想用女人的照片，而且很喜欢它，还有一堆历史地图。我感觉这些地图非常漂亮，但现在什么书上都有地图，而且他们也说要把地图放在最后，这是个很好的主意。所以我放弃了地图，决定试试她（玛莎的照片）。我开始做了三张封面（封面二、三和四）……我很喜欢它们。"尽管对这些封面有个人偏好，阿特伯里还是起草了另一份封面（封面一），并把它放在了第一个，这张封面没有那么历史，而是更商业化一点：

> 前三张封面是我最喜欢的，但是我感觉他们会选（封面一），我知道他们会选它，因为它可能更加商业化……（封面三）的排版（传达了历史性但）可能对他们来说不够清晰，但我觉得无论如何还是要试试。对（封面一）……我认为我会尝试鲜艳的色彩，（背景）图片要建立一种地方感，而枪，我知道故事里有一把枪……我不会用一张枪的照片。它需要一些看起来很有趣的东西，而一张枪的照片永远做不到这一点。如果我找不到这把华丽的、能让整体变得更有趣的枪，我就会把这个主意留在这里然后去找别的灵感。我喜欢（封面五）但不爱它，但我觉得我要给他们另外一个设计，因为（封面二、三和四）太像了。

与康特珀恩特坐在谈判桌两边的阿特伯里知道，康特珀恩特会喜欢第一个封面；即使不符合她的个人偏好，但它满足了能使它成为"好作品"的种种设计要素。在看封面一的时候，设计师们认为观者的视线从左上角开始，跟随枪的方向从左到右。然后视线沿着玛莎的照片向下，再次被弯曲的田地带回左边，最后再向右回到尼克森的名字。这是一种"Z形图案"或"反向S形图案"的布局方式，是广告常见封面布局的一种，通过拓展也变成了图书封面设计中的常见封面布局。

除了满足这些设计要素之外，封面一在设计过程中也实现了"涵盖"（cover）的功能。它同时满足了吸引男性读者和女性读者的要求，因为在这个基于比喻的速成封面设计中，对女性来说里面有优雅的玛莎形象，对男性来说则有一把枪。虽然这种特征是基于一种泛化的概括，但图书封面往往就是一种泛化的概括。由于《贾勒茨维尔》反复出现的"问题"一直是平衡其商业性和文学性的愿望，这个封面也必须要做到二者的平衡。正如设计师预料的那样，封面一很快就成为康特珀恩特员工最喜欢的封面。虽然这个封面或许比克雷曼和设计师的偏好更商业化一点，但康特珀恩特的员工认为它在融合了一些商业元素的同时又不显"轻浮"，依然保持了文学和历史的基调。

在下一轮封面设计中，唯一发生变化的是背景图片的地形，原先的地形和小说中群山起伏的设定不符；尽管它确实提供了一种地方感，但那个地方不对。阿特伯里提供了另外四个具有不同地形背景的封面供尼克森和克雷曼选择。虽然这些地形背景破坏了原来图片能形成的"反向S形图案"的构图，但新封面能更好地代表故事设定的地点。

关于作者照片的部分，康特珀恩特想聘请一位本地摄影师来为尼克森拍摄。但与此同时，尼克森却想要玛瑞恩·埃特林格（Marion Ettlinger）来拍。埃特林格成名于20世纪80年代早期，当时《时尚先生》杂志聘请她拍摄美国作家肖像。她在接受场域寂然无名，在生产场域也只是鲜有人知，但在创作场域，她的名字对特定作家群体来说意味深长。一位有见识的出版商说，埃特林格的作者照片意味着"出版商的营销部门是很认真地看待这本书，或者（这位作者）很有名"，而对另一位出版商来说，埃特林格的照片仅仅是"作者想要的虚荣心……（以及）一笔用于其他营销活动可能会更好的钱"。

然而，对作家而言，一张埃特林格拍摄的照片是一种地位的象征，是作家在创作场域地位的象征性表现。就像李·西格尔（Lee Siegel）在《纽约时报》中所说的那样，"成为'埃特林格的'（Ettlingered）意味着赋予你一种具有区分性的和名誉的光环"。[5] 鉴于科尼莉亚·尼克森在创作场域的声誉，作为一位获奖的、有成就的文学作家（尽管销量惨淡），对她来说，被埃特林格拍摄是一项重要的成就标志。在回忆让埃特林格拍照的决定时，尼克森记起她的名字在作家聊天时多么频繁地出现："我说到我需要拍一张作者照片，一位（同事作家）说，'哦，让玛瑞恩·埃特林格拍吧。这样每个人都会知道他们必须要注意你'。前一天，温德拉·维达也跟我说，是玛瑞恩·埃特林格帮她拍的照片。考虑这件事的时候，我开始看我书架上那些有玛瑞恩·埃特林格照片的书……她非常好，但这也是一种时尚，而且她能引起反响。"

然而，对名人摄影师持长远眼光的舒梅克来说，埃特林格拍摄的照片不值得那么高的财务花销："每五年就会出现一个（在作家中流行的摄影师）。曾经是汤姆·维克多（Tom Victor），然后是杰瑞·鲍尔（Jerry Bauer），现在是玛瑞恩·埃特林格。

每个人都让这个人拍照。通常是所有那些在特定时间里克瑙夫出版社要出版的人……但我们不盲从 2000 美元拍摄的作者照片。"简单来说，对康特珀恩特而言，埃特林格的照片是一项不必要的支出。在生产场域第一次销售的过程中，最佳的情况下，它对展示《贾勒茨维尔》的文学品质有一定帮助，但康特珀恩特的出版声誉已经达到了这项工作的目标。同样地，对身处接受场域的读者来说，埃特林格的照片完全没有意义。但对花了近十年时间写作《贾勒茨维尔》的尼克森来说，埃特林格的照片对她在创作场域的同侪所发出的信号非常重要，这项支出是值得的，于是她选择自掏腰包。对那些关注并知道如何解读信号的人来说，埃特林格拍摄尼克森的照片意味着即使《贾勒茨维尔》在某种程度上接近于商业性小说，但她依然是一位纯文学作家。

　　平衡文学性和商业性的问题继续伴随着《贾勒茨维尔》的装帧和封面设计中的其他要素。克雷曼曾在麦克斯威尼那种将图书视为艺术品的文化中受过训练，他建议《贾勒茨维尔》以无护封形式（paper-over-board），即以无护封的精装本形式出版。而温顿有分销背景并且关注零售商的偏好，他认为《贾勒茨维尔》可能最好用原版平装，即以"PBO"（paperback original，没有精装本的平装本）的形式出版。克雷曼暗中在季节调度表中将《贾勒茨维尔》列成了"POB"（paper-over-board 的缩写）假装它是"PBO"的错字。但他的"拼写错误"最终在编辑会议上被发现并纠正了过来。[6]

　　尽管克雷曼对无护封精装本的偏爱更多地是基于艺术敏感性而不是基于市场考虑，但在出版《贾勒茨维尔》的平装本

之前先出版精装本有利也有弊。从好的方面来看，精装本将更
"文学"，这意味着尼克森会喜欢，而且一般看法认为评论人会
更认真地对待精装本。精装本也意味着《贾勒茨维尔》在接受
场域能得到两次机会，精装本的利润率也就更大。[7]但精装本
的缺点是，对非名字经济作家来说，精装本比较容易卖得不好
（特别是同时发布了电子书版本而且电子书更便宜时）；如果精
装本失败，那平装本将永远不会出版；零售商更喜欢平装本，因
为平装本占据更少的书架空间，流动得也更快（读者更喜欢平
装本）；以平装本出版意味着《贾勒茨维尔》的营销活动将采用
读者和零售商更喜欢的方式。

　　然而实际上，康特珀恩特在对书的装帧形式做辩论时，这
些相对立的因素不是真正的辩论内容。每个人都或多或少地认
为，在问题的核心中存在一个更抽象的问题：在今天，一本纯文
学小说以 PBO 的形式出版是否是可接受的？如果是的话，那几
乎就没什么可辩论的了。在欧洲，纯文学书的原版平装更常见。
2005 年前后，在美国，格罗夫·亚特兰大的摩根·恩特里金
（Morgan Entrekin）和其他人也慢慢开始以平装形式出版非文学
作家的作品。1999 年出版的裘帕·拉希莉（Jhumpa Lahiri）的
短篇小说集《解说疾病的人》（*Interpreter of Maladies*）以 PBO
形式出版，然后获得了普利策奖。而另一方面，欧洲出版人在
欧洲做的事不一定适用于美国，《解说疾病的人》或许只是一个
特例而不是一种趋势，其他文学出版商也在做原版平装的实验，
这只是一个提供讨论主题的信息点，它不能用于决策。

　　同样的讨论——对一本"文学"书来说什么是可接受的——

在探讨《贾勒茨维尔》封面上出现的推荐语时又出现了。推荐语最早出现在 19 世纪，是对一本书各种赞誉的选择性摘录；和图书设计的其他要素一样，推荐语也只是一种广告。尽管在图书第一版之后的版本中，推荐语可能是对第一版的评论，但在图书的第一个版本中，因为评论人还未读到就付印了，所以推荐语就会是作家的名字经济朋友和创作场域的盟友们写的"提前的赞美"。

推荐语的质量有两个度量标准："推荐人"的声誉和赞语的热情程度。如果推荐语写得不够热情洋溢，那它就不是好的推荐语，或用更愤世嫉俗的方式来说，如果推荐语没有夸大书的品质，那它就不是好的推荐语。相应地，因为赞语是夸大的，所以应由一位其"判断力"被人们视为有价值的、值得考虑的名字经济作家来写。然而，和其他封面设计中的要素一样，最好的推荐语应当同时面向生产场域的人和接受场域的人。有些推荐语可能在读者心中很有分量，但对生产者来说毫无意义。例如加里·施特恩加特（Gary Shteyngart）热情的推荐语，他的名字在纯文学小说读者那里认知度很广，或许某些读者很信任他。但在生产场域，众所周知，施特恩加特愿意吹捧任何书，而且对他没有读过大部分他吹捧的书这一点直言不讳。反过来的逻辑也适用于阿耶莱·沃尔德曼（Ayelet Waldman），比起施特恩加特，她在读者心中可能不太有名，但在生产场域她因拒绝写推荐语而闻名。因此，她的名字在生产者心目中更有分量。作为尼克森的朋友，沃尔德曼同意为《贾勒茨维尔》写推荐语。

沃尔德曼很了解推荐语的惯例及其对热情的要求，她为克雷曼提供了两个选项，一个虽完全不能用但是很有趣，另一个则很真诚：

    1."这本书太他妈的棒了。"

    2."这是对美国历史上被忽视的时刻一次难忘而有力的情感召唤。尼克森是一位不寻常的天才作家；她的行文有诗的水平，完美地捕捉到了那片沾满鲜血的土地上真实、朴实的风情。"

康特珀恩特也联系到了尼克森其他名字经济作家朋友来写推荐语。包括前美国桂冠诗人（和普利策奖获得者）罗伯特·哈斯（"一个极具天赋的故事讲述者，一位出色又令人惊喜的作家"），作家和非营利组织 826 瓦伦西亚（826 Valencia）的联合创始人温德拉·维达（"我很高兴跟随科尼莉亚·尼克森精美的文字，无论它把我带到哪里去。她的写作是诙谐的、诚实的、深刻的"）。康特珀恩特还选择在推荐语中加入尼克森第一部小说《现在你看到它了》的评论，即角谷美智子在《纽约时报》的书评中对尼克森的赞美（"尼克森有一种完全独特的声音，这种声音能在诗意华丽与由衷真切的语言之间完美地游走，能在戏剧荒诞与平凡庸常之间自由流淌……（她）无比地有才华"）。

推荐语已经在手，康特珀恩特的下一个问题和出版精装还是 PBO 这个问题相似：对一部文学作品来说，封面上有推荐语目前是可接受的吗？为了在《贾勒茨维尔》的文学性和商业性之间做到和谐平衡，如果一部文学作品可以在封面上印推荐语，那么这符合所有人的最佳利益。但如果它看上去很笨拙、不文学，那就可能损失收到重要评论的机会。在生产场域，反对纯文学书封面出现推荐语的惯例并不是成规，而是在 20 世纪后期的社会风气影响下诞生的。举例来说，欧内斯特·海明威在 1925 年出版的《我们的时代》(*In Our Time*) 美国第一版封面上有六条推荐语，占据了封面总空间的 70%。

封面推荐语对康特珀恩特实际上是两方面问题：(1) 他们能否在《贾勒茨维尔》的封面放推荐语的同时，仍使整本书的装帧显得"文学"？(2) 如果他们能做到，那又应该用哪条推荐语？对于第一个问题，他们的结论是肯定的。对第二个问题，尼克森的前两部小说都被《纽约时报》评论了，因而他们再次评论《贾勒茨维尔》的机会很大。考虑到这一点，封面推荐语中就去掉了角谷美智子的推荐语，因为《纽约时报》可能并不喜欢。剩下的是沃尔德曼、哈斯或维达的推荐语。最后，康特珀恩特决定用沃尔德曼的推荐语，因为这份推荐语不仅仅赞美了尼克森的作家天赋，而且如果要在纯文学小说封面上放推荐语，它的内容一定要表明这本书事实上是一部文学作品。因为沃尔德曼的推荐语比较长，康特珀恩特把它削减成"难忘而有力……完美地捕捉到了那片沾满鲜血的土地上真实、朴实的风情"。以这种形式呈现的推荐语阐明，除了封面图上的女人和枪之外，《贾勒茨维尔》中还有更多的东西。在康特珀恩特员工中间有一些关于"沾满鲜血的土地上朴实的风情"的笑话——有人打趣它像一个与素食主义者调情的僵尸——但这句引用抓住了重点，并达到了诗的标准。

和封面、推荐语一样，书背面的梗概也为两种观众服务：生产场域的观众需要知道怎样在没读过一本小说的情况下就能知道它的意义，而对作为消费者的观众来说，梗概是刺激胃口的开胃菜。虽然梗概被认为是必要的，但即使是写梗概的人有时候也会觉得梗概很讨厌，尤其是纯文学小说的梗概。一位与康特珀恩特无关的编辑这样表述写梗概的过程："有些时候感觉它非常愚蠢，就像它让这本书贬值了一样，因为你在用非常粗糙肤浅的标签去煽动对这种不具体的东西的热情。（一部小说）的美常常很难描述。对一位编辑来说，要能在护封的 150 字之内总结一本书中发生的事，以及说明你为什么要读它，是一件非常痛苦和非常消耗脑力的事，但这是游戏中一个必要的部分。"

精炼的梗概是面向生产场域的"首次销售"和面向接受场域的"第二次销售"所必需的竞争性要求。对生产场域的观众来说，情节是关键。如一位康特珀恩特员工所说，这是一种"夫人，这是事实"的方式。而对消费者来说，不同于只是事实，梗概可以引发共鸣并使他们想读更多内容。克雷曼描述了他修改《贾勒茨维尔》梗概的过程，"我们前面写的版本更倾向于（行业）销售人员，现在我们要更倾向于普通买家"。

和《贾勒茨维尔》装帧过程中其他要素的情况一样，梗概的平衡不仅仅在于同时向业界和消费者推销这本书，而且在于如何恰当地平衡其商业性和文学品质。从图 7.2 中可以看到，在康特珀恩特内部流传的第一个版本的封面样张上，一位员工圈出了梗概中的一段并写下了一句后来又被划掉的话，"我认为我们应当重写这部分，让它看起来不那么像浪漫小说"。（把玛莎写成一个"美丽的年轻女人"，把理查德写成一个"鲁莽的人"，把玛莎和尼克写成一段"浪漫关系"中"不幸的恋人"，这些会

使《贾勒茨维尔》听上去像一部浪漫小说吗？）有人曾这样认
为，但随后在把这一版封面还给克雷曼时删除了这些话。

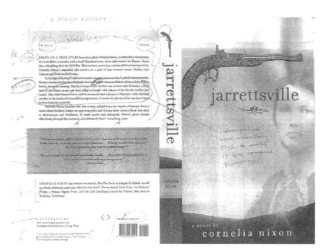

图 7.2　修改中的《贾勒茨维尔》最终封面（图片由康特珀恩特提供）

　　克雷曼对这些改动不太确定，他把修改过的封面带给舒梅
克："我把它给舒梅克看了，然后我说，'你怎么看这些改动？'
他说，'我们不会删减（那些东西）。'然后我问，'要是它听起
来像浪漫小说怎么办？'杰克说，'好吧，这就是这样的故事。'
我觉得他是对的。这个故事里确实有浪漫的一面。我不认为可
以假装它没有。你可能不想被它牵着走，但如果你假装它没有，
那读者读到玛莎的部分的时候就会感觉猝不及防。"这次谈话
后，舒梅克和克雷曼重新加入了这些描述，既为了更准确地呈现
这个故事，也为了使梗概更多地面向读者、更少地面向行业。[8]
　　在整个封面设计过程中，包括艺术、版式、推荐语和梗概，

最终目的是平衡竞争性的类别需求以及以和谐的方式呈现它们。社会学家们通常认为，市场利益产生于生产者为评论人和消费者所提供的分类明晰的商品和服务中。大多数情况下，在做出类别决策之后才会开始分析。因此，对象及其最终类别之间的关系可能会在不经意间被视为既定的，或被视为由对象本身决定的"自然的"配对。但在《贾勒茨维尔》的装帧设计中，有时候要先弄清楚类别标签。找到明确类别的过程是文本和背景之间互动的过程，因为类别必须要经过一系列的修改、协商、淡化、强调或平衡。

虽然明确的分类是一个不错的目标，但生产场域的"两次销售"模式使创建清晰的类别变得更困难，因为存在着有竞争性需求的相对立的受众。而《贾勒茨维尔》本身在创作和生产过程中总是跨越类别。对一位有意识地写出具有潜在商业吸引力的小说的纯文学作家来说，这并非出乎意料。同样地，口碑对铺货和销售来说都很重要，将《贾勒茨维尔》单独分类成商业性或纯文学作品都会产生误导，并最终会破坏这种承诺。因此，和《贾勒茨维尔》实际文本一样，它的装帧采取了平衡的策略，在文学性和商业性之间做到了恰到好处的平衡。这些就是在与分销商西部出版集团开预售会议时，包装自己的文化产品的康特珀恩特员工心中所想。

完善推销过程

在一个异常寒冷的早上，康特珀恩特员工走过第四街，到西部出版集团的办公室去开会。就在四个月前，克雷曼也和舒梅克、尼克森一起走过这条路，从那时候开始，关于《贾勒茨维尔》的很多东西都发生了改变。随着周围对《贾勒茨维尔》的兴趣不断增长，克雷曼开始失去对这部小说决策的控制。由于康特珀恩特内部对这部小说不断增长的热情，《贾勒茨维尔》在出版商的秋季图书目录上慢慢攀升，到员工们步行去开会的这个早上，它已经成了十月份的领头小说。

在西部出版集团，克雷曼和其他康特珀恩特的编辑们将会把他们手上的书推销给不同的零售代表，比如巴诺书店（Barnes & Noble）、亚马逊；批发代表，比如英格拉姆（Ingram）、贝克与泰勒（Baker & Taylor）；地区代表，比如加拿大，或"田野"（独立书店）。就像营销和分销员工能在出版商目录的次序和空间中发现热情的提示，他们也会在预售会议上安排每本书的次序，以便"较小"的客户比如百万图书（Books-A-Million，一家南方连锁书店），可以对较大的客户比如巴诺书店给出反馈。代表们的工作是保证不同渠道的铺货（图书，希望有很多），这样，如果一本书要"零售"给有需求的读者，那么就要提前在店内有可买的、已经被"批发"的书。如同创作场域的《贾勒茨维尔》被维尔和克雷曼转换到了生产场域，在西部出版集团会议上，讨论《贾勒茨维尔》的语言又被转换成接受场域的语言。对克雷曼这样的年轻编辑来说，他的推销此前主要是在编辑会议上进行的，而这一次的推销很让他伤脑筋。

西部出版集团的会议室很大，两端各有一扇门，有长长的落地窗和一面堆满图书的书架墙。康特珀恩特的员工通常坐在会议室的西南角，他们轮流推销自己手头上的书，然后代表们会问他们问题。在这个过程中，他们努力把图书的意义转化成一种在未来的场域转换过程中有意义的语言。

首先是直接同时面对生产场域和接受场域。类别谈话，它和关于小说类型的谈话不同，类别谈话明确地面向书店的书架类别，目标是把图书放置在当时卖得最好的类别中。这在非虚构作品中最明显，这类书在书店里往往比小说的分类更细（比如，非虚构的有旅行书区域，但没有旅行小说区域）。书店不会按照离散的类别（比如历史文学、商业文学）来放置纯文学小说。类别谈话主要用信号式信念来发送书稿的商业吸引力，有时候这和文学质量是一回事。查理·温顿在推销开始之前，就已经把康特珀恩特对《贾勒茨维尔》的意图放到了他给西部出版集团员工的目录介绍里："我们有三部非常令人兴奋的小说，它们非常多元化……它们写得非常好，而且都有强烈的商业要素；尤其是《贾勒茨维尔》。"

有两种间接形式的类别谈话可以补充直接类别谈话：对标谈话（生产场域的类别谈话）和封面谈话（接受场域的类别谈话）。对标谈话谈的是对标书目，这些书作为生产者的捷径，既可以设定一本书所属的类别，又可以粗略地表明出版商的销售预期。虽然一些书可能在内容上非常相似，但那些卖得太好或卖得太差的书都不会成为对标的书。举例来说，说一本童书"像《哈利·波特》"或说一本非虚构书"像马尔科姆·格拉德威尔（Malcolm Gladwell）"能为其余作者或读者提供一个关于书的内容的主题词，但在生产场域，做这样的对标会显得比较业余，因为这表明了不切实际的销售预期。

相反，对销售、获奖和评论的预期而言，一本好的对标书应是一种*合理*但非常乐观的期望。在生产场域中更常见的情况是，大家对数字（比如作者预付金的数额，非正式的印刷运作，销售预期）的引用会作为一种营销手段，但通常将这些数字减少 30% 左右才是真实情况。按照这种逻辑，与其说一本好的对标书是一种合理的销售预期，不如说它应当夸大一点点，但也不能太多以至于令人难以相信。对标谈话很少能准确反映出一本书最终能卖出多少，但这不重要，它只是一种谈话形式。通过这种形式，内部人士能够知道怎样理解这本书，而读者则根本不必知道这种对标的存在。那些知道对标谈话规则的生产场域的人通常认为对标书是传递出版商希望和愿景的工具，不应当被认为是真实的期望或保证。

第二个类别谈话的非正式形式是封面谈话，它更明确地面向接受场域。虽然封面谈话也可能面向生产者（有时面向生产商的怨言，作者也对此有发言权），但到销售会议时，封面谈话明确地面向读者并吸引可感知的利基市场。在这个阶段，封面谈话主要是使营销人员和经销商寻找目标读者的工作变得更容易。封面谈话究竟是"肤浅化"的图书封面，还是面向读者的意义解释，都不过是一个视角问题。

虽然以上谈话是图书销售会议中常见的三个话题，但并不是每本书都在讨论中占据同等的时间。相反，就像一本书在出版商图书目录上的位置一样，销售会议中花在一本书上的时间，可以表明这本书将会沉没还是自行游上来，或是被拉一把。《贾勒茨维尔》在康特珀恩特内部迅速崛起的重要性再一次在预售会议上被明确强调，人们不仅在会议开始时特别提到了它，而且整个会议期间都一直提及它，更不用说专门讨论它的时间。温顿在会议开始之前对《贾勒茨维尔》的特别强调，就是为了向在场没有注意到这本书的人证明，应当在这本书上花一些额外的讨论时间。

　　虽然出版商的图书目录被暗暗划分为一种"领头书"和"中间书"的二元区分，如图 7.3 所示；销售会议上的谈话时间会在本季的三部"领头"图书（每个月一本）和中间书之间分配，但在类别之*内*也有明显的不同，这表明并非所有"领头书"或"中间书"都是一样的。[9]但总的来说，在谈论时间和对零售商、批发商计划的卖进数量之间存在清晰的线性关系；对西部出版集团和康特珀恩特来说，在谈话中每花费一秒，意味着约十四本书被销售代表预定。

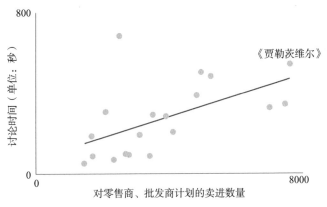

图 7.3　讨论时间（净推销时间）和预计分销量的关系

尽管在书的分销量和讨论时间之间存在线性相关，但不应将这种关系视为任一方向的因果关系。相反，讨论时间和分销量都会受社交产生的热情所影响，也会受到在生产和推广过程中围绕一些书所形成的集体信念网络的影响。这并不意味着接受场域的畅销书是被强加到读者身上的，或是说畅销书是可预测的，但生产者之间确实存在提前预测畅销书的合作，以便在它们出现的时候做好准备。

一封一句话邮件如何使印量翻倍

温顿收到的一句话邮件"大概读到《贾勒茨维尔》的一半，目前为止很喜欢"，这使小说的印量增加了 1000 本，也为更大的变化提供了动力。重要的是，只有在合适的组织条件下，这样的邮件才能成为更大变化的催化剂。在这种情况下，康特珀恩特因为没有指定领头书而是等待它们自己出现，从而使得一封邮件最终成为滚起热情雪球的诱因。同样重要的是邮件的发件人：是谁写的？是谁读了《贾勒茨维尔》的一半而且很喜欢？邮件的发件人是西部出版集团的销售副总裁吉米·怀利（Kim Wylie），她在预售会议之前发了这封邮件，而且也参加了预售会议。怀利可以发挥重要的作用，因为有了她的支持，就不仅仅只有康特珀恩特的员工来传播《贾勒茨维尔》成功所需的热情种子。一位康特珀恩特的编辑描述了怀利的支持在《贾勒茨维尔》"第一次销售"中的重要性：

吉米的意见非常重要，因为她经手所有国内客户的销售，她的雇员卖书（给）所有主要的（书店）客户……她在销售机构的那个位置上，所以当她说话的时候，其他代表都会听她的。在会议桌前，如果你能让她（或其他一些代表）说点什么，其他的代表都会听。没什么能与一个代表在其他代表面前表达（对一本书）的热情相比。这比我的热情要有影响力得多，因为他们知道我会很热情。我从我的热情中赚钱。我不会（给他们）一本我不相信的书，或出版一本我不信任的书，但他们每周都会卖出他们不信任的书，或者说他们没有足够的信息来知道他们是否信任这些书。如果吉米是热情的，这对他们来说意味着更多。

在与西部出版集团开预售会议的时候，主要由于那封邮件，康特珀恩特和西部出版集团的员工普遍意识到《贾勒茨维尔》已经跃升到领头的位置。温顿在会议开始时进一步阐明了这一点，他说"尤其是《贾勒茨维尔》有强烈的商业要素"，怀利又加强了这种信念，她立即对温顿所说的特征表示认同。作为编辑，克雷曼介绍了小说的情节和背景，用他在给舒梅克最初的读者报告中那些极具情感效果的热情语言。为了进一步巩固康特珀恩特对《贾勒茨维尔》的热情，温顿随后又讨论了《贾勒茨维尔》，说它不仅仅有文学品质，而且有商业吸引力。《贾勒茨维尔》是一个基于作者家族历史的真实故事——这一点连拒绝这部小说的不愿合作的编辑都认可。康特珀恩特还拿出了印在封面上的玛莎的照片、历史地图和《纽约时报》对玛莎审判前后的报导。温顿告诉所有人，尼克森之前的小说曾得到角谷美智子的热烈评论。由于《贾勒茨维尔》在康特珀恩特图书目录中的优势地位，他们花了很多时间用于封面谈话和对标谈话，这两种谈话都致力于弄清《贾勒茨维尔》能迅速扩大的、最适合的利基。

封面谈话的两个主要话题是怎样阐明《贾勒茨维尔》的故事发生在内战时期，以及怎样平衡对男性读者和女性读者的吸引力。一位代表在看到封面的时候指出，"比起内战它看起来更像西部，她（玛莎）看起来有点像安妮·奥克利（Annie Oakley）"。[①] 对这个问题的一个解决方案是把标题下方的设计元素替换成交叉的邦联和邦联旗帜。这条建议因为太过字面化和低级而被否决了，因为康特珀恩特希望这部小说既能吸引读者，又能得到文学奖项和艺术认可。舒梅克建议，不要简单地把"小说"放在标题下方来表明这是一部虚构作品，可以在《贾勒茨维尔》的封面上写"内战小说"或"关于内战的小说"来更好地表明时间段。

代表们还评论了封面上玛莎和枪的平衡问题。一位代表建议，"枪对女性读者来说不够有趣，对女性来说，封面上有'太多的枪'了"。克雷曼告诉他们，尼克森已经同意在封面上放枪，而且这在故事发生的历史中是准确的；封面上枪的图片和故事中用的那把造型相同模型类似，故事中描述的枪上的华丽雕花也是相似的（这是一个幸运的巧合；封面设计师不知道这些

[①] 译注：19 世纪美国西部女神枪手，以表演精湛枪法为人所熟知，其人生故事被改编成百老汇的音乐剧。

细节，她挑选这张图片只是因为它看上去很旧而且雕花让它显得很有趣）。温顿认为，枪可能会吸引男性读者，因为他们不会拿起一本封面上只印着玛莎照片的书，而女性也可能不会拿起一本只印着枪的书；他认为二者达到了平衡。舒梅克非常担心封面上只有玛莎的照片会误导读者认为《贾勒茨维尔》是一部浪漫小说："我希望我们不要忘记，这个故事首先而且主要是一个谋杀故事，她的无罪是难以解释的。这不是一个有美好结局的爱情故事。"舒梅克曾支持在封底的梗概中使用更华丽的描述，但对他来说，用封面来清楚地表明《贾勒茨维尔》并不是一部浪漫小说这一点依然很重要。

《贾勒茨维尔》的封面谈话面向读者，而对标谈话则面向生产场域。他们讨论的可能的对标书目是发生在内战结束时期的其他纯文学小说，比如斯普林·沃伦（Spring Warren）2007 年由格罗夫·亚特兰大出版的《松节油》（*Turpentine*）和迪莉亚·福尔科纳（Delia Falconer）2006 年由软骨出版社（Soft Skull）出版的《士兵的迷失想法》（*The Lost Thoughts of Soldiers*）。但这两部小说都卖得不够好，不是好的对标书。最终确定的对标书是 E. L. 多克托罗（E. L. Doctorow）2005 年由兰登书屋出版的《大进军》（*The March*）。尽管这本书卖得太好以致于可能无法成为对标书，但这至少是一个合理的、或许也是太过有野心的期望。同样地，会议室里还有一个公开的秘密。对温顿而言，一个隐密的但无法使用的对标书是查尔斯·弗雷泽（Charles Frazier）的《冷山》，这是一个设定在内战期间的爱情故事，已经卖出了 300 万本，这本书是温顿和格罗夫·亚特兰大的摩根·恩特雷金（Morgan Entrekin）共同运营西部出版集团的时候"使它成功"的。但与马尔科姆·格拉德威尔和《哈利·波特》一样，《冷山》太成功了，它无法成为大众消费的对标书。有人只是低声提及了这本书，却很快遭到温顿与其他康特珀恩特和西部出版集团员工的警告（比如，"我不想给这本书带来厄运但……"，"不要太兴奋，但有机会……"）。

康特珀恩特对《贾勒茨维尔》不断增长的热情在西部出版集团销售会议上得到反映和证实以后，这些热情开始为小说更广泛的兴趣或利益服务。一封外部的肯定邮件，以及销售代表在预售会议一开始的积极回应，都证明了克雷曼的热情并非罕见，而且《贾勒茨维尔》有能力自行游上来，这对康特珀恩特来说意味着这本书值得往前推并再拉它一把。对《贾勒茨维尔》日益增长的兴趣，进而为康特珀恩特员工之前所讨论的怎样是最好的装帧方式和营销方式指明了答案。如果西部出版集团支持《贾勒茨维尔》，那么更商业化的封面选项——这些选项仍被认为能同时展示商业、文学和历史吸引力——无需进一步商谈就可以确定了。这对出版 PBO 而不是精装本的讨论来说也适用，因为生产场域内的积极口碑可以抵消装帧等级的劣势，如果这种劣势存在的话。这同样适用于在封面上放不放推荐语，以及封底梗概使用哪种语言的问题。如果康特珀恩特手中有一部潜在的畅销书，他们会为这本书全力以赴，而不是为平衡潜在的不相关需求而小心翼翼，他们会向这本书倾斜。

克雷曼对《贾勒茨维尔》的热情如此迅速和广泛地被其他人共享，他感到既高兴又有些失落。他后来回忆道，"吉米的邮件之后，我开始有点失去（对《贾勒茨维尔》）的控制"。他对此的感受是复杂的，也一定会是复杂的。鉴于康特珀恩特等待领头书自己出现的策略，对克雷曼来说，如果不失去对《贾勒茨维尔》装帧和讨论的控制权，就意味着其他人没有共享他对小说的热情，也不会投入专注的时间。因为用热情感染其他人是克雷曼工作的一部分，所以有点失去控制说明他的工作做得很好。克雷曼不仅把一份很适合康特珀恩特的书稿带了进来，而且通过编辑使它更适合这家出版社了；由于他提升了这本书的水平，所以他必须放它走。克雷曼没有感到遗憾，作为一个年轻的编辑，他借此试图理解他工作的两面性：当一切顺利时，将他拴在作品上的热情也会将作品从他手中带走。克雷曼意识到了他工作的这一独特特征："这是康特珀恩特正在运作的项目。它让很棒但没有读者的作家重新出现在人们眼前，通过采用平装本和获得西部出版集团的支持来使它变成可以卖的书。我的意思是，我们会看到这是否有效。我认为《贾勒茨维尔》是这种策略极具代表性的案例研究。"

尽管《贾勒茨维尔》确实可作为康特珀恩特策略的案例研究，但它能否成功还有待观察。无论结局如何，就像他之前的温迪·维尔一样，克雷曼对修改《贾勒茨维尔》的积极参与和引导现在已经结束了。他的热情在文件中的反映——同时也在备忘录和梗概中——依然会很有用，但将康特珀恩特和西部出版集团的热情引向更大的场域不是他的工作。《贾勒茨维尔》从生产场域到接受场域的转换需要零售商和评论刊物的协同参与，这是由全新的演员上演的场域转换。如果康特珀恩特在第二次场域转换中成功了，并不意味着读者一定会来，但至少意味着他们会被邀请共享评论人的热情和参加零售商的盛会。

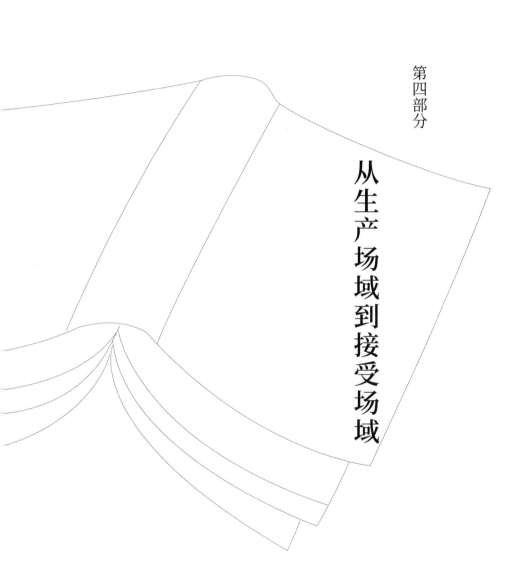

第四部分

从生产场域到接受场域

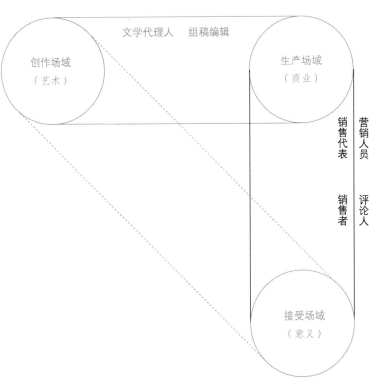

8

零售商和评论人

或者说，摆在书店的显眼位置如何击溃了《贾勒茨维尔》？

推销

周四早上，康特珀恩特的宣传主管艾比·辛科维茨（Abbye Simkowitz）正在教一位新员工练习如何向评论刊物推销。辛科维茨专注地听着这位坐在她位置上的新员工拿起电话，模拟推销《贾勒茨维尔》。她一边听，一边鼓励性地点头。"非常好，真的很好，"她说，"尤其是第一部分，你的热情真的很棒，他们立刻就能知道你（对《贾勒茨维尔》）有多兴奋。"尽管这些话令人鼓舞，但这次练习的时间太长了，辛科维茨鼓励性的点

头在练习结束时也停下了。"要注意的地方是，你谈这本书谈得
太多了，说了太多情节上的细节，我们再来一次，这次你要把
对这本书的描述减少一半。"这位新员工理解了她的要求，又试
了一次，她后来承认，推销的时候对这本书谈得过多这件事显
得有些好笑。

这位康特珀恩特员工后面会与科尼莉亚·尼克森见面，主
要负责协调她的教学任务与巡回售书的时间，并尽可能发掘尼
克森的营销资源。温顿向尼克森这样描述营销计划：

> 如果你想兴奋起来的话，那这张表就是为了可能
> 的巨大成功而制定的……现在，（西部出版集团）的
> 销售代表们正在努力地推这本书，我们也在针对一些
> 评论刊物做努力……但同样地，这些努力都只是墙上
> 的砖，每次努力都只是在建造一块砖而已。每种努力
> 单独来看都毫无意义。这个难题还有其他更细节的
> 部分：如果我们能得到《出版商周刊》或《图书馆杂
> 志》（Library Journal）的星级评论，这将会帮助我
> 们扩大图书评论的覆盖面，还会帮我们增加代表们一
> 直为之努力的铺货量。然后或许我们能得到（巴诺书
> 店）发现（伟大）新作家的（营销活动）或鲍德斯
> （Borders）的"合作项目"（co-op）。这些都将会是我
> 们共筑的墙上又大又美的砖块。我们会做很棒的独立
> 活动，我们可以得到（美国书商协会推广计划）"独立

边界"①的支持，我们会拿到不错的推荐语，得到评论界的关注，把这本书构建成一个围绕巴尔的摩和马里兰的重要的人性故事。显然，如果我们从《纽约时报》那里得到如潮的好评，事情就可以继续向前发展，这也是一块砖。凭借所有已经取得的砖块，我们可以去跟泰瑞·格若斯（Terry Gross）* 说，"这是本季出版的非常有趣的小说之一，这部小说有一个独一无二的背景故事"。最终，所有这些都可以继续建造那堵墙，你会得到一些奖项，从那里再次开始……很抱歉说这么多，我不想让你太兴奋。在这个过程中，这面墙也有很多松动的部分，但你知道，如果你想要知道的话，我是说我们可能真的有机会。

这次会议之后，尼克森非常开心："在此前的职业生涯中，我从未获得这种程度的关注。这太不同了，我再也不想回去了。"尼克森指的"回去"是回到图书目录里的中间位置。尽管对这种关注感到幸福，她还是对《纽约时报》的评论很担心。她不担心自己是否会得到评论，而是担心如果得到评论的话，

---

① 译注：独立边界（IndieBound）是美国书商协会（American Booksellers Association）于 2008 年推出的独立书店营销运动。

* 编注：格若斯是美国国家公共广播电台（NPR）王牌读书节目"新空气"（Fresh Air）的主播和执行制片人。她几十年来持续采访文化人物，凭借专业、亲切、坦率、低调的主持风格，以及富有魅力的音色，深入人心。她陪伴几代听众成长，几乎就是这档公共读书节目甚至是 NPR 的代名词。她曾被授予 2015 年美国国家人文奖章，该奖章旨在表彰那些"加深国家对人文科学的理解，拓宽公民对人文科学的参与"的个体和机构。

它会在一周中的哪一天出现。她希望评论会在工作日登出而不是在有更大、更广泛阅读量的周日版块。辛科维茨的工作是向《纽约时报》推荐这本书，尽管是出于不同的原因，但她同意了尼克森的意见，有时候阅读量较小的工作日评论会比周日的"纽约时报书评"更好。

像辛科维茨这样的营销人员正努力保证这本书能在高阅读量和高声誉的刊物上得到评论，而康特珀恩特和西部出版集团的其他员工正致力于将生产方对《贾勒茨维尔》的热情传递到零售商的货架上。温顿说过，要使一本书成功地卖出两亿，意味着先把它"批发"给书店，然后"零售"给读者，而在生产场域和接受场域之间，"明星图书必须贯穿始终"。如果康特珀恩特和西部出版集团能在生产场域获得足够多的推动性热情，那么这些热情就很可能蔓延到接受场域。然而，在试图点燃跨场域的热情之火时，为什么与评论刊物分享太多故事细节是错误的？怎样才算太多？相应地，如果一般得到评论的目的是引起注意和增加销量，为什么尼克森和辛科维茨都偏向阅读量更少的评论呢？要理解这些问题，就必须先理解小说是怎样从生产场域转换到销售场域的，理解为何必须先获得首次销售的成功才能为第二次销售创造成功的机会。

美国图书博览会和场域构建

美国图书博览会（BookExpo America，以下简称 BEA）是为出版商和书商提供交流机会的年度贸易会议，通常在每年最重要的秋冬出版季之前的5月或6月初举办。对出版商和书商来说，BEA是提供进入接受场域钥匙孔的完美之地。实际上，这是出版商向生产场域以及站在接受场域边界的人阐明他们重点推广哪些书的主要场合。书商是出版商在BEA会场中最重要的受众，他们在场域转换方面发挥着重要作用。

一本书在出版商的展位中占据多少空间与出版商对图书的意图相关联；占据空间最多的书，无疑是那些被最为用力地推入接受场域的书。空间及其分配方式也阐明了出版商对这一季不同图书的推广意图。虽然一些书会以海报的形式展示封面（即垂直空间），但同一本书通过码放呈现出的三维空间才是最能传递出版商热情和支持的信号。书堆是一种重要的推广手段，主要是一些用于分发的"预读本"（advanced reading copies）或"样书"（galleys）。对一本书来说，预读本的存在是给零售商的包票，如果出版商有这本书的大量存货，那么他们就会努力推动读者进入书店以便它们能零售出去。但在BEA，预读本存在的目的不只是为了分发，还是为了展示，方式是将它们在地面或桌子上排列成堆状或轮状。一位出版商对作者最强的展示力度就是让作者身处他写的书的码堆之中。当这位作家尽职尽责地签售时，他也会花时间和读者聊天，这样其他人就能看到人们为他排了多长的队。"记住要慢慢签"，一位集团出版商旗下很受欢迎的新作家在进到BEA会场之前，出版商工作人员要她记住这一点。

虽然名义上BEA的预读本旨在赠送给零售商，但实际上，它们会被分发给所有与会者，甚至出版商也会相互赠送自己的书。一位康特珀恩特员工解释说："当你努力做预读本的时候，预售分销就会更广泛，也会有很多人知道这本书。所以预读本不只会给媒体和书店代表看，*它是给这个行业看的*。"这一点在北加利福尼亚独立书商协会（BEA 八个区域分会场之一）的开幕演讲中也得到了清晰阐述："你会认识在场的一部分人，另一部分你可能不会认识，我们希望你们借此机会互相认识……每个人都会有很多时间拿到书。如果这里有你想要的书的话……请随时拿走，尽可能地和其他人换书。我们有足够多的书让每个人都能拿回家。记住这些，然后让蝗虫来吧！" [1]

分发预读本这一方式是惯例性的，反映了生产场域内为引发更广泛关注的共同努力。对代理人、作家和其他出版社的员工来说，预读本也能让人想起这本书的出版商。除了宣传这本书之外，一本预读本还包含着一条很容易理解的信息，"记住我们是谁，这就是我们做的书"。在行业内形成声势这件事存在许多不确定因素，而预读本的存在可以同时宣传书本身*和*它的出版商。正是出于这个原因——除了制作预读本所产生的财务成本外——它们的存在对传递热情如此重要：制作和分发预读本就是在清晰地表明，至少是现在，这本书就是它的出版商，它的出版商就是这本书。

BEA 不仅仅只是出版商和零售商合作的聚会，而且对美国的生产场域来说也是一次"场域构建事件"。[2] 在正式的展位和走廊之间，关于更广泛场域中的焦点被不断廓清、改变乃至重新定义，关于地位的等级划分也得以确立或重新确立。会场的"核心"是大的集团出版商所在的区域聚集地，"核心"的位置每年都会变化。如果折扣书商对自己的身份感到困惑，那么在

BEA，他们每年都会提醒自己待在角落，距离每年都在变换位置的集团出版商的"核心"远一点。

出版商之间的权力等级也会通过展位空间得到体现，可能体现在纯粹的空间大小上，也可能只是与之相关。历年来，通过看出版商在 BEA 上展位规模的大小，就可以看出这家出版商的规模是在扩大还是减小。然而到 2009 年，这些标准正在发生变化。这一年，一位大型集团出版商的代表会在展会核心区域路过夸克出版社（Quirk Books）的展位，后者是一家费城的独立出版社。几个月前，夸克出版了重磅炸弹《傲慢与偏见与僵尸》（*Pride and Prejudice and Zombies*），这本书一整年都在《纽约时报》畅销书榜上。夸克出版社在这里不仅是为了推销他们即将出版的《傲慢与偏见与僵尸》的"豪华版"（以及随后的《理智与情感与海怪》）（*Sense and Sensibility and Sea Monsters*），也在宣告他们是以场域参与者的身份来到这里。

这位集团出版商的代表指了指夸克的展位，对它的大小讽刺地评论道，"好好看看他们吧"。她的这条评论暗示了两件事。首先，她在暗示，她认为这可能是夸克在 BEA"阳光底下"仅有的一年；许多夸克之前的出版商都曾有过出乎意料的畅销书，于是就宣称自己成了出版界的参与者，然后因为再没有畅销书而慢慢消退下去。第二点也是更加切实的一点，她在暗示夸克正在传递与他们原本意愿相反的信息。夸克通过一个巨大的 BEA 展位来宣布自己成了新来的参与者，但这无意中再次确认了其作为非核心参与者的地位。因为当时核心参与者们都在减小展位规模或干脆放弃展位，他们在加维茨中心的另一层举行非公开会议来避免场地的混乱。所以说，此时展位规模的使用开始呈现出一种抛物线形的变换，在夸克建立展位宣布自己到来的同时，那些游戏中的重要参与者已经退回到 VIP 区域了。夸克究竟是成功地宣布了自己作为著名出版商的到来，还是通过这种宣布方式，反而确认了自身的外围地位呢？这一切都发生于其中，展会表面上的*目的*是喧嚷地推广营销各自的书，但在这之中也呈现出 BEA 的多方面用途以及其中的地位游戏。

从销售代表到书商

　　尽管到 2015 年，电子书已经占据了全部图书销量的 30%，但对大多数作家和出版商来说，把书放到不同的实体书店售卖依然是一本书赢得广泛读者的最好机会。销售代表是把书推销给零售商的人员，他们是生产场域向接受场域过渡的双翼之一（另一翼是宣传人员）。他们像蜜蜂一样，从一家书店走到另一家书店，试图为自己代表的书授下热情的花粉。作为调和生产和接受场域边界的两种途径之一，销售代表和零售点买家（有权选择哪本书进货的人）之间的关系就像调和创作和生产场域边界的代理人和编辑之间的关系。出于这个原因，这些场域转换的参与者再次以熟悉的方式处理供过于求与基本的不确定性的问题：他们依赖人际关系和信任、依赖集体信念网络和公认的智慧，以及关于接受场域如何接受事物的"常识"判断。因为没有书店买家能阅读和评估所有他们库存的书，所以在出版商图书目录和与销售代表谈话中传递的信号就变得至关重要。

一位买家在打开出版商目录的时候就可以确定，即使他不会把每本书都读完，但仍会知道那些在目录最前面有双页介绍的书已经在出版商内部争夺集体热情的战争中胜出了。[3] 他可能不知道这本书为何以及怎样对他特定的书店（他卖书的"类型"以及类型吸引的读者）产生意义，但这就是销售代表在场并指导他浏览目录的原因。无论如何，目录本身就已经是一个强大信号，虽然有时候也会太过强大。一位销售代表有点恼怒地解释说："我有些客户会因为一本书（在目录上）有双页宣传，即使是那些他们可能卖不出去的书，他们也会进货，仅仅因为它有双页宣传。"看到买家完全依赖图书目录对这位销售代表来说是一种冒犯。而现在更为常见的是，这种互相依赖和互相考虑的关系交换将销售代表的作用简化成了"配送员"。

另一个销售代表解释了相反的情况，由于这是各方之间首要且相互依赖的关系交换，图书目录变成了事后才会想起的东西："多年来我有了一些这样的客户，我们彼此非常了解，我知道他们想要什么书，可以帮他们挑。比如黄尾巴图书（Yellowtail Books）的杰瑞，我去拜访他的时候他甚至不会打开图书目录。他把没有打开的图书目录放在膝盖上，然后我们坐下聊书。"这些故事值得分享，因为它们是一种规则的例外。而在典型的交换场景下，对目录的解释和销售代表与买家间的互动都很重要。

和代理人的描述、编辑的读者报告一样，图书目录具有影响力，因为它们是将小说转换到新场域逻辑过程中的"第二文本"。[4] 就像代理人和编辑间的对话很重要一样，销售代表也很有影响力和重要性，因为他们能在脱离文本的情况下产生互动。

如果要分析图书目录和销售代表之间谁是更重要的，那么最好的指标可能是找出何者是出版商最不想削减支出的一方。检视这一指标的结果是销售代表比图书目录更重要，因为出版商已经越来越多地转而使用雪绒花（Edelweiss）在线目录服务以减少印刷和分发的成本。幸运的是，即使成本削减，销售代表依然存在。康特珀恩特的宣传主管解释说，"这是过程中很简单的一部分……代表们只有这么多时间，（以及）书商只有这么多时间去考虑新书。他们会根据分销商或出版商看待书的方式来权衡自己的看法。所以如果你过去说，'这是我的领头书'，那他们可能会要五本或十本，但如果你过去说，'这是科尼莉亚·尼克森的书'，那他们可能只会要两本或三本"。在与买家的谈话中，销售代表还可以提供背景资料，提醒买家注意出版商以及他们所出书的背景。

一位区域销售代表说起她经常在打开图书目录的时候先看出版商或编辑文字的做法，并解释道："对康特珀恩特、铁皮出版社（Tin House）、乳草（Milkweed）、格罗夫和麦克斯威尼来说，他们有（书店）买家认同的、出版纯文学小说的声誉。以前我在（一家大出版社）里工作，他们旗下的一些品牌还没有建立出版纯文学小说的声誉，所以告诉他们编辑是谁就很重要……康特珀恩特有出版美国纯文学小说的声誉，而且杰克（·舒梅克）是一个有分量的名字……所以如果你告诉他们这是一本康特珀恩特的书，杰克很喜欢，那书店就会立刻拿货，因为对他们来说康特珀恩特的书是有意义的。"

虽然在交易过程中，销售代表总是忠于他为之工作的出版

商或分销商（就像代理人总是忠于他的作者），但交易中的人情
也不可避免地把这种交易变成了关系交易。正是在这种忠诚转
变和非正式谈话的时刻里，他们之间的联结得到了加强，未来
的交易也会因此变得顺利和轻松。比如，一个销售代表可能被
要求特别地推一本书，但他也可以自由地做自己的工作，因为
他知道出版商或分销商所不清楚的客户情况。又因为未售出的
书可以退货——一种自大萧条起为保证书店运营的做法——所
以出版商或销售代表都不会给书店发卖不出去的书。在这种情
况下，一个销售代表可能会对买家说，"我的工作要求我努力推
这本书，但我觉得你的读者对这本书不会太买账"，相应地，这
位买家会对销售代表说，"如果能帮到你的话，我可以拿几本"。

这种类型的人情交易最容易发生在独立书店身上，独立书
店组成了面向接受场域小而重要的渠道。虽然图书通过各种渠
道销售（比如，图书馆市场、礼品店和只卖很少书的精品店），
但图书零售市场主要包括三个渠道：独立书店、连锁书店和大卖
场，以及亚马逊。要将图书从生产场域过渡到接受场域，出版
商就必须以截然不同的方式对待这三种渠道。

独立书店和实体连锁店：从合作（cooperation）到合作社（co-op）

独立书店经历了几十年来的规模缩减后，情况正在发生
变化。从 2009 年到 2015 年，美国书商协会的成员数增长了约
30%，每家书店平均销售额的增长幅度为 8% 到 10%。[5] 然而，
这不全是一个成功的故事，独立书店销售额的增长是 2011 年鲍

德斯书店消失所带来的实体图书销售资源空间变化的结果。这也反映出一些实体书店对此的应对方式是放弃了他们对利基市场专业化的综合意愿。[6]

虽然独立书店所有者的生活并不容易，但好消息是独立书店在生产场域和接受场域的许多人心目中是神圣的零售商。在接受场域，比起其他类型的独立零售商，独立书店是当地社区活力的首选象征。当纳什维尔最后一家综合书店大卫·基德（David Kidd Booksllers）在 2010 年关门时，当地作家亚当·罗斯（Adam Ross）称这家书店的消失是"公民的悲剧"。后来，纳什维尔公共图书馆、社区领导者和地方活动家联合在这里开了一家新的独立书店。两年后，名字经济作家安·帕切特（Ann Patchett）联合拥有英格拉姆和兰登书屋分销背景的凯伦·海斯（Karen Hayes）在纳什维尔开了帕纳塞斯书店，这件事得到了全国性的报道。

对生产场域来说，独立书店也拥有比总体预计销量更大的象征资产。在美国，只有 10% 的图书通过独立书店卖出，但他们依然是生产场域出版商最喜欢的合作伙伴。出版商偏向独立书店有几个原因。首先，出版商之间的共同信念是，独立书店不像亚马逊或连锁书店，他们关心图书：他们和出版员工一样，接受较低的工资"做自己喜欢的工作"，将直接的经济资本交易为"艺术"的文化资本。换句话说，出版商喜欢独立书店的原因是他们对书有显而易见的*热情*，他们与出版商一样，是把自己的热情作为一种资本形式，用以影响读者，来共享他们的热情。

这种热情通常的表现形式是"手把手销售"（handselling）。

在手把手销售中，独立书店工作人员是顾客可信任的同盟，他们用热情来把那些本来没有机会的书"售出"。手把手销售可以在员工和顾客之间形成互动，也可以通过将一些书选为"店员精选"来可视化地表现这一点。独立书店买家戴安娜解释了这个过程以及它为独立书店带来的特殊地位：

> 我爱上了这本书，它（由一个小出版社出版，好像没有很大的销售潜力）。然后我开始手把手销售，卖出了96本精装本，比美国任何一个（零售）点卖出的都要多。平装本出来之后我又卖了大约145本平装本。有一天我站在书店里，一个送货员走过来……带着这束巨大的紫兰花，（他正在和其他员工说话）。我靠近他们的时候（听到他说），"谁是戴安娜？"我说，"我是"。然后（出版商）送了我这束巨大的紫兰花，因为这本书在国内一直销量平平，直到在我们（书）店出现了很大的反响。我们一直都这么做。每一家独立（书）店都有这样的故事。

某种意义上，出版商更喜欢和独立书店做交易是因为他们无法控制接受场域会发生什么，他们认为命运与机会有关。在这种思维方式下，因为独立书店采取热情的手把手销售，他们（相比于连锁书店和亚马逊）使畅销机会的可能性更加多样化，这使出版商可以期待意料之外的畅销书出现。[7]对热情和手把手销售的信任，使得出版商认为独立书店比其他任何零售商都更

能制造畅销书。

除了独立书店能为意料之外的书投下的机会之光，出版商历来都倾向于与独立书店合作，因为他们可以彼此协调，在创造机会的可能性方面相互合作。像礼物交换这样的微交易关系暗藏在出版商和独立书商之间日常的业务中。出现这样的畅销机会并非是完全随机的事件，独立书商也可以对出版社的热情*做出回应*，有时候可以将这种热情和注意力投注到出版商的利益上。一位出版商用美国书商协会推广计划"独立边界"的项目之一"独立新书榜"解释了这种现象，这个项目旨在推广即将在独立书店中上架的新书：

> 独立边界的运作方式……是得到一个书商的提名。但实际上不止一个必须有三到四个书商的提名才行，所以如果我们想拿到独立边界提名的话，我们就必须施压，保证销售代表对书商说，"嘿，我真的很喜欢这本书，我希望你真的读一读然后认真考虑……独立边界的提名"。他（书商）是否会读，是否喜欢，是否会提名，这些都是我们无法控制的。但通常情况下这样做是可以的，因为我们不会每个月都这样跟他讲。我们每年只做几次……所以如果我们在七个或八个人那里传播，然后有三个人不知道你的小技巧，那就非常好了。所以如果有几个人愿意合作，你就能得到你想要的。通常来说，草原之光书店（Prairie Lights）、艾略特湾书店（Elliott Bay）或政治与散文书店（Politics and Prose）的提名会

比（宾夕法尼亚州斯特兰顿市）的书店提名更重要一些，所以特别得和他们保持良好关系也很重要。

在这种提名技巧的理论中，存在独立书店的等级结构。一些主要独立书店的意见能推动独立边界的决议，从表面上看，也能通过独立边界推动其他书店的决议。虽然哪家书店才是传播广泛热情更重要的书店这一点取决于出版商和地理位置，但是出版商在考虑的时候几乎总是包括草原之光书店（爱荷华市）、艾略特湾书店（西雅图）、政治与散文书店（华盛顿）、烂封面书店（Tattered Cover，丹佛）和鲍威尔书店（波特兰，俄勒冈州）。[8] 从出版商的角度来说，他们不用直接为独立书店的提名付钱。这不是因为付钱是否合法，而是因为这种"注资"（pump priming）系统最终是互惠互利的。不同于直接付钱，出版商通过优惠和隐性资金的方式与重要的独立书店保持良好关系。最具体的做法是把名字经济作家带到独立书店开读书会和签售会，同时还通过支付这些活动所需的零食、饮料、传单和新闻通信等费用作为隐藏的经济补偿。

作为交换，独立书店有时在做购书决议之前会先让出版商做预筛选（他们主要根据书商的"领头书"来选书，而不是依据其他标准）。他们还会把书店里书商最想要的位置（进门展示桌或显眼书架）给他们，或者在选择店员精选时，给那些出版商最热情的书更多的机会。最终这是一个出版商和独立书商之间互惠互利的礼物交换系统，因为双方都希望读者对库存充足且可购买的书感兴趣。[9] 对像巴诺书店（以及以前的鲍德斯和沃登书店）这样的连锁书店来说，这种合作形式以"合作社"（co-op）的方式被正规化与合理化，独立书商基于相互间的利益而赠送给出版社的礼物在这种形式下被买卖。在连锁零售商那里，他们书店中的黄金地段并非通过热情或礼物交换的形式赠送给出版商，而是通过合作社售卖。在出版之前，出版商向合作社提交书名，连锁零售商从这些书名中挑选哪家出版商有能力为其书店内的高流量空间付费。会出现这种情况不是因为独立书店比较慷慨而连锁书店比较邪恶，而是因为独立零售商分散且规模小，连锁零售商集中且规模庞大。换句话说，连锁书店可以为合作要价，而独立书店却不能。这是更普遍模式的一部分。在这种模式中，对出版商来说，连锁零售商是不那么受欢迎的合作伙伴（至少在情感上，如果不是出于忠诚的话），因为连锁零售商规模大到可以向他们提出要求。

塞萨利·亨斯利（Sessalee Hensley）负责为美国六百多家巴诺书店选择纯文学小说，虽然她在创作场域和接受场域不太有名，但她可以而且确实有能力向出版商提出请求。在出版商的营销和分销会议上，"塞萨利会喜欢"或"塞萨利不会喜欢"是常见的说法，只要亨斯利不赞同，封面设计师就要重做封面，这是完全正常的事。由于她是进入接受场域线路上的"开关"，出版商有时候会悄悄地说，亨斯利可能是美国纯文学小说最有权力的决策者。这并不意味着亨斯利对出版商通过热情表达的偏好无动于衷——她曾经说过"你不能无视出版商的热情，但要通过眼神交流来判断这是不是真的"——但不同于独立书店买家，出版商常常被迫对*她*的偏好做出反应，并在某些程度上迎合这些偏好。[10] 因此，那些与连锁零售商进行合作社式合作的出版商，依然更喜欢与独立出版商"合作"——更不用说亚马逊的要求，那些要求更接近于彻底强制。

亚马逊：旧事物和新事物

　　生产场域的人刚开始大多是亚马逊的粉丝，但出于多种原因，而后便不再是了。不同于独立书店和连锁书店，亚马逊直接为图书付钱，因为它的库存不受书架空间的限制，不会将未售出的书返还给出版社。因此，许多出版商的库存书依然可以通过亚马逊卖给冲动消费的读者。亚马逊和此前的实体连锁书店一样，也带来了以前仅由独立书店覆盖不到的读者。虽然亚马逊不是第一家采用电子书技术的公司，但它已经占据了这个市场的主导地位，并且做了大量努力以提高电子书作为可销售书籍格式的可能性。

　　对亚马逊的批评通常分为两类：（1）过去一百年间对所有主流图书零售商做出的旧批评，以及（2）特别指向亚马逊的新批评。这两类批评也巧妙地映射了亚马逊采用的两种不同策略，前者关于他们如何在生产和接受场域之间进行*协调*，后者关于他们在创作和接受场域间利用生产场域的剩余空间所做的*非中介化尝试*，就好像他们只是效率低下的中间人一样（见图8.1）。一边是出版商和独立书店的合作演变成了与零售连锁店的合作社，另一边则是同以前相比，与亚马逊的合作甚至是一种非自愿的安排。在亚马逊，不同于像实体连锁书店那样有选择地进行店内促销，在网站上卖书就意味着已经进入了合作协议。亚马逊的强制合作协议是将所有出版商在其网站上的销售收入都扣除一部分，并要求出版商来年将这部分资金投给亚马逊作为广告的费用。换句话说，在亚马逊上卖书意味着同意这家公司的双重抽成：他们拿走图书销售的平台分成，又通过强制要求在亚马逊上投放广告，将这部分钱也从出版商的销售收入中抽走。出版商们不太谈亚马逊这种强制的广告和推广在经济上怎样有效，因为只要同意在亚马逊上卖书，出版商就对这件事没有最终选择权。

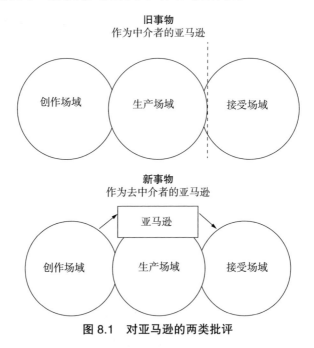

图 8.1　对亚马逊的两类批评

　　然而实际上，在 21 世纪初期对亚马逊作为生产场域和接受场域之间的中介者的许多批评，与人们在 20 世纪上半叶对百货公司以及 20 世纪后期对连锁书店的批评差别不大。当人们批评亚马逊"不关心书"的时候，他们总是指出，尽管有 40% 到 50% 的图书零售市场会经过亚马逊，但亚马逊年收入中只有约 7% 来自图书。20 世纪 50 年代早期百货公司的情况也是如此，当时在美国大约有 40% 到 60% 的图书通过百货公司出售，而图书却只占百货公司总收入很小的一部分。对百货公司来说，图书是吸引可能购买其他大宗商品的顾客的一种手段，也可以为进一步提升零售水平提供合法性和高尚性。[11]

　　与之前的百货公司和连锁书店一样，亚马逊也把出版商最珍惜的书看作亏本促销品（loss leaders）。比如，玛格丽特·米歇尔（Margaret Mitchell）1936 年的小说《飘》，被认为是第一部将美国图书市场从大萧条中拯救出来的书。这本书的标价是 3 美元，百货公司为了吸引顾客不惜采取亏损战略，争相压价。在纽约，赌市中出现了这本书的价格到底会有多低的赌约；《飘》已经有了 70% 的折扣，售价 89 美分。与之相对地，出版商通过设定"价格底线"来反击这种亏损战略，要求图书不得以低于价格底线的标价出售。出版商首次赢得这项合法权利是在 1908 年鲍伯斯 – 玛瑞尔公司诉斯特劳斯案件①中，后来就是

---

① 译注：鲍伯斯 – 玛瑞尔公司与斯特劳斯案（Bobbs-Merrill Co. v. Straus）。这次案件的起因是原告鲍伯斯 – 玛瑞尔公司在出版哈利·厄米尼·里夫斯（Hallie Erminie Rives）的《漂流者》（Castaway）时，在版权页下方写着"本书零售价为净价 1 美元。没有经销商有权低于这个价格售卖，任何低于这个价格的销售都将被视为侵犯版权"。而被告伊索德·斯特劳斯和内森·斯特劳斯代表梅西百货在大量进货后以 89 美分的价格卖该书。在本次判决中，美国最高法院首次讨论版权法是否允许版权所有者控制零售商对版权作品的后续销售。

在 20 世纪 30 年代的《飘》事件中。百货公司回应价格底线的方式是退给出版社成千上万本没有卖出去的《飘》：梅西百货没有尊重 3 美元的价格底线，而是选择退给出版社 36000 本书并取消了接下来 10000 本的订单。[12]

实际上这个故事与 21 世纪 10 年代初相差无几，为了吸引顾客进入网站（他们可能会在网站上购买其他物品）并进入亚马逊的 Kindle 生态系统，亚马逊以 9.99 美元的价格出售电子书；9.99 美元的价格点意味着比新出版的精装本小说的平均建议零售价低 62%。出版商的回应是一种称为"代理定价模式"的方法，这可以看成是另一种设定价格下限的方法，使零售商无法以低于该下限的价格出售电子书。[13]亚马逊对代理定价模式的回应是在下一轮与出版商的谈判中更具进攻性，并且在新条款实现前下架所有阿歇特图书（Hachette Livre）出版的书。[①] 这种对比证明，今天批评亚马逊是生产场域和接受场域之间不公平的中介者，事实上是一些"旧"批评，毕竟这些批评在过去几十年间同样被用于批评百货公司和其他占主导地位的零售商，甚至对策都和一百年前一样。

然而，对亚马逊的第二类批评是新的。这些批评集中讨论亚马逊挤占生产场域的剩余空间，并从创作和接受场域完全去*中介化*的行动。虽然 2010 年初亚马逊曾尝试成为出版商（比如以高额预付金签下名字经济作家并发展不同的品牌），但更有效

---

① 译注：阿歇特图书一度不认同亚马逊的代理定价模式，故亚马逊向阿歇特施压，于 2014 年 6 月下架了其出版的图书。2014 年 11 月，双方最终达成和解协议。

的方式是培养那些曾被拒绝进入生产场域的作家。在亚马逊上出版自己的作品通常被称为"自出版"（self-publishing），更准确地说，是让自己的作品经由一家*不投资*的出版商出版，而不是*投资*的出版商。

　　生产场域的传统出版商会投资并承担风险：他们往单本书上*投资*时间、金钱和资源。换句话说，投资的出版商在每部出版的书稿上都会产生可衡量的固定成本。他们对某些书的投资使他们也必须是专一的，或者说拒绝对其他书投资。因此，许多未能找到安全通道进入生产场域的小说家被排除在传统出版商专一的*投资*模式之外。与传统出版商相比，亚马逊通过自出版采取了不投资出版战略。由于不对单本书投资，亚马逊可以*包容地*允许任何人进入场域。因为亚马逊不必投资并承担风险，它让所有人都可以进入这个场域，不必对作者作品投资时间和资源（例如具有发展性的编辑意见，审读文稿，装帧设计和营销），它给作者的选项是让他们自己为这些服务掏腰包。这种不投资出版策略适用于亚马逊，因为他们在其出版的任一书稿上投入的固定成本都几乎为零，还会要求收取每本书销售收入的30%，此外每笔交易还会按每兆字节收取15美分数据传输的费用；相比之下，在典型的美国手机套餐中，每兆字节的传输费用是0.9美分。[14] 这并不是说哪种出版策略比较好——二者都有其优势和缺点——仅仅是说存在两种相反的出版系统：*投资的专一性和不投资的包容性*。

　　因此，作为生产场域的新参与者，亚马逊有时候会去掉所有中介。亚马逊取代代理人、编辑、封面设计师、营销和宣传人员等等，直接站在了创作场域和接受场域之间。亚马逊服务的受众，即被排除在生产场域之外的作者，组成了一支像步兵一样的队伍来赞扬亚马逊包容模式的优势。对这些作者中的大多数人来说，他们现在可以接触到广泛的读者，这确实是一个更好的模式。

亚马逊除了采取策略使生产场域中的其他参与者去中介化，还会更直接地对这些人发起攻击。直接攻击主要通过两种方式完成。首先，亚马逊发布了"瞪羚计划"（Project Gazelle）。基于出版商对来自亚马逊收入的依赖程度，他们把出版商分成了三类，并针对那些最依赖亚马逊的出版商（大多数是小型出版商和独立出版商）增加合作费用和降低收入分成。亚马逊的创始人杰夫·贝索斯（Jeff Bezos）曾开玩笑地解释这个项目名称的意思，"亚马逊应该按照猎豹接近病弱瞪羚的方式接近这些小型出版商"，首先把这些出版商挑出来，然后在针对其余出版商之前削弱出版商整体的力量。[15]

其次，通过积极投资培育无缝衔接且充满活力的二手市场，亚马逊能从这类唯一不会为传统出版商带来收入的图书门类中获得收入。通过在网站上销售二手书，亚马逊蚕食了新书潜在销售额的六分之一，同时还要考虑到亚马逊会从它的二手书计划"联盟"中收取15%的费用（加上成交费用和交易费用）。据估计，2006年，亚马逊通过销售二手书增加了6600万美元收入，而出版商的成本却增加了4500万美元。[16] 因为亚马逊控制了实体书30%的销售，所以通过在网站上销售二手书，亚马逊又有效地将总销量中的5%从新书（与出版商共享收入）转换到了二手书（无需共享）。通过削减出版商从印刷书中得到的收入，亚马逊也在一定程度上推动了出版商对电子书的偏好，这是一个亚马逊控制了 70% 市场总量的、没有二手书的市场。

最后，或许只是间接地，亚马逊通过弱化非亚马逊控制的边界跨越者的作用，使生产场域去中介化了，又通过控制图书销售，亚马逊削弱了传统出版商与实体书店通过人情关系而建立的接受渠道。最后，通过培育业余书评，亚马逊削弱了专业书评的作用，这是传统出版商与接受场域产生联系的第二个渠道。随着专业书评的减少，用户生成的书评正在增加，而且亚马逊拥有所有的主要用户评论渠道。除了在自己网站上产生的用户评论之外，2008 年和 2013 年，亚马逊收购了两个有竞争力的图书社交媒体谢尔法利（Shelfari）和好阅读（Goodreads）用于产生业余书评。换句话说，某种程度上亚马逊可以控制零售和评论，也可以削弱传统出版商将图书给下游读者的两种主要途径。

总体来说，对独立书店、连锁零售商和亚马逊来说，图书出版商与他们有不同的关系并持有不同的态度。在这三个渠道中都有帮助将产品从生产场域过渡到接受场域的销售代表和买家。从生产方的角度来看，交易伙伴之间最大的区别是它能否强迫出版商为它*做事*以及强迫的程度。独立书店对出版商来说具有象征意义和经济意义的吸引力，是较受欢迎的合作伙伴。而另一方面，大的连锁书店在亚马逊出现之前还是反派，但亚马逊出现之后，出版商和连锁书店又在某种程度上成了盟友。相应地，亚马逊做的一些事——在中介过程中使用的策略——

对生产场域来说是古老并熟悉的。最后，亚马逊做的另一些事——去中介化的策略——对生产场域的其他参与者来说即使不是太可怕，也是非常令人担忧的。

宣传员工、评论人和作家的缄默法则（Omertà）

从生产到接受的第二条主要途径是通过宣传主管和评论渠道两者间的关系进行的。与所有的场域转换关系一样，宣传主管和评论渠道之间的交流基于共同的认知和信任。与更早提到的创作到生产场域的转换一样，对人际关系的依赖可以帮助处理供过于求和质量不确定性的双重问题。

由于有待评论的书供过于求，《纽约时报》称其每周都会收到 750 到 1000 份投稿，平均每年发布 800 篇书评，约为投稿数的 1% 到 2%。该报采取的第一个筛选策略就是去掉所有的指南、励志、自出版、饮食和金融类图书。剩下的投稿有 6000 份左右。将数量从 6000 降到 800，就像本书前面提到过的文学代理人的狂热梦魇一样——要从一整间充满了无封面书的书店中找到"好"书。对《纽约时报》来说，雇足够多的"审稿编辑"读完所有 6000 份投稿是不可行的，因此图书内容以外的评价指标就显得至关重要。和书店买家的情况一样，该报将出版商的声誉作为减少供过于求与不确定性的手段。该报书评编辑巴里·格温（Barry Gewen）曾说过，"来自大出版社的投稿——例如克瑙夫，兰登书屋，法拉、斯特劳斯和吉罗——通常比小型大学出版社这样的出版社受到更多重视"。[17] 该报使用的第二

种手段依托于与出版商宣传员工的关系。一位曾在纽约如今在
西海岸工作的出版社宣传员工解释说："如果我（在纽约工作的
时候）没有培养这些关系，我就没法在这里工作……（我会去
纽约）培养一段关系，在评论渠道我也有很稳固的关系，我只
是想维持它们……（与评论渠道面对面地聊天非常重要，因为
人们）真的很想聊天，他们想多聊一点。"

　　除了培养人际关系之外，宣传主管就像与书商工作的销售
代表一样。对他们来说，理解评论渠道的需求很重要，将出版
商对自己季节性目录的理解*翻译*给评论人也很重要。康特珀恩
特的宣传主管艾比·辛科维茨描述了她向重要的评论渠道推荐
《贾勒茨维尔》时的情景：

> 　　我一定会告诉他们《贾勒茨维尔》是我们秋季的
> 主推书，因为你想建立你的主推书在他们心中的地位。
> 如果康特珀恩特在这些评论人心中有分量的话，事实
> 上也确实有，那么告诉他们，我们认为这一季最好的
> 书是什么就对他们来说有意义，他们也有兴趣知道。
> 所以，说"这是我们这一季的领头书，我们的编辑完
> 全爱上它了，他们觉得它很棒。作家的过往有惊人的
> 成绩，她在过去得到了很多赞誉，她是一位令人惊异
> 的作家"。然后我告诉他们它基于一个真实的故事，这
> 是个很好的连接语，随后我描述了一些情节，可能说
> 了它以不同视角描写的。然后我说她受到弗吉尼
> 亚·伍尔芙或这类人的影响，作为某种程度上的对照。

由于这是一次全新的场域转换，所以也需要一系列新的期望和规范性理解，辛科维茨将《贾勒茨维尔》推荐给评论渠道的方式转换了这本书的意义，这里的意义与克雷曼在他的读者报告中的推荐方式很不同。热情的语言在两者之中都存在，但克雷曼聚焦于人物与情节的细节以及它们在他身上引发的情绪，而辛科维茨在解释《贾勒茨维尔》品质的时候几乎完全依赖于文本之外的因素。对辛科维茨来说，故事本身和故事是怎样结构的只是一个事后才需要考虑的问题，她强调的是，这本书是康特珀恩特的领头书，编辑们"爱上它了"（这部作品有真正的文学价值，不只是夺眼球），以及尼克森在过去广受好评。

鉴于辛科维茨在生产场域和接受场域之间的位置，她在推荐过程中不太讨论文本要素，或者说她认为在向书评编辑推荐的时候讨论太多书的内容是业余的，原因有两个。最重要的是，她没有完整读过《贾勒茨维尔》，被她推荐的书评编辑也不太可能会读。相应地，如果这部小说将要被评论，那么最终决定《贾勒茨维尔》"实际上关于什么"的是评论人的工作，而不是辛科维茨或签下评论的书评编辑的工作。另外，虽然每个人都在向《纽约时报》推荐，都会说他们的书很好，但最好把注意力放在那些不是对所有书都适用的客观事实上：出版商目录上的尊贵位置，以及作家得到过很好的评论。换句话说，辛科维茨的工作是描绘《贾勒茨维尔》在季节性销售前景中的位置，而评论人的工作才是细细描绘这一位置的细节。把意义从这个人翻译给那个人是图书从生产场域到接受场域过程的一部分。

书评编辑对评论人的选择往往也是一个匹配过程。理想情况是，评论人曾经写过一本类似体裁或类型的书，这样他就能更好地理解作者的写作空间，并能在该空间中理解作品相比于其他类型相近的书的优缺点。在某种程度上，评论人应该在知识结构上与作家相似，而不必在人际关系上与作家有明显的亲密关系（例如有相同的代理人或出版商）以避免不合适的印象；一位《纽约时报》的公共编辑（public editor）说，好的评论人应该"见多识广但不顽固"。[18] 但尤其对书评来说，基于关系网的利益冲突经常难以避免，这不是因为评论人的人际关系，而是要看哪些人是评论人以及这些人通常忠于什么。

在社会学中，专业评论人的工作和他们与生产者、消费者的关系通常有两种形式。第一种形式受保罗·赫希的启发，这种形式关于出版商如何选择中间人（如评论人）。[19] 第二种形式受皮埃尔·布迪厄的启发，这种形式关于评论人如何将某些对象奉为"艺术"，以及如何维持自身合法性以在评论人群体中保持定义这种品质的权力。[20] 将这两种形式放到一起，问题就变成评论人是忠于生产者还是忠于消费者，还是要保持评论人在其群体中的声誉。然而，大多数书评人与其他门类的文化产品评论人（如电影、音乐、电视、美食、舞蹈和美术等）都截然不同。对其他的文化产品来说，专业评论人几乎都是完全的商业批评人——不参与相应对象的创造。而对图书来说，绝大多数评论人同时也是其评论对象的从业者，写评论文章只是他们的副业。[21] 虽然确实有一些全职的专业书评人，但大多数发表的专业书评都是作家撰写的。因此，在图书的文化场域中，书评人是忠于生产者还是消费者这个问题的危险在于，可能会因此误解书评人的身份，以及书评人将大多数时间花在哪里。毕竟，他们首先是作家，他们首先忠于创作场域。

这也就是为什么将书评与其他文化批评做对比时，会发现犀利的负面书评很少见。平庸书评不是最近才出现的现象，甚至可以追溯到 20 世纪 50 年代到 60 年出版的"黄金年代"。正如伊丽莎白·哈德威克（Elizabeth Hardwick）1959 年在《哈泼斯杂志》（*Harper's*）中写到的：

> 到处都是甜美、平庸的赞扬；一种普遍的、某种程度上没有灵魂的评论占据统治地位。图书诞生于糖浆中；含敌意批评的盐卤只是一种回忆。每个人都"满足了一种需要"，因为某些东西而值得"被感谢"，因"优秀作品中的微小失误"而被原谅。每周都会出现很多次"一个彻底成熟的艺术家"，有时候甚至每天都会出现；许多人都是带来"自由世界忽视的危险信息"的作家。流行评论变得如此令人无精打采，这些宜人的评论使普通大众读者也是如此无精打采，以至于《洛丽塔》狡猾的出版商试图通过在重复性的好评之外，引用差评来刺激销售。[22]

《纽约时报》编辑巴里·格温在评论时指出，"你必须有一颗冷酷的心。人们承受不了一个人花了十年时间写作，而我花了三十分钟就抛弃了那本书的事实"。[23] 然而，因为大多数书评人同时也是作家（他们把大多数时间都花在一个全是作家的场域中），对他们来说要做到拥有冷酷的心是不可能的，他们不仅同情那些在三十分钟之内被抛弃的写作岁月，更会产生明显的共情。正是出于这个原因，*作家的缄默法则*这种不成文规定经常在作家和评论人之间存在。

　　缄默法则是意大利南部男性主义的荣誉法则，常常与西西里黑手党（Sicilian Mafia）联系在一起，这是一种保持沉默的誓言，要求其遵从者不向外人报告同党做过的坏事。同样地，作家的缄默法则要求不管一个人对一本书的真实感受如何，其极端负面的评论都应该在接受场域的"家"中秘而不宣。本质上，公开表示一部出版的小说很平庸或很差，就是打破了缄默法则。[24]虽然这条法则没有得到普遍遵守，但一位广受好评、兼做一本重要评论杂志书评人的作家这样解释这种现象："我认为（一本书出版并被评论）能给你手上的作品某种程度上的尊重。写一本书并不容易，让一本书出版也不容易，所以只要作家的意图是好的（通常他们的意图都是好的），我在书评中就会尊重这些好的意图。而且其他作家有一天可能也会评论*我*。所以我认为不必要的批评或没用的轻视是毫无意义的。"对这位书评人来说，即使是程度较弱的赞美也是严厉批评的表现。为了遵从法则，另一位作家书评人承认自己不会评论那些自己无法赞美的书。另一位作家书评人解释，他不会"刺杀"某本书的作者，他会拒绝评论这本书：

　　　　我不觉得我会做刺杀式评论……我只是不认为这

有任何意义。如果我不认为自己会做出积极的评论，或者说不出这本书至少某一方面的启发性，或对当代文学的启发性，那我就会拒绝评论……有许多不同类型的书和许多不同的品味方式，一本书仅仅不符合我口味并不意味着它不好……作为一个作家，在我的世界里我能看到人们想写那么多不同的东西。不管他们想写什么，我都试图帮助他们，即使那个东西不是我个人喜欢或写得好的东西。

在作家的缄默法则中根深蒂固的一点是，慷慨的评论是作家对非名字经济作家的一种恩惠。他们相信，公开地对一部非名字经济作家的作品进行激烈地批评，会引导读者不再读这些书。因此，负面评论是一种不必要的象征性评论，一位作家评论人说，负面评论"除了影响作家的心理状态之外，不会产生任何影响"。

作家间的缄默法则存在的另一项证据是，全职书评人的评论明显适用这项法则。只有在这里，你才会看到一本书被视为"一个愚蠢的年轻艺术家可憎的自画像：任性、浮夸、自私，和显而易见的固执"，这是 2006 年角谷美智子对乔纳森·弗兰岑（Jonathan Franzen）的回忆录《不安地带》（*The Discomfort Zone*）的评价。或许对这条法则更具代表性的解释是 2006 年《纽约时报》刊载的对 J. K. 罗琳《偶发空缺》的两篇评论。那年 9 月底，角谷美智子严厉批评了这本书，并将她对《哈利·波特》的喜爱用作攻击《偶发空缺》的手段。而一个月之后,《纽约时报》又刊载了第二篇对《偶发空缺》的评论,这次的评论是一位小说作家阿曼达·福尔曼(Amanda Foreman)写的。比起角谷美智子,福尔曼更多地称赞了这本书,在暗示这本书太长而且没有重点时,福尔曼指责罗琳的编辑未能进行"深思熟虑地编辑"。[25] 在一位作家对另一位作家的评论中,《偶发空缺》的小小罪过显然是别人的。

这些证据不是为了证明作家之间始终坚守缄默法则,但确切认识到这条法则通常于何时何地被打破,可以进一步证实其存在。对非名字经济作家的强烈批评和负面书评通常出现在《出版商周刊》和《科克斯》中,后者的评论被认为是"可靠的毒舌"。[26] 书评刊物上出现负面评论的频率更高,这进一步证明了作家间缄默法则的广泛存在,因为它们在两个方面与其他刊物不同:(1)它们是面向生产场域而不是面向接受场域的商业刊物,更重要的是,(2)不同于其他大部分评论刊物,这些刊物的评论人是匿名的。换句话说,在《出版商周刊》或《科克斯》中批评一位作家的作品,相当于在证人保护计划的安全范围内打破缄默法则。[27]

摆在书店的显眼位置如何击溃了《贾勒茨维尔》

康特珀恩特的员工带着《贾勒茨维尔》来到了 BEA。他们为这本书印了约 850 份预读本,这是他们这个季度唯一准备分发的书。在 BEA 上,作为向生产场域的宣告,康特珀恩特已经使自己与《贾勒茨维尔》成了同义词。在会议后的几天到几周时间内，对《贾勒茨维尔》的第一次讨论和评论在网络上出现了。看起来，康特珀恩特在"首次销售中"已经成功引起了大家对《贾勒茨维尔》的注意，此时，距离这部小说正式发行还有四个月。

基于在 BEA 中对《贾勒茨维尔》的推广，后来在西部出版集团对康特珀恩特秋季图书目录的销售会议上，查理·温顿对这部小说的热情翻了一倍。他对当时会议室中的销售代表说："《贾勒茨维尔》是一本很棒的书，是我们重要的图书，所以竭尽全力地卖它吧！"他们确实卖得很用力。销售代表们在不同客户那里为《贾勒茨维尔》授下热情的花粉，几周之后，他们开始陆续送回反馈报告。他们为《贾勒茨维尔》传递的热情正在得到回报。这些报告中还说，零售商很感激这部小说先以平装本形式出版；这使他们能拿更多书，有的零售商甚至拿了能拿到的所有书。通过销售代表，克雷曼最初对《贾勒茨维尔》的热情之线已经编织进康特珀恩特之中，通过西部出版集团的员工，热情之线又进一步编织进更广阔的集体信念网络中。如果一切进行顺利，这会使《贾勒茨维尔》真正地成功。

康特珀恩特还写了一封信，寄给那些与他们有友好关系的重点独立书店买家。康特珀恩特无法控制这些买家是否愿意与他们共享对《贾勒茨维尔》的热情并为他们提名——其他出版商也以同样的方式推广他们的主要图书——但如果不尝试就等于是失败的。而事实证明，这些努力对《贾勒茨维尔》来说是成功的，这本书作为推荐图书出现在"独立新书榜"中（见图8.2），也出现在《出版商周刊》下一季度新书独立榜前 20 名之中。康特珀恩特在鲍德斯书店那里提出的本书的合作社计划也成功了。整个 10 月份，《贾勒茨维尔》将在全美国的鲍德斯书店里最显眼的位置上平铺展示，而在放回书架时也会被"封面朝外"放置。

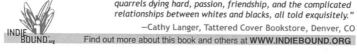

图 8.2 《贾勒茨维尔》在"独立新书榜"中得到推荐

作为合作协议的一部分，鲍德斯要求康特珀恩特提供给他们 3500 本小说——接近全部库存的三分之一——这样如果卖得非常快，他们也可以快速补货。由于这本书又同时得到了来自巴诺书店、图书馆和独立书店超出预期的订单，西部出版集团和英格拉姆已经没有足够的库存了，只剩约 700 到 800 本。温顿将鲍德斯拿到的 3500 本称为"很多本。如果没有令人惊异的《纽约时报》评论，他们可能连那三分之一都卖不到。但一旦你进入书店，你就已经走了一半路，你就会希望或许闪电就要来临。但问题是这里没有中间地带。你要么通过（鲍德斯）卖出 600 本，要么卖出 3500 本。二者之间没有空隙，你也不知道最终它会是哪一个"。

使情况变得更复杂的是，在《贾勒茨维尔》正式发行前，鲍德斯改变了图书推销政策，将合作推广的最低库存量从 3500 本增加到了 4200 本。这意味着几乎所有《贾勒茨维尔》的库存都要被放到鲍德斯的仓库中。鲍德斯的政策改变在一定程度上令康特珀恩特陷入了与零售商的承诺陷阱中，如果这本书在非鲍德斯的零售折扣店中卖得太快的话，那读者聚集的零售商的要求就不能被及时满足，这对所有出版商来说都是末日。

尽管在这家出版社中，鲍德斯的库存是个值得关注的问题，但如果康特珀恩特没能收到好评或没能通过尼克森的演讲来推广《贾勒茨维尔》的话，这个问题也就不重要了。然而，辛科维茨确实成功地将《贾勒茨维尔》推给了评论刊物。她告诉他们，这部小说是康特珀恩特这一季的领头书，编辑们完全爱上这本书了，尼克森曾得到过很好的评论，而且这本书基于发生在作家家族历史中的真实故事。辛科维茨在《贾勒茨维尔》正式发行前的努力，使这本书得到了《科克斯》的一篇热烈评论，这是尼克森在这份刊物中得到的第一次评论，还得到了《出版商周刊》一篇更谨慎的评论。对这本书来说，在这两份书评刊物上得到匿名评论人写的积极评论是一个好兆头。再加上自 BEA 开始制造的线上讨论热度、销售代表的热情和零售商买家的强烈支持，热情产生了更多的热情，不断赢得的阶段性胜利帮助康特珀恩特走到了最后。

《贾勒茨维尔》正式发行的前夕，尼克森正在为图书巡回的第一站——纳什维尔的南方图书节做准备，这时她收到康特珀恩特的消息，说《纽约时报》想要她的高分辨率照片。这并不能保证《纽约时报》会登《贾勒茨维尔》的评论，但这是一个很有希望的信号。让尼克森高兴的是，她有埃特林格为她拍摄的照片。照片之下摄影师名字带来的信誉保证对《纽约时报》大多数读者来说毫无意义，但创作场域的其他作家会注意到。

对尼克森来说，知道自己有可能会得到《纽约时报》的评论这件事令她既兴奋又紧张。在她作为小说家的职业生涯中，这将是她第三次得到《纽约时报》的评论。"祈求工作日的好运！"她很激动地说，带着灿烂的笑容。作为宣传人员，从辛科维茨的角度来看，得到周日《纽约时报书评》或周四的书评评论实际上各有好处。辛科维茨认为，在周日的时候，人们会阅读《纽约时报书评》然后寻找他们接下来要买的书；这些读者是市场上新书的受众。周四的评论也不错，因为书评更少，所以那些偶尔浏览《纽约时报》网站的人更可能在书评版块第一条或第二条看到这本书的评论——这个市场的动力稍显不足，但却是一个更广泛的市场。但读者的数量或读者是谁与尼克森的偏好无关；相反，她对周四评论的偏好是因为那天的评论更有可能由"真正的专业人士"来写——一个了解尼克森的文学声誉并在写评论时能真正理解她的意愿的人。任何人都可以写一篇周日评论，而且这些人对《贾勒茨维尔》可能有不可预知的意见。虽然作为作家，尼克森想要吸引读者，但到头来她在创作场域的资本还是象征性和文化性的；她是优质纯文学小说作家。所以，对尼克森来说，周日评论带来广阔读者的边际机会并不值得冒险得到一张评论人中的"万能牌"，这可能会危及她花费数十年时间建立起来的文学声誉。

　　《贾勒茨维尔》理想中的评论人可能是一位写纯文学小说的小说家，如果写过历史纯文学小说就更好了。但这位理想中的评论人最好是一位内战历史纯文学小说作家，曾跨越过流行小说的界限，并且没有最近出版或即将出版的竞争书。理想中的评论人不应该与尼克森有私人关系，但应与尼克森在创作场域中所在的位置结构有一定的重合；他能理解小说但并不固执。他可能是查尔斯·弗雷泽（Charles Frazier）或尼克·泰勒（Nick Taylor），后者曾在《喧哗》（*Rumpus*）中发表过对《贾勒茨维尔》的评论。对作家和出版商来说，书评就像玩俄罗斯轮盘——枪膛中有一发装有负面评论的子弹，如果这一枪不幸被发射出去了，他们只能希望它是从低风险的弹膛中发射的，也就是希望负面评论的影响能小一些。但对尼克森、康特珀恩特和《贾勒茨维尔》来说，这本书将会收到的迄今为止最负面的评论已经进入了风险最高的弹膛之中。

　　当《纽约时报》的评论最先出现在网上时，消息很快就在为《贾勒茨维尔》工作的康特珀恩特员工中传开了。没有什么人讨论评论的内容，甚至在被问及评论人究竟写了什么时，一位员工也只是茫然地回答了另一个问题的答案，她简略地说："一个历史学家。"仅仅说一位专业的历史学家，甚至是内战历史学家评论了一部历史小说作品就已经足够了。"他没写过一本书，从来都没被评论过。"另一个人失望地说。他们并非对评论人的意见本身有什么不满，他们的遗憾在于一位历史学家被安排评论了一部小说，而且他自己甚至没有出版过一本书。这位评论人大多数的批评，正如可预料的历史学家式的批评那样，集中在史实的准确性上。而在文章的结尾，他特别地对玛莎和尼克浪漫邂逅的场景作了讨论与谴责——那是尼克森专门"留给"D. H. 劳伦斯的场景，她在写作上刻意"夸大"了浪漫主义风格以匹配那个时代，她认为劳伦斯是这种风格的先行者。这位评论人总结了这个场景，这样结束了他对《贾勒茨维尔》的评论："那个吻让我喘不过气来——而且不是好的那种。这本书如一幅伪造画一般糟糕地渲染了历史，虽然一时可能不会被发现，但这样的写作却是不合时宜的。"[28]

后来，其他的评论人，包括所有的小说家和与尼克森没有私人关系的人，都私下里说那篇《纽约时报》评论"心胸狭窄""小气"以及"完全没必要"。和康特珀恩特员工一样，这些评论人没有指责这位评论人的观点，只是认为他没有遵循缄默法则，如果他真的知道法则这条的话。当这条法则被打破时，对非名字经济作家的深刻批评就会更突出：由于法则的存在，给人的印象就是这本被严厉批评的书明显比其他所有小说都要糟糕，因为至少其他小说都还有一些泛泛的赞美。一些康特珀恩特的员工出于乐观和自身的声誉与利益，想知道《纽约时报》是否会将这篇对《贾勒茨维尔》的评论放到周日"纽约时报书评"的背面，因为他们和尼克森都想要尽可能地掩藏这篇文章。根据温顿的说法，《纽约时报》上的这篇评论不仅阻止了康特珀恩特进一步为《贾勒茨维尔》制造声势，而且还击垮了自克雷曼以来人们逐步累积的热情。

图书是一个制造声势的过程，正如大多数人想象的那样，这不是你能控制的事。这件事既无形，又脆弱。所以如果你开始为某些东西建立势头，要持续下去就需要博主、《纽约时报》和所有这类事情协调一致的帮助，这样一切事务都在朝积极的方向共同发展。《纽约时报》这件事实质上是将声势的小小机体在那个时刻刺破了，因为这是一份全国性的书评报纸，所以这件事发生时，所有已经制造出的势头都因此受到了破坏。所以问题变成了，一篇正面评论能帮到多少？或许基于（我们实现的）分销水平，销量可能会不错，尤其是对亚马逊、巴诺书店和图书馆来说。而且像《纽约时报》这样的媒体的另一种影响是，它是品味制造者，因此获得它的认可通常意味着我们会收到大量订单并重新获得其他可能存在的待定机会，这些机会通常会观望这本书是否被评论。这样它就能继续保持向前的势头，而这一点就是令我们沮丧的原因。这对我们来说是某种讽刺，而且令人灰心，因为在过去两年时间里我们在《纽约时报》上得到了接近二十篇评论，其中只有两篇是负面评论，而这两篇都是针对我们秋季领头书的评论，都是我们分销做得最好的书。

尽管《贾勒茨维尔》被《纽约时报》淘汰了，但它依然卖得很快。通常来说这是个好消息，但问题是它在每个零售点都卖得很快——连锁书店、独立书店和亚马逊——*除了鲍德斯，*

这家书店十五个月之后将会申请破产。[29] 在与鲍德斯的合作推广结束时，他们手中的 4200 本书只卖出去几百本，不到同期在巴诺书店卖出的四分之一。11 月底，《贾勒茨维尔》在亚马逊和一些独立书店中都已售罄，但康特珀恩特的所有库存都在鲍德斯那里。几个月后，圣诞季已经过去，温顿这样回忆这件事：

> 截至十月底，（鲍德斯）已经退了 1000 本书给我们。然后我们来到了无人地带，我们知道会从鲍德斯那里拿到 1000 本退回来的书，但不能立刻拿到。我们先拿到了 150 本，然后是剩下的 850 本。这些书里有几百本已经损坏了；因为上面有贴纸，所以我们只能扔掉。然后他们又退了 1500 本。11 月之后的两个月，我们一直在用鲍德斯退回来的书（为其他零售商补货）。到 11 月和 12 月初，我们开始缺货。我没有重印——我考虑过再印 500 本来应对那些（订单），但那要花五周时间，印好之后我们就不需要了，因为一周之内我就能拿到鲍德斯的退货。问题不是（鲍德斯最早为合作要求的）3500 本，而是后来（附加的）700 本。如果他们没有拿走最后 700 本的话，他们也能维持到发现自己卖不完的时候，直到他们让我们过去拿退货。所以实际上发生的事就是我们拿到了退回来的书，这样我们就不用再印，但同时我们失去了分销的连续性。我们没有在购买人数最多的零售点存货，读者进入书店然后只能空手而归或带另一本书回家。这

件事太讨厌了……出版《贾勒茨维尔》的许多方面都
令人满意，只有和鲍德斯书店以及《纽约时报》有关
的部分叫人失望。

　　尽管经历了起伏，但温顿和康特珀恩特成功地将《贾勒茨
维尔》从生产场域引导到了接受场域。但在这浓厚的一笔之外，
出版商并不太了解在他们卖出或没有卖给读者后发生在这本书
上的事。康特珀恩特知道的这些事：尼克森的作者巡回之旅获
得了成功，很大程度上归功于故事的个人性和真实性，她在媒
体上得到了广泛的热烈报道。她在南大西洋和中大西洋地区[①]
最受欢迎。在她接受密西西比州牛津的查克山电台（Thacker
Mountain Radio）的作者访谈直播时，有数百人到场观看。当尼
克森读到小说中一个角色把尼克森称为"洋基混蛋"时，人群中
爆发出一阵欢呼。一些人甚至在她朗读结束时发出遗憾的声音。

　　根据康特珀恩特的销量观察（见图8.3），南大西洋和中大
西洋地区的读者似乎对这本书更感兴趣。不管以总销售额还是
人均销售额来衡量，《贾勒茨维尔》在南大西洋地区销量都是最
好的。[30]《贾勒茨维尔》在喜欢历史小说的山区读者那里也卖得
很好。尼克森和康特珀恩特所在的太平洋沿岸地区的销量也不
错。尽管可以在亚马逊或好阅读这样的网站上看到普通读者的

---

① 译注：在美国人口普查局所设的地区划分中，美国划有九大区，包括南大西洋
　　与中大西洋地区。中大西洋地区一般包括纽约州、新泽西州、宾夕法尼亚州。
　　南大西洋地区包括特拉华州、马里兰州、华盛顿特区、弗吉尼亚州、西弗吉
　　尼亚州、佐治亚州、佛罗里达州以及南北卡罗莱纳州。

评论，但这些评论通常被出版商看作轶事而非关键数据点——他们很高兴看到积极评论，而看到负面评论时就会选择无视。

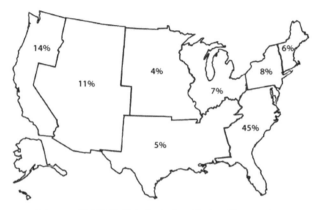

图 8.3 《贾勒茨维尔》在美国的地区销量示意图

尽管被《纽约时报》淘汰了，但对康特珀恩特来说更重要的是，《贾勒茨维尔》很快将再次被《出版商周刊》提名为读书小组的夏季推荐书目。一年后，这本书获得了由葛底斯堡学院内战研究所颁发的优秀内战小说迈克尔·沙拉奖（Michael Shaara Prize for Excellence in Civil War Fiction）。"但这部小说里没有一个场景设置在内战期间！"尼克森说。这是一项特别的荣誉，因为迈克尔·沙拉于 1975 年获普利策奖的作品《决战葛底斯堡》（*Kiler Angels*）曾是《贾勒茨维尔》的灵感来源之一。而且这个奖项的奖金几乎相当于尼克森在《贾勒茨维尔》这本书上拿到的预付金。但对尼克森和康特珀恩特来说更重要的是，由内战研究所授予的这个奖项是对《纽约时报》上历史学家的负面评论的一种平衡，虽然尼克森对那篇评论仍耿耿于怀。

整体而言，《贾勒茨维尔》已经卖得足够好了，但并没有取得空前的成功。它得到了许多正面评论，获得了一个小的文学奖，这同样很好，但并非空前的成功。康特珀恩特所知的《贾勒茨维尔》在接受场域的命运就是，出版这部小说不是一个错误，但同时它也不是一部畅销书，无法用来弥补每个出版商未来都会遇到的出版决策失误带来的损失。

康特珀恩特不知道《贾勒茨维尔》在新场域中的命运，不知道关于它的接受的一切。读者们喜欢这部小说吗？如果对他们产生意义的话，产生了怎样的意义？作为场域转换的一部分，正如康特珀恩特不知道读者们会如何对待《贾勒茨维尔》，读者们也不知道在此前的场域中他们对《贾勒茨维尔》做了什么。在接受场域，读者们不知道尼克森为写作而做的研究工作，不知道这部小说的命名过程，不知道维尔答应做尼克森代理人的条件是要她写《贾勒茨维尔》，而实际写作的时间比尼克森承诺过的要长。他们也不知道一封退稿信重塑了整个文本，不知道这部小说的出版完全依靠克雷曼的热情，而克雷曼曾建议改变小说的结构。读者们不知道文字编辑曾哭了两次，不知道吉米·怀利的认可增长了对小说的信心，不知道克雷曼曾为失去控制而担忧，更不知道《贾勒茨维尔》的出版商仍然在感叹与鲍德斯的合作本应该成功，感叹《贾勒茨维尔》的负面书评本可以在任何地方刊登，却偏偏在《纽约时报》上刊出了。对接受场域的读者来说，《贾勒茨维尔》只是一本小说，而且在他们开始读之前，它都只是一本不知名的小说。

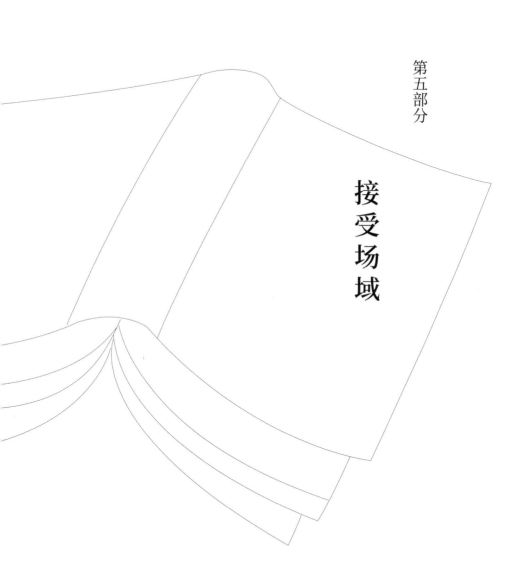

第五部分

接受场域

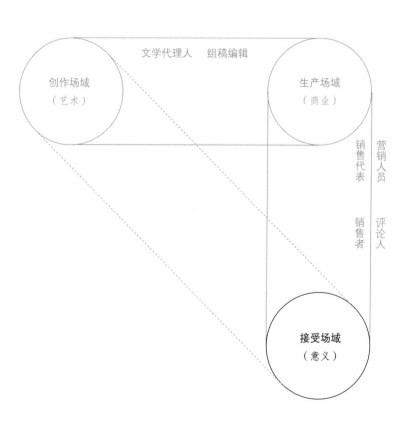

9

将生活读进小说

或者说，为什么一个厌世暴徒可能不完全是坏人？

思考以及使其思考

读者，更不用说专业读者，如何能从同一部小说中理解出不同的含义？弗吉尼亚州传记作家罗伯特·古尔里克（Robert Goolrick）在《华盛顿邮报》上对《贾勒茨维尔》的评论文章认为，这部小说主要关于种族，其最大的成就是尼克森描绘了仍未解决的美国种族主义问题在历史背景中的细微差别。对古尔里克来说，《贾勒茨维尔》中的种族主义"充斥在每个重要行动

中"。"内战刚刚过去，在充满诽谤和种族歧视的气氛中，所有
人的交流都充满了不信任和愤怒，"他在评论中写道，"（人物）
生命中没有一个时刻不受种族仇恨的影响。"[1] 后来，古尔里克
这样评价他自己对《贾勒茨维尔》的理解："奥巴马时期美国的
种族主义是一个极度微妙且重要的话题。我很高兴看到这部小
说在浪漫小说的伪装下讲述了后内战的故事，作者提到了当前
非常重要的问题……很明显……这本书关于（种族主义）。"

在《出版商周刊》的评论中，《贾勒茨维尔》并不明显地与
种族主义有关，甚至没有标明这本书是否与种族主义有关。《出
版商周刊》的评论人认为尼克森从多个叙述角度（重）写的决
定，"使作者究竟要写什么样的故事这一点变得不清晰"。尽管
如此，古尔里克和《出版商周刊》的评论人却都一致认为书的
第三部分——玛莎·凯恩斯的审判——是书的败笔。《出版商周
刊》写道，"有吸引力的开头*被受限的结尾破坏了*"，古尔里克
也认为"书的后三分之一与前两部分的激情不符"。[2] 与这两位
评论人不同，《科克斯》（2009）的匿名评论人认为这场审判是
"史诗般的"。这位《科克斯》评论人对《贾勒茨维尔》应该是
个什么样的故事没有任何不确定感。古尔里克将这部小说理解
为一种对种族主义结构下人际关系的沉思，而《科克斯》的评
论人将《贾勒茨维尔》视为"激动和宣泄式的"作品，是一部
"富有想象力的、精心写作的历史小说，思考了道德和动机的复
杂性问题"。[3] 那么《贾勒茨维尔》值得读，是因为它对美国种
族主义问题的处理方式，还是因为它超越了时间和空间，完成
了对人内心世界中道德与行动矛盾的体察与审视？

　　内战历史小说家尼克·泰勒在网络文学杂志《喧哗》上发表了对《贾勒茨维尔》的评论，他在赞扬尼克森对社会结构和人物的处理之间选择了中间立场："尼克森将事件与人心融合在一起，解释了一个普通女孩怎样杀死她的爱人，以及她是如何被同情她的陪审团判决无罪的。"[4] 对泰勒来说，《贾勒茨维尔》有两个重要成就。第一是故事的节奏（"让人想起托尔斯泰的耐心"）和行文的质量（"不要在意情节；你可能只为其行文而读《贾勒茨维尔》"）。第二是尼克森准确地捕捉到了中大西洋地区的人、天气以及感受的细微之处。泰勒认为，这样的描写只可能来自于一个真正理解这个地方并在这个地方生活过的作家，尼克森确实是这样一位作家。

　　如果说泰勒对《贾勒茨维尔》的钦佩之处在于尼克森写作的整体质量和准确性，那么对《纽约时报》的内战历史学家亚当·古德哈特（Adam Goodheart）来说，这两种因素恰是《贾勒茨维尔》最疲软之处。"历史的细节能搭建起关于过去可信的结构，但每当尼克森面对更细致的历史情节时，她都是在摸索着将其胡乱拼凑起来"，古德哈特写道，并指出这本书的写作质量由于其差劲而"不合时宜"。[5] 古德哈特认为另一个问题是非裔美国人在小说中使用的方言，他认为它会使说话者"产生畏缩感"，虽然"白人的性格……也（没有）更好"。对古德哈特来说，尼克森以浪漫主义风格书写爱情故事以匹配小说时间的决定以及她写的蒂姆的语言转换不太像文学性的决定，因为这些是以伤感甚至冒犯性的行文方式书写的。虽然《贾勒茨维尔》在古尔里克的心目中是对种族主义的控诉，但对古德哈特而言，这部小说本身就是种族主义的。

随着《贾勒茨维尔》从生产场域过渡到接受场域，它到底是什么以及它是否成功这一点又成为了问题。就像《贾勒茨维尔》在第一次场域转换中的情况那样，关于如何理解这部小说的意见分歧又出现了。和编辑的退稿信一样，评论人在理解一部跨越场域的小说时，从《贾勒茨维尔》中发现了截然不同的意义。一位评论人对当代"奥巴马时期美国"的种族主义有浓厚的兴趣，那么这部小说主要与种族主义有关吗？还是关于道德与动机的复杂性？它的潜力是因历史学家所理解的历史不准确性而摧毁，还是因内战历史小说家理解的历史和地理的准确性而上升？评论人又是在何种程度上将自身的生活、兴趣和事业置入他们对小说的理解中？在尼克森和康特珀恩特之外，接受场域的读者每天都会对文本产生个性化甚至当地化的理解。而和评论人相似，读者相对不受文本本身的束缚，能赋予《贾勒茨维尔》更广阔的意义。

如何理解玛莎的哥哥理查德这个问题，就是读者之间意见分歧的一个例子。泰勒在《喧哗》的评论中说理查德是"厌世的"，而在《科克斯》的评论中他被描述成"邦联恶人"。对于尼克森而言，她在写作的过程中一直担心家族的反应，因为她对理查德的描写毫无同情心。对许多读者来说，文本本身似乎支持这些想法。在《贾勒茨维尔》中，理查德是一名强奸犯，又是约翰·威尔克斯·布斯的同谋者。他强奸了索菲，她是农场中一个被解放的奴隶，看起来"比起女人更像个孩子"。在那之后，他为了转移这次性暴力的责任，差点当众将尼克打死。

然后他又打了受害人的哥哥蒂姆，后者因索菲被强奸而带全家人悄悄离开了农场，这让理查德丢了面子。理查德太邪恶了，一些读者甚至认为他比起小说人物来更像一个漫画人物；他们认为，他具象化了邪恶。然而，尽管理查德的种种行为应受到强烈谴责，但有些读者却同情他，甚至有些读者对他产生了共情，这是如何发生的？又是为什么？

将生活读进小说

将一个人的生活读进小说意味着读者要使用自身所拥有的工具来解读作品。读者能从小说中得到什么，这不仅仅需要阅读的能力，更取决于读者自身能为其赋予什么。读者将一个复杂的先验网络带到他们的阅读体验中：他们的偏好和品味，他们读过的其他东西，他们的人口背景和经验等等。因此，同一部小说对不同读者来说实际上是不同的小说：一些读者喜欢《贾勒茨维尔》而另一些读者不喜欢，一些读者认为这部小说有关爱与失去，而另一些读者认为它有关恐惧与暴力。[6]

对读者来说，他们能从小说中得到完全不同的意义，但这也暗示着，当涉及对事物意义的理解时，这些事物本身可能并不存在；它们只是读者自身烙印的白板。虽然现在没有人真的如此认为，但由于创作研究、生产研究与接受研究的分离，接受过程中文本限制的可能性在大多数情况下都没有被注意。[7]正如温迪·格里斯沃尔德所建议的，"社会学家应当重新发现被遗忘的灵魂，被解构以致遗忘的*作家*……没有理由认为有着自身意图、经验、社会特征和理解'视野'的作者不能像读者一样被同等对待：作为与文本互动、编码意义的代理人"。[8]

同样地，对法国社会学家罗伯特·埃斯卡皮特（Robert Escarpit）来说，文学的成功取决于"作者意图和读者意图的融合"；埃斯卡皮特的文学赞美是跨场域解释相协调的结果。[9] 而对文学理论家阿尔贝托·曼古埃尔（Alberto Manguel）来说，正是作者意图和读者解释之间的对话使阅读行为变得生动，因为读者的阅读能力超越了作者意图这一点让意见交换的发生成为可能。[10] 拉尔夫·艾里森（Ralph Elison）在回复一封高中生写的、关于他作品中象征主义的信时，采取了类似的对话姿态："读者经常推断我的作品中存在象征主义，但我并没有故意这样写。这些意见有时候令我烦恼，有时候很幽默，有时候甚至令人愉快，这表明读者的头脑与我的作品之间以创造性的方式在合作。"[11]

要理解为什么小说中的人物被一些人理解成厌世恶人，而被另一些人以别的方式理解，需要三个步骤。首先，与文化接受研究的主导框架一样，必须先确定读者相对来说不受作者对文本意图的限制。其次，至少在某种程度上，读者对文本的评价和对文本意义的解释取决于他们的生活背景、经验和先前的偏好；也就是说，评价和解释的变化一定有其来源。第三，这些评价和解释性意义应该是灵活多变的：评价和解释不是与小说与生俱来的，也不是附着在读者身上的，正如它们在文本中也不是静态和先在的。相反，由于小说的质量和意义是主观的，所以对它们的解释应该基于新信息和新经验而具有可塑性；如果没有这种可塑性的话，读者们永远也不会在解释和评价上存在分歧。虽然小说呈现在接受场域读者面前的形象是已完成的产品，但实际上它们是不完美的大杂烩，糅合了如前所述全部的经验、机遇、定制的建议、要求、热情的支持、怀疑以及场域内和场域间的种种妥协。这对读者来说也适用，读者自己也是不完整和不完美的产品，他们的评价和解释也经历了相似的社会建构过程与变化。

逃离尼克森放进去的东西，或恰恰相反

对于《贾勒茨维尔》这本书，科尼莉亚·尼克森不仅受到外部的影响和灵感启发，她也有自己的写作意图。虽然她故意在故事中留下一些留待解释的开放性问题，但她也为了让这本书被阅读而写作，她自然希望向读者传达她想讲的故事。而在读者的方面，他们也有自己对文本的解释，有时候他们会以尼克森想要的方式阅读，有时候却并非如此。为了理解作者意图和读者解释之间重合与分歧的谜题，在《贾勒茨维尔》正式发行前，尼克森记录了她在37个不同方面对读者理解的个人期待；读者则在读完这部小说之后对这37个方面做了真实的评价。总体来说，在37个方面中读者有33个与尼克森的意图产生了分歧，并且在所有方面都与尼克森有平均20%的分歧。[12]

平均而言，与尼克森的意图相比，读者认为玛莎更像一个传统女性人物，理查德对玛莎和尼克关系的破裂要负更多责任（见图9.1）。读者与尼克森意图的分歧也出现在故事中经济阶层的影响上，读者读到了玛莎和尼克的阶级差异，而这是尼克森没有想到的。更普遍的分歧是，尼克森想要把玛莎和尼克的关

系破裂归结为种族主义的结构性条件和内战这两个决定性因素，
而读者则将其归结为个人性格和结构因素的混合因素。

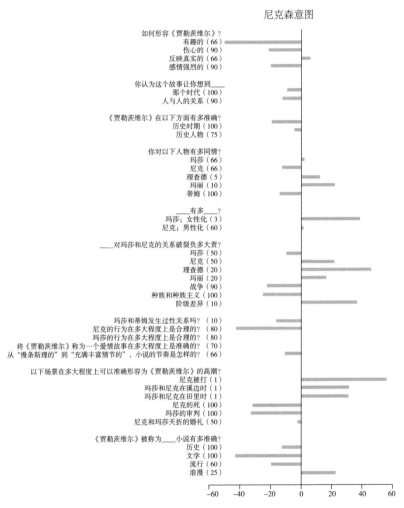

图 9.1　读者与尼克森意图之间的分歧

注：N=202（读者以百分制打分，尼克森的意图在括号中）。

　　关于小说人物，比起尼克森的预想，玛莎在读者心目中要更无辜，而其他人物则要负更大的责任。正如尼克森所期待的那样，尽管读者并不认为玛莎需要对所发生的事负责，但他们也认为玛莎的行为不那么合理，特别是谋杀尼克这件事。尼克离开贾勒茨维尔这件事在读者眼中也比尼克森预想的更加严重。虽然尼克森试图在文本中加入一些轻松的元素，但读者并没有察觉到太多，他们认为这个故事没有尼克森预想的那么有趣。读者也与尼克森在哪些场景是高潮时刻上产生了分歧。读者认为将《贾勒茨维尔》称为浪漫小说是很准确的，但这不是尼克森的意图；读者认为玛莎和尼克相爱的场景是高潮时刻，而尼克森无意如此。尤其是，读者读到尼克被打的场景——尼克森全然无意将其设置为全书的高潮；对她来说全书的高潮无疑是尼克的死或玛莎的审判——认为这个场景比尼克森所写的更具巅峰性。

　　虽然读者相对不受尼克森意图的约束，但尼克森"放进"这部小说里的东西并不完全与读者所"拿取"的无关。读者的理解在 4 个方面与尼克森的意图没有明显的统计差异：（1）对玛莎这个人物的同情，（2）尼克的男性化形象，（3）蒂姆和玛莎发生性关系的可能性，（4）将《贾勒茨维尔》称为"爱情故事"的准确性。同样地，若放宽作者意图和读者理解之间关系的标准，将标准从百分制变成是非的二分法（即分数大于 50 还是小于 50），那么读者理解与尼克森的意图在 29 个方面上都是一致的。换句话说，读者没有受到尼克森对《贾勒茨维尔》意图的限制，同时对这本书做出了自己的解释，但与此同时，他们在制造意义时既不是完全没有路标，也不是仅靠自己制造意义。从这个角度来看，读者可以自由地创造自己对《贾勒茨维尔》的理解，但同时尼克森的意图也引导了大致的理解方向。

喜欢《贾勒茨维尔》，或恰恰相反

总体而言，读者大多喜欢《贾勒茨维尔》，给它的平均评分是百分制的 75 分。出生或生活在南方的读者对《贾勒茨维尔》的评分比其他人高 7 分。[13] 通过文学偏好来表现地域文化的现象依然普遍，这种现象不仅受当地人的推动，而且还受到寄住于该地区新移民的影响，这些地区的外来人员通过阅读当地文学来了解他们移居的新环境。[14]《贾勒茨维尔》的读者也是如此，南方的本地人和移居者比南方之外的人更喜欢这本书。

读者的教育和收入水平与他们喜欢这部小说的程度无关。这可能是由于读者的口味很杂（有不同的喜好），而且他们对调查给出的 11 种不同类型的小说偏好也与他们的教育和收入水平无关，除了浪漫小说，高学历的人比其他人对浪漫小说的接受度要低一些。[15] 读者的收入和教育水平也与他们为娱乐而阅读的频率无关，受访者平均每个月因娱乐目的读两本书。接受调查的《贾勒茨维尔》读者是格里斯沃尔德称为"阅读阶层"的人；他们比一般人有更高的收入和更长的受教育年限（超过一半的人有高级学位），而这两者都与为娱乐的阅读有关。因此，对于《贾勒茨维尔》或为消遣而读书的读者而言，任何与教育或收入相关的分类，其实都已经通过将阅读作为一种日常娱乐活动的选择自然发生了。[16]

然而，读者喜欢或不喜欢《贾勒茨维尔》与他们对小说类型的偏好有更明显的相关性。在给他们的 11 个该小说类型选项中，受访者平均喜欢 4 个，并且每额外喜欢 1 个类型，他们对《贾勒茨维尔》的评分就会上升 3.5 分。更具体地说，《贾勒茨维尔》在生产场域曾被认为与好几种类型的小说有关，喜爱这些与《贾勒茨维尔》相关的类型小说的读者更喜欢这本书。在百分制中，历史小说和浪漫小说的粉丝（这两类粉丝相比非粉丝给《贾勒茨维尔》多打了 11 分）就是如此，流行小说和神秘小说（多打了 8 分）也是如此。

那相近或相反于尼克森的意图又是如何影响读者对《贾勒茨维尔》的喜恶的？如果接受场域的读者完全不受尼克森在创作场域的编码意义的束缚，那么他们与尼克森文本意图的相近或相反程度应该与他们对小说的喜恶无关。但情况并非如此。实际上，读者的解释与尼克森对小说类型的意图越接近，他们就越喜欢这本书。换句话说，如果读者在阅读时认为这部小说完全是文学的和历史的，同时又有一些浪漫元素与流行小说的结合，（这就是尼克森的意图），那么他们就会更喜欢这部小说。相应地，如果读者在文本特殊性的理解维度上与尼克森的意图越一致（高潮描述，对不同人物的责任与同情等），他们就会越喜欢这部小说（见图 9.2）。[17]正如法国社会学家罗伯特·埃斯卡皮特在 20世纪 50 年代末所说的那样，《贾勒茨维尔》在读者心目中的成功，至少部分地取决于作者意图和读者理解之间的融合。

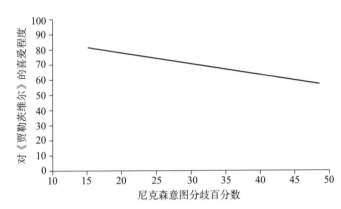

图 9.2　对《贾勒茨维尔》的喜爱程度受与尼克森意图分歧程度影响的关系

《贾勒茨维尔》意味着什么，或恰恰相反

虽然喜欢《贾勒茨维尔》的部分读者在理解上更接近尼克森的意图，但他们不是仅仅依靠尼克森的意图来理解小说，他们也会将自身背景带入阅读体验中。比起年轻的读者，年龄更大的读者认为这个故事更真实、节奏更快。随着读者年龄的增长，他们会更同情玛莎的母亲玛丽·安的境遇；年龄每增长一岁，对安的同情程度在百分制下就会增长 0.36 分。

第二个主要的理解分歧发生在南方与非南方读者之间。那些出生或生活在南方的读者认为，尼克对他与玛莎关系失败的后果负更少的责任，对他遭遇的谋杀负更少的责任。南方读者比非南方读者在百分制下给尼克责任的打分低了 6 分。这可能是因为对南方读者来说，《贾勒茨维尔》的关键场景是理查德在公开场合用鞭子殴打尼克。正是理查德使用的暴力最终使尼克抛弃了玛莎并离开贾勒茨维尔，前往宾夕法尼亚的阿米什乡村。同样能证明这一描述的是，对那些认为尼克在离开玛莎和贾勒茨维尔这件事负更少责任的南方读者来说，视理查德殴打尼克的场景为高潮时刻的打分比非南方读者高了 12 分。这一幕在南方读者心目中的高潮程度相当于玛莎的审判在非南方读者心目中的高潮程度。更通俗地说，读者越是倾向于把尼克受理查德殴打的场景看作是小说的高潮场景，他们就越觉得理查德、种族主义和内战后果影响了故事中发生的事情；在尼克森将《玛莎的版本》重写成《贾勒茨维尔》的过程中，这些读者事实上在使关键场景——以及组成这个场景的结构性因素——变得更强烈。

南方读者认为理查德殴打尼克的场景特别重要，而且不认为尼克应为他与玛莎关系的破裂负主要责任，他们将内战后果这个结构性因素本身作为关系破裂的原因，在这一点上比非南方读者多打了 9 分。南方读者对内战后果的强调，认为或许尼克被打也是内战后果之一，可能是南方读者比非南方读者更不认同《贾勒茨维尔》是一部爱情小说的原因，他们在这一点上比非南方读者少打了 8 分。通过这些方式，南方读者在读《贾勒茨维尔》时与非南方读者产生了一些差异；他们的阅读更关注文本中的暴力与痛苦，而不是爱情与失落。

一方面，读者由于生活背景原因而对《贾勒茨维尔》的理解产生分歧，另一方面，他们也基于对不同小说类型的文化品味而产生分歧。广泛来说，读者倾向于将《贾勒茨维尔》读成他们喜欢的小说类型；他们使用自己熟悉的类型，将其读入小说之中，或从小说中提取那些他们熟悉和偏好的要素，然后在阅读过程中强调这些要素。比起非浪漫小说粉丝，浪漫小说粉丝认为这部小说更像浪漫小说，他们在这一点上多打了 13 分，而且他们认为这本书写的是一个爱情故事，并在这一点上多打了11 分。纯文学小说读者也是如此，他们将小说读成他们偏好的类型，比起非纯文学小说读者，他们认为这本书更像纯文学小说，并在这一点上多打了 20 分。而惊悚小说粉丝和其他类型的小说粉丝至少相同甚至更多人认为主角和反派很明确，并且不太可能遇到女性反派，他们与非惊悚小说读者在阅读《贾勒茨维尔》时最大的分歧在于，他们认为玛莎的责任要低 11 分，而尼克的责任要高 9 分。

所有类型小说的粉丝都认为，将《贾勒茨维尔》描述成历史小说是最准确的，历史小说粉丝尤其通过历史的眼光来阅读这部小说。历史小说粉丝和在《喧哗》上评论《贾勒茨维尔》的历史小说作家尼克·泰勒一样，认为这部小说历史准确度很高，比其他读者在这一点上多打了 6 分。与其他读者相比，历史小说粉丝也认为这部小说的情感更强烈，更令人伤心，也更真实。而且，《贾勒茨维尔》还更能使历史小说粉丝想到人类关系的本质，他们在这一点上多打了 7 分。总的来说，这些分歧表明历史小说粉丝，很可能是通过他们过往阅读历史小说的经历，具备了更大的能力或更倾向于对设定于内战后的故事和人

物敞开自己的心扉。事实上，他们建立了一种与历史故事产生
情感共鸣的技巧。[18]

　　总体而言，考虑到一系列的生活特征和文化品味，读者对
《贾勒茨维尔》的评价和理解在很大程度上存在分歧。虽然大多
数读者似乎接受了尼克森意图在基本方向上的指引，但他们并
没有因此受到太多限制。相反，与读者相关的个人因素，例如
他们的生活背景和先前的文化品味，导致他们以特殊视角给予
了《贾勒茨维尔》不同的评价和理解。然而，这个框架隐隐暗
示着，基于生活背景和阅读品味的解读是社会结构衍生视角的
结果，这种视角基于人在世界中的经验；年龄渐长意味着理解这
个世界，或理解一部新小说的方式和年轻的人不同了，就像成
为历史小说粉丝就意味着和其他人对一部背景设置在过去的小
说在理解上是不一样的。如果这些评价性、理解性的区别真的
是经验的而非天生的，那么它们就应当是灵活的，而且我们应
该能观察到它们在社会过程中的展开、收缩和扩展。换句话说，
读者可以通过互动而产生对理解的开放性观点，读者应该能影
响彼此对文本的理解。

互动中的意义

　　温迪·格里斯沃尔德曾直白地说过，"阅读是社会性的，一
直如此"。[19]虽然很难（如果不是不可能的话）确定读者生命中
那些使他如此评价与理解小说的具体因素，但可以通过读者间
的互动观察到一些基本过程。在读书小组中，人们聚到一起讨

论一本他们读过的书，这种形式在美国有悠久的历史。虽然哈维·丹尼尔斯（Harvey Daniels）认为美国"文学圈"的形成应追溯到 17 世纪，但直到 19 世纪，特别是内战后，美国各地才出现了读书俱乐部这样的社会现象。从那时起，通过如 20 世纪上半叶的每月一书图书俱乐部（the Book of the Month Club）和文学协会俱乐部（Literary Guild）等的机构方推广，以及 21 世纪的大阅读（the Big Read）活动和"一本书"计划，集体阅读得到了进一步发展。[20]

虽然大多数读书小组都是非正式的社交聚会，但它们的组织形式却各不相同。[21] 大多数读书小组由朋友、熟人或同事组成，在私人住宅内举办；其他的读书小组则由图书馆、书店或社区中心协调和管理。鉴于它们的非正式性质及其对成员间友谊、共同职业或邻里身份的依赖，读书小组常常在年龄、性别、收入、种族等人口统计特征上具有同质性。而同一读书小组的成员也比其他人更有可能喜欢相同"类型"和体裁的图书，否则他们就会放弃小组或不被邀请参加小组。在读书小组中，阅读的讨论如何展开以及什么是"好"的成员与参与方式等问题，存在更细微的文化差异。

有些读书小组同时也是晚餐聚会，由主人订购或烹饪食物，或者以每人各带一个菜的百乐餐形式聚会。有时候餐桌上的菜肴会以某种方式与正讨论的小说联系起来，这是一种"进入"故事的味觉尝试。[22] 在另一些小组中，喝酒比吃饭重要得多。[23] 在选择要读什么书的时候，一些小组有正式的提名和投票流程，而另一些小组则依赖于预定好的或专题书单（如获奖书），还有一些小组依赖讨论中更随意的、非正式的提议过程。小组中的基本讨论规则和非正式的行为准则也有不同。一些小组有轮流的"讨论领导者",讨论领导者会为每次讨论所选的图书作背景研究;一些小组以小组成员分享对这本书的第一印象来开始对话;一些读书小组则没有明确的基础讨论规则,让讨论有机展开。读书小组对图书本身讨论程度的期望也不同;文本是聚会的焦点,还是只是让大家聚在一起的借口?

虽然读书小组各不相同,但他们的对话总是比单纯从头到尾的评价性陈述更深刻。伊丽莎白·朗(Elizabeth Long)这样解释读书小组中意义生产的协作过程:"对话使参与者弄清自己的见解和观点,并整合其他读者为图书带来的各种观点。通过这个整合过程,个体——有时是作为整体的小组——可以产生新的理解,不管是关于生活还是关于手头上的文本。因此讨论本身可以是一个创造性过程,因为它引发了某种价值导向的文本解读,鼓励(通过差异和争议)更清晰地表达部分构想的观念和隐含的假设,不管是关于一本特定的书还是关于个人经历。"[24]

读书小组中,意义制造的协作和互动过程既可用于图书整体质量的评价,也可用于了解书中许多不同理解维度的意义(对不同人物有多少同情,谁对什么负责)。在读书小组中,读者对《贾勒茨维尔》的评价会受到人际关系的影响,他们对书的评价也因其他小组成员的评价而变化。[25]小组对《贾勒茨维尔》各种理解维度的讨论也是如此。

虽然所有读书小组的讨论都包含对《贾勒茨维尔》整体质

量的评价性陈述，但不同的读书小组将讨论重点放在小说的不同要素上。有些小组没有讨论过小说中某个部分，那么小组成员对那一部分的理解就是不变的；在没有讨论的部分中，读者不会被其他人的理解影响。[26] 而对那些讨论过文本中特定方面的小组来说，读者（和他们的小组）基于讨论内容改变了他们对小说的理解。例如，有些小组讨论了尼克在被理查德殴打后离开贾勒茨维尔的行为的正当性，他们对此得出了不同的结论，这使小组成员的观点比讨论之前发生了更趋向正面或负面的变化（见图 9.3）。

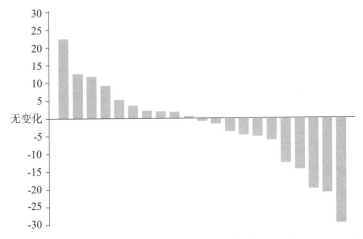

图 9.3　读书小组在尼克离开贾勒茨维尔行为正当性这一点上的讨论前后观点平均数变化

注：样本为包含 168 位读者的 21 个读书小组，读书小组（X 轴）从正面观点到负面观点排序。

　　在图 9.3 中我们关注一下每个方向上最大的群体性解释变化。通过讨论，一个小组对尼克离开贾勒茨维尔合理性的集体理解在百分制下*正向*转变了 23 分。相反，另一个小组通过对话，他们的集体理解*负向*转变了 29 分。正向转变的小组成员（赞成尼克行为的合理性）在讨论后比其他读者更肯定了尼克离开贾勒茨维尔的合理性。但在同一个小组中，对尼克行为的合理性的解释也存在差异；在百分制下，有两位成员给尼克行为的合理性打了 50 分，有两位成员打了 70 分，一位成员打了 85 分，一位成员打了 90 分。根据小组成员间解释影响力的评估，小组中认为尼克的行为最具合理性的三位成员也是在讨论中最有影响力的成员。随着他们谈话的展开，成员们马上就开始讨论起了尼克的行为：

　　　　谢丽尔：我就是不明白为什么尼古拉斯做了那些事，读过之后，我不知道，我只想打他。

　　　　劳拉：然后他离开了他的房子而不是去帮忙解决问题，他走上了去宾夕法尼亚的路。

　　　　格瑞斯：好吧，但那是在他被打和所有发生的一切之后的事。

　　　　贝斯：对，我还在想，尼古拉斯的行为在多大程度上受到他父亲身上发生的事的影响。

　　　　格瑞斯：没错。

　　　　马克：对。

　　　　塔米：是的，是这样的。

谢丽尔："转过另一边脸"，这就是他受到的教育。

贝斯：他和他的家人并不真正安全，这一点是清楚的。

马克：是的，他们感觉受到了威胁，我是说，那只羊被杀了。

格瑞斯：对。

贝斯：那只羊被杀了然后他父亲被杀了。

马克：是的，他的父亲。

在这次对话中，谢丽尔首先将尼克的行为描述成不可理解并令人失望的，但在格瑞斯和贝斯提出意见之后，尼克的行为有了值得同情的背景。在谢丽尔首先提出这个问题之后，这个小组跟随着贝斯的引导，进一步探讨了背景细节来揭示尼克感到非离开贾勒茨维尔不可的原因。他们的结论是，尼克离开是因为他遭到了生命威胁，而不是在推卸责任。

在这之后，小组又讨论了尼克的反战主义。成员们彼此提醒，反击并不是尼克的选项；一位成员指出，除了他在邦联军队中的服役外，尼克在面对暴力时总是选择回避。小组还得出结论，尼克离开时未给玛莎留下只言片语，是因为他被理查德打的时候遭到了身体和精神上的双重羞辱。他们认为尼克看似不正当的行为可以通过文化规定中男性气质的限制来理解，这些限制与弱点和恐惧有关，特别在那个年代。与尼克相对照，小组还得出结论，玛莎反抗了那个时代的文化限制和性别规定。一位小组成员总结了主要人物之间的关系，"尼克的问题"是

"'我们要反对社会规范，但我们如何反对？结局会如何？'"他们认为尼克或许准确地知道，基于当时的时间和空间，他与玛莎的关系不可能产生和平的结果。因此，他们认为尼克的离开将他自己和玛莎从未来的暴力中解救出来。那么，这种意义生产的协作行为对这些读者的理解产生了怎样的影响？小组讨论前，集体性理解对尼克离开贾勒茨维尔的合理性打69分，而讨论后一个小时，集体性理解的分数变成了92。

然而另一个小组在开始讨论时，他们对尼克离开的正当性只比其他读者略微否定一些。但到他们讨论结束时，他们对尼克离开正当性的小组平均分从48分降到了18分。讨论时发生了什么？这场关于尼克的互动性谈话由一个小组成员玛丽亚引导：

> 玛丽亚：如果（尼克）离开这个行为有道理的话……为什么他不把理查德打他的事情告诉（玛莎），为什么他不带上她一起？
>
> 萨拉：对。
>
> 玛丽亚：那只是愚蠢而已。这让我很生气。我很高兴她开枪打死了他。
>
> （小组成员们笑了）
>
> 玛丽亚：这是他应得的。我感觉，好吧，她告诉你她要开枪打死你，她没开玩笑，她就这么做了……尼克在那种情况下有很多选择，但他没有选，然后他就被开枪击中了。

玛丽亚的开幕词之后，小组深入研究了尼克的性格缺陷，得出的结论是，按照一位小组成员的说法，他在"自毁"。另一位小组成员随后总结尼克离开贾勒茨维尔的"借口"是"如此显而易见"，他只是想"离开"一段不想继续下去了的关系而已；对这位成员来说，这种离开比遵守对玛莎的承诺"更容易"。与第一个小组不同，在这个小组中，尼克并没有被理解为一个受制于生命危险的人，没有被理解为身处一个性别角色刻板且受压迫的时代。相反，他的缺点属于自身。在讨论过程中，小组将尼克的行为理解为个人弱点；与玛莎在一起这件事"超过了他的理解"，尼克没有想办法解决，而只是简单地离开了。

通过对《贾勒茨维尔》的独立讨论，在尼克的行为这一点上，两个小组的差异从讨论前的 21 分变成了讨论后的 74 分。通过对话和互动，小的理解差异变大了。一个小组专注于尼克在贾勒茨维尔受到的真实威胁；另一个小组将这些危险理解为尼克的弱点、自毁行为和更多道德缺陷的借口。

在这种方式下，读者在制造《贾勒茨维尔》的意义时不再被自身的生活背景特征、品味和尼克森的意图所限制，虽然他们也受到这些一般性路标的影响。同时，读者带着自己的评价和理解进入讨论。而在讨论过程中，读者也对不同的路标、意见和协作式的意义生产保持开放状态。《贾勒茨维尔》是什么以及它对读者来说意味着什么不仅取决于他们的个人特征，而且还受到意义生产的互动性和协作性过程的影响。这种观点并不是降低人口统计特征和品味对小说评价的影响，而是在理解读者间的解释性差异如何产生、从何产生的问题上迈出的一小步。

为什么一个厌世暴徒可能不完全是坏人

玛莎的哥哥理查德·凯恩斯在许多方面都可能是《贾勒茨维尔》中最不值得同情的人物。他的父亲在内战一开始时就去世了，这阻止了他加入反叛军，因为这样就会失去家族农场，所以他成了一名南方民兵组织成员，成为了刺杀林肯的约翰·威尔克斯·布斯的同谋。在《贾勒茨维尔》中，其他人物形容他是"懦弱""鲁莽""傲慢"的。文中暗示，理查德只是凯恩斯家族历代强奸过奴隶并使她们怀孕的族长中的一个。他打了索菲的哥哥蒂姆，因为他知道理查德对索菲的性暴力后带全家离开了农场，而这让理查德感到被羞辱。当尼克在自己的地盘为索菲和她的家人提供庇护时，理查德公开指控尼克是强奸者，他引用内战后马里兰州的《黑人法令》，称麦科马斯"玷污了他的财产"而鞭打了他。他没有用合法的马鞭，而是用牛鞭以制造更多的伤害。麦科马斯离开的时候浑身是血，濒临死亡。

尼克森从来没有打算将理查德写成一个引起读者同情的人物。相反，她打算让理查德成为《贾勒茨维尔》中近乎彻底的反派。她为理查德的同情程度打 5 分，是所有人物中最低的。但她无意让他为故事的最终结局负责；她给理查德的责任打了20 分。对尼克森来说，《贾勒茨维尔》中如内战持续的紧张局势（90 分）、种族与种族主义的长久存在（100 分）等结构性因素才是结局的最终驱动因素。除了这些结构性因素之外，尼克森还同等程度地将二人关系的破裂分别归咎于尼克和玛莎。

对读者来说，理查德是一个不值得同情的人物（17 分），而且相比于尼克森的预想，读者认为他对故事的结局要负更多责任（66 分）。然而，读者对理查德这个人物以及他如何融入《贾勒茨维尔》这个宏大的故事中的理解存在差异。比起非南方读者，南方读者认为理查德要对结局负更多责任，但对他的同情程度，他们与非南方读者是一样的。从另一角度上看，南方读者也比非南方读者更能看到种族主义和战争的结构性因素对故事结局的影响。理查德应对故事结局负更多责任，但他们对理查德的同情心没有因此而改变，因为对他们来说，这是一个深深交织在内战和悲剧性故事中的事实。

尽管所有读书小组都讨论到了理查德，但南方和北方读书小组的讨论情况各不相同，例如一个由马萨诸塞州男性组成的小组和一个由纳什维尔女性组成的小组就很不一样。对男性来说，理查德无异于一个"讽刺漫画式"人物，一位小组成员这样说。理查德只是一个厌世的暴徒，一位评论人这样说，并对这一点不屑一顾。"就是一个南方贱人"，一位马萨诸塞州男性这样说。而纳什维尔的女性对同一个人物的阅读和讨论却与此不同。

虽然纳什维尔的女性们在开始讨论时与其他读者对理查德的同情程度差不多，但通过对话，她们的观点发生了变化，在讨论结束时，小组对理查德的同情分数整体上升了 8 分。这是所有小组中对理查德肯定性变化最大的一次。在整个纳什维尔女性读书小组讨论的过程中，她们清楚地知道，如果没有亲身体验过代表南方荣誉的男性主义准则，就无法完全理解《贾勒茨维尔》以及理查德的性格。她们在讨论玛丽时首先提出"南方荣誉"的问题，后来又在讨论种族主义时重温了这个话题。在第二次讨论中，对理查德的情感转变出现了，因为小组得出结论——虽然这令人震惊，但理查德也受制于他所处的时间和空间：

> 玛丽：在理查德的头脑当中阅读非常有意思，他觉得自己拥有（索菲，蒂姆和克里奥利亚），还觉得自己在帮助他们……
>
> 德布拉：这非常家长作风，完全就是家长作风。
>
> 斯塔西：这是一种耻辱。
>
> 玛丽：……他们是他的财产。
>
> 安娜：但你能更好地理解南方荣誉吗？我能理解。我的意思是，我不喜欢这个……
>
> 玛丽：是的，我能。
>
> 朱迪：是的。
>
> 安娜：……但我一开始会觉得"噢"，我的意思是，阅读这本书的过程给了我一种我从未想过的同理心。
>
> 玛丽：就像对理查德产生同理心吗？
>
> 安娜：是啊。
>
> 斯塔西：是啊。
>
> 德布拉：噢……

斯塔西：是啊，你知道，来自南方乡村，继承了物质和精神两方面的家族遗产，我是说，这只是，这只是一代又一代流传的遗产而已。

德布拉：但这让你更同情他吗？我也有同样的认识，但这些让我很生气。这些让我非常非常生气。这让我与理查德这样的人物在情感上更加分离。

斯塔西：是，但这确实（让我产生同理心）。我和姑妈讨论过这件事……（种族主义）就是一种会被传承的东西。

纳什维尔读书小组对南方荣誉、种族主义、内战的持续紧张局面的讨论——由对理查德的讨论激发——是所有读书小组中关于政治话题最直接的对话。但她们不是唯一讨论这些的小组。虽然其他小组会讨论理查德是否值得同情，但在这群纳什维尔的南方女性中间，她们的问题是她们能否与理查德产生共情，这是前者与后者的关键区别。

在所有小组中，南方小组最常出现对理查德复杂的理解方式，他们认为理查德要对故事的结果负责，同时又同情他这个人物。事实上，在全美国参与对《贾勒茨维尔》阅读讨论前后调查的 21 个读书小组中，只有一个小组在讨论前和讨论后都认为理查德既值得同情，又要对故事结局负责。这个独特的理解来自马里兰州哈福德县的读书小组，他们在本地图书馆的贾勒茨维尔分馆举行读书会。

在做出这种理解时，这些位于贾勒茨维尔的读者更倾向于或更有能力将理查德看作一个复杂的人：他既因困难处境而值得同情，又因他对此的应对方式而值得谴责。他们作为贾勒茨维尔的居民，事实上都在将自身读进理查德这个人物中，也在将理查德读进自身的生活中。但在对故事的讨论中，他们并非是唯一参与到对话式实践的读者。相反，几乎在所有小组中，小说都为他们提供了一个低风险的途径，读者可以通过这个途径同其他人一起思考和分享他们的经历、遗憾与恐惧。换句话说，读者不仅在讨论这部小说，他们也将《贾勒茨维尔》当作进一步探索自身，并加深与阅读团体关系的途径：读者不仅将自己的生活读进小说，而且还将小说读进他们的生活。

将小说读进生活

或者说，一个关于过去的故事如何变成关于现在的故事？

北方还是南方的论争

一位女士在与朋友边喝酒边讨论《贾勒茨维尔》时，这样评论马里兰州贾勒茨维尔的居民，"他们不是南方人。我不觉得那是南方"。来自同一个小组的另一位女士反对这种地理解释，认为她"成长在新泽西州（北方），不了解（奴隶制）"，和"我们国家的那个地区"不同。而在旧金山，一群男士在晚餐时，也出现了类似"新泽西除外"的话作为《贾勒茨维尔》南方背景的证明。一位男士分享道，"我在泽西城长大"，在贾勒茨维尔东北方向约二百英里的地方，"所以我不了解这些"。

在圣塔芭芭拉的一个读书小组中，一位在贾勒茨维尔以南约七十英里的华盛顿特区长大的女士分享说，她和家人们一直认为他们生活在北方，但这个信念可能并不完全准确："华盛顿，和贾勒茨维尔一样，我们认为我们是北方人，但直到最近我告诉某人说，直到青少年时，我才知道'y'all'①是两个词。这个表达本身有一种强烈的南方倾向。（但）当时，作为犹太人，我们从没去过弗吉尼亚州，因为弗吉尼亚州在更远的南方。"一位曾在马里兰州生活过现居于圣克鲁斯的女士也提到了贾勒茨维尔在地区边界上的模糊性。在她所属的混合性别的读书小组中，她将其称为一个"异常的地方"。对她来说，形容马里兰州最贴切的方式是"在北方，但仍感觉是在南方"。她回忆说，在马里兰州"城镇里有黑人区，白人生活的种植园里，就像是在密西西比州或其他类似地方一样"。对一位现在住在旧金山的女士来说，在马里兰州哈福德县长大的经历意味着同时在南方和北方长大。先辈们在甘保德河旁建立了巨大的财富，她回忆了几代以前，在马里兰州的"中间世界"，"财产所有者既*拥有*奴隶，又*帮助*奴隶"逃往北方。

在贾勒茨维尔，关于这个地方究竟属于南方还是北方的争论仍在继续。10月末，一个温和的周一下午，由哈福德县图书馆贾勒茨维尔分馆组织的读书小组正在一起讨论《贾勒茨

---

① 译注：y'all 是 you all 的缩写，常出现在美国南方方言中。

维尔》。讨论的领头人随意地为讨论开了头，"我认为南方同情者比起贾勒茨维尔要更南方一些"。一位小组成员这样回应他，"马里兰州这个名字总是有'我们是北方还是南方？'的含义"。讨论的领头人试探性地说，"你现在仍然能在马里兰州塞西尔县一些住户家的门廊上看到邦联的旗帜"，一位来自康涅狄格州的移居者说："我在哈福德县也能看到！"另一位女士感到对话的方向很混乱，她稍稍带着指责地问那位移居者："你觉得你自己是个南方人吗？"移居者很快回答，"不，我在康涅狄格长大"。读书小组的领头人是一位在马里兰州长大的图书馆员工，他很快意识到他的开场白在不经意间引发了紧张情绪，然后结巴巴地退缩道："看，我不知道在哪里，我不知道在哪里，我不知道对我来说是否存在这样一个位置。"而那位提问的女士对刚刚移居者说不认为自己是个南方人的回应是，"好吧，那我是"，然后她说了自己在北卡莱罗纳长大作为南方人的证据。这个说法让另一位在贾勒茨维尔出生并长大的女士感觉有点恼火，因为来自北卡莱罗纳对于真正的南方人来说是最北的标志，她说："我仍然认为*我*才属于南方。"房间内产生了分歧，那位土生土长的贾勒茨维尔女士再次表明自己的立场，她引用《南方生活》（*Southern Living*）杂志"宣称马里兰州是一个南方州"。而另一位小组成员则用《巴尔的摩杂志》（*Baltimore Magazine*）用了一整期来讨论马里兰州是南方州还是北方州"来反驳她。一位自认是北方人的女士说，"如果你往南去，那我们绝对是北方人"，而另一位自认是南方人的女士反驳，"如果你往北，他们会认为你有南方口音"。自称是北方人的女士承认了这一点，总结道:"噢,是的,他们会这样。"康涅狄格的移居者也同意这一点,"我在这里生活了五年之后,被指责有南方口音"。这位康涅狄格州的女士是北方人,她在发言过程中试图融入大家的共同话题,但她失败了,因为房间内至少有一位自认是南方人的女士在听她用了"指责"这个词之后皱起了鼻子。

将小说读进生活

读者们既将他们的生活读进小说,也将小说读进他们的生活。将一个人的生活读进小说,就是将一个人的背景(如人口统计特征、经历和品味)作为制造文本意义的原材料。要了解对读者来说《贾勒茨维尔》是关于爱情还是关于失去,就要问读者是否是爱情小说粉丝,是北方人还是南方人等等。然而,将一部小说读进一个人的生活,就是要将小说作为原材料,通过它,人们可以重新反思或与其他人分享自己的个人经历。在另一种框架中,将小说形容成关于爱情或失去都是可以的,那是因为文本只是*谈论*爱情或失去的途径,读者可以通过这个途径重新思考爱与失去,并在对话中建立新的思考与经历。在另一种框架中,即使像小说、歌曲或电视节目这样的物质文化载体,也可以成为拓宽反思、沟通、集体理解甚至行动实践的路径。

正如约书亚·加姆森(Joshua Gamson)在捍卫流行文化时所论证的那样,有时流行文化饱受诟病的通俗性也可能是它的力量所在。由于流行文化的短暂性和低风险,透过流行文化对复杂主题进行讨论是被允许的。[1]因为《贾勒茨维尔》最终只是一部小说，或许也因为它的背景设置在过去，这种"距离"是安全的，所以读者感到可以将其作为回溯现在经验的原材料。通过这种方式，小说不仅仅可以用来阅读，还可以用来思考和沟通。[2]小说可以是读者群体建立和加深社群关系的基石。

为了区分作为谈论对象的小说和作为谈话载体的小说，一些读书小组的读者在"好书"和"好的*读书小组用书*"之间作了区分。在这种区分中，前者因其质量而受到赞美（花在上面的阅读时间是值得的），后者因其引发讨论的质量而受到赞美（花在上面的讨论时间是值得的）。奥克兰一个由邻里组成的读书小组成员描述了这种不同："好书并不总是好的读书小组用书。就像我们都认为《转吧，这伟大的世界》（*Let the Great World Spin*）是一本非常好的书，但我们对这本书没什么好说的……我们只是非常喜欢它，仅此而已。"好书不一定适合讨论，而坏书可能会适合讨论；两者之间并不存在必然等价的关系。

在这种分类系统下暗藏着读者对一本书的评价维度（这本书是好是坏）、解释维度以及它对协作性的意义生产有多大用处的区分。这里的区分在于，"好书"是典型的文化作品，而"好的读书小组用书"则是另一种文化作品，它是一个典型的将讨论重心从作为对象的文化转移到作为行动的文化上开放机会，通过这种方式，一些并不"好"的书可以提供"好"的机会，让人们在对话中讨论或重新考虑其中的想法、价值观和道德信仰。

一些读书小组认为，《贾勒茨维尔》既不是一本"好书"，也不是一本"好的读书小组用书"，但对另一些小组来说，《贾勒茨维尔》在这两方面都不错，或者虽然读起来没那么好，但很适合讨论。《贾勒茨维尔》在两方面都很好的例子是，一位南加州的女士在讨论的开场白中对她的小组说，"我喜欢这本书，它推动了你们的思考"。而对纳什维尔的一位女士来说，《贾勒茨维尔》不是一本好书，但可以很好地刺激对话，"自约翰·厄普代克（John Updike）的《兔子，跑吧》（*Rabbit, Run*）以来，我们还没有过这么长时间的讨论。"她赞许地说。当《贾勒茨维尔》是一本"好的读书小组用书"时，对小说的讨论在开始后就会超越文本本身；《贾勒茨维尔》是读者在各自生活中分享故事的原始材料。在这些讨论案例中，《贾勒茨维尔》常常可以作为讨论两个主题的途径：好奇、直白的对私人浪漫关系的讨论，以及对结构性种族主义的痛苦观察和遭遇。

在《贾勒茨维尔》中阅读关系

对加利福尼亚北部一个全部由男性组成的读书小组来说，《贾勒茨维尔》完全不是一本好书，但却引发了激烈的讨论。虽然对这部小说的讨论开始时不尽如人意，但当一位成员分享了他家族的谋杀案调查后，讨论变得活跃起来。他在小组中分享了他写的关于家族的非虚构文章，小组成员们认真思考了调查一个人的过去和虚构家族故事的风险。虽然小组中的一些成员很后悔花时间读《贾勒茨维尔》，但在讨论的过程中，他们发现了更有趣的话题，并通过了解其成员的过去建立了更深层的关系。

　　对加利福尼亚北部另一个读书小组中的一位女性来说，阅读《贾勒茨维尔》给了她与正处学龄期的儿子产生关联的机会，她的儿子当时正在学习内战历史。她既喜欢这部小说，又喜欢小说提供给她的亲子机会。同样地，在弗吉尼亚一个全部由女性组成的读书小组中，讨论从玛莎和尼克的性关系转变为了交流当地的"独特文化"。[3] 她们一起开玩笑地说，"你来自哪里"实际上是一句密语，其实是在问一个人第一次发生性关系是在哪里。女士们接下来十分钟左右的时间都在大笑，因为其他人分享了她们各自"来自哪里"的故事。在这些情形中，《贾勒茨维尔》不仅是讨论的主题，而且是人与人之间产生更深层次联结的渠道。这类联结不是"离题"的讨论，而恰恰是读书小组这一群体之间大多数情况下不被明说的"联结点"。正如加利福尼亚北部的另一位女性这样形容她的读书小组，"我们一起经历了婚礼、婴儿出生和死亡。它也是一个支持小组"。

　　尼克和玛莎之间沟通的缺乏是讨论《贾勒茨维尔》常见的主题。对一些读者来说，两个主要人物之间沟通的缺乏只是推动故事发展的情节工具，而对另一些读者来说，它提供了分享和重新审视个体故事的机会，在那些故事中，保守秘密带来了灾难性后果。对旧金山北部读书小组中的一位女性来说，关于尼克和玛莎之间缺乏沟通的讨论转为了她自己与母亲之间的沟通困难，说她的母亲"在低落的时候不会告诉别人"。在弗吉尼亚州，讨论开始于玛莎和尼克沟通的失败，然后引发讨论了一个婆婆向家庭隐瞒孩子是收养的故事，还有成员分享了自己出席一位叔叔的婚礼时因为要隐瞒他曾结过婚而感到不舒服的经历。他们的故事对整个小组来说都是一个提醒，就像一位读者总结的那样，"友谊和关系因为人们不肯沟通而*结束*"。

对沟通和沉默的反思也出现在伯克利一个由更年轻的女性组成的读书小组中。一位刚刚与伴侣分手的女性以尼克和玛莎的关系为出发点，哀叹分手后的"沉默之墙"，以及无法打破这堵墙的无力："我知道他在哪，我*可以*去和他说话，但我把所有的钱都花在了治疗上，然后只是，只能与*自己*沟通这件事。"虽然读书小组的其他成员（故意幽默地）嘲笑了她的哀叹，但她们转而认真参与了讨论，她继续说道："我不知道……突然间所有沟通都停下的时候，拒绝可以毁掉一切。人们僵住了。在友谊和所有事情当中，这就像是，当人们突然瘫痪的时候会发生什么？"

当回想沟通在他们生活中的重要性时，由于《贾勒茨维尔》中玛莎和尼克的中心关系，读书小组常常也会使用这些经历来反思性别规范。西北地区一个由男性组成的读书小组在讨论了尼克的行为后自我质问，"如果一个女人在（性方面）具有侵略性，那么一个男人就会跑"，如果确实是这样，那么为何如此？他们共同讨论，作为中年男性的他们，是认为女性的侵略性令人兴奋，还是会害怕这可能使他们男性气质受威胁进而被阉割？他们假设男人可能会说他们喜欢平等和进步的女人，但实际上却害怕她们，或者他们确实喜欢她们，却声称不喜欢，又或者倾向于相信他们甚至在无法动摇对阉割的潜在恐惧的情况下依然是喜欢的。总体来说这个男性小组不喜欢《贾勒茨维尔》，但通过这本书，他们共同参与讨论，理解性欲、男性气质和不安全感这些交织的话题，并在这个过程中分享下流笑话。

关于尼克行为的讨论也激起了一个女性读书小组的情绪，她们讨论了男人是否值得信任。对洛杉矶一个由年轻女性组成的小组来说，浪漫关系中恐惧感的存在似乎与一个人的自我价值感有关。一位成员总结说，"由于害怕或感到不值得，我们在感情中总是退缩"。另一位成员分享了她在一段关系结束后，如何像玛莎一样表现得令自己感到陌生。"分手之后我发疯了，"她说，"我当时就（是）一个发疯的孤独者。"她的朋友安慰地说，"我们分手后都是这种情况"。对伯克利的年轻女性读者来说，她们对《贾勒茨维尔》的讨论变成了对她们认识的男人的讨论。一位女性分享道："我现在就处于这种关系中，有时候我会感觉到被拒绝，所以读这本书对我来说非常痛苦，它给我带来了太多的恐惧。"小组中另一位女性詹妮弗承认，她一直没有觉得《贾勒茨维尔》与自己产生过联结，直到小组成员和她的朋友艾米让这种联结产生：

詹妮弗：我没有把这个故事（与我自己的生活）联系过，所以我谈了书中有力的思想以及关于分离或拒绝的内容。我甚至没有把这个故事与我自己的感情联系起来过，直到我和艾米谈过之后，她说到了害怕求婚的男人，然后我就想，"什么害怕求婚的男人？我不记得我在故事里读到过"。我不知道她在说什么，然后我想，"噢，是说我十三年的伴侣不会跟我求婚，噢，我从没想过那一点"。这是真的，我从没想过那一点。我从没把尼克与詹姆斯（我的伴侣）联系在一起过……

　　米歇尔：噢，那太粗心了。

　　詹妮弗：……直到我和艾米谈过。

　　妮可：干得不错，艾米！

　　（小组成员都笑了，接下来重新开始严肃讨论）

　　詹妮弗：……在尼克的例子中，我想了很多关于虐待和创伤是怎样产生影响的。他没有很多方式去处理他遭受的鞭打，也没有很多手段去处理战争，无论如何他的创伤是……

　　艾米：对。

　　詹妮弗：……而且我不用分享太多就可以把这个与詹姆斯联系在一起，但我知道对詹姆斯来说，哭有多么痛苦和困难，对一些男人来说表现出来或从事情里走出来有多困难。对我来说那是一个我经常使用的工具，哭，但我认识和爱的男人却没有这个工具。

　　就像詹妮弗的故事所展示的那样，她没有将自己的生活投射到《贾勒茨维尔》中，是她在小组中的一位朋友将《贾勒茨维尔》投射到了她的生活中。虽然詹妮弗没有与之产生联结，但她没有反对，而小组对故事的重述使她与文本进行了新的对话。她开始通过她自己的伴侣詹姆斯来理解尼克的行为，然后通过她对尼克的思考来理解詹姆斯。因此，她对小组倾诉自己的故事，起因并不是她自己的阅读，而是源于对阅读的*讨论*。对全国各地的读者来说，不管他们对《贾勒茨维尔》的评价如何，这本书都是一个能让人以意想不到的私人方式来分享和反思亲密关系的切入点。在小组成员当中，《贾勒茨维尔》还引发了关于生活在一个不平等和种族主义社会中意味着什么的讨论。

在《贾勒茨维尔》中阅读种族

晚上九点十五分，洛杉矶的公寓楼中，一群年轻的白人女孩在讨论《贾勒茨维尔》时听到走廊里传来喊声："你们能小声点吗！"丽贝卡公寓的门半开着，也就是说她们充满笑声、分歧、交谈和个人故事分享的对话很可能被整个走廊的人听到了。这位年轻女孩不清楚是她们说话产生的噪音还是聊天的主题引来了指责，或许二者兼有。她们互相看看，对刚刚的喊声目瞪口呆。"我在这里住了三年，从没有人（因为说话声音太大）而朝我喊。"主人丽贝卡说。"这又不是在办啤酒聚会。"她的朋友说。她的朋友装腔作势地回应走廊里的女人说："我们在举办读书俱乐部活动。你可以告诉你的孩子，我们正在讨论学习种族主义！"随后，她们为这种不协调的情况发笑：她们在关于美国种族主义的艰难讨论中途，因为说话太大声而受到责备。

读者们通过集体阅读《贾勒茨维尔》彼此分享自己的浪漫关系的同时，也可以将小说作为一个起点来分享他们对种族主义的观察和经验。基于读书小组的人口统计特征——他们的种族构成几乎完全是白人——这部小说作为种族不平等的讨论途径，或许比情感关系的讨论更有趣。⁴因为《贾勒茨维尔》对奴隶制和种族主义问题颇具历史准确性的书写可作为一种低风险的方式来谈论当代种族主义，所以读书小组成员会在三个普遍的主题中彼此分享痛苦和混乱的故事：在故乡成长过程中观察到的种族主义；在直系亲属中间观察到的以及其他人在浪漫爱情中经历的种族主义；关于种族主义暴力持续地、甚至在善意人群中传递的故事。

以《贾勒茨维尔》为切入点，读书小组成员分享了关于种族主义的童年故事。南方读者回忆他们在中学时参加叫作"反叛者"的小组，挥着反叛者的旗子，参加迪克西①主题的舞会和学校活动。他们在回顾时，对当时的常态感到震惊。一位来自马里兰州东部的女性分享了她还是孩子时第一次目睹种族仇恨：在 1963 年剑桥骚乱后，她坐车到马里兰州海岸时，看到了公交车站台上用大写字母潦草写下的"KKK"②。一位来自加利福尼亚州南部的老师讲述了类似的故事，在她还是个孩子时，她一家人搬到了南方的一个小镇。她的母亲不知道情况，请了镇上的黑人医生而不是白人医生看病，还邀请了与医生一同工作的黑人护士喝茶。"她（因此在镇上其他的白人女性那里）遇到了

---

① 译注："Dixie"，歌曲名，在美国南北战争时期作为南方邦联的非正式国歌，其作者是美国北方人丹·艾美特，内容主要是对于南方乡土的歌颂。1861 年2 月 18 日，在杰佛逊·戴维斯任职邦联总统的就职仪式上，这首歌被作为国歌演奏。

② 译注：三 K 党是指美国历史上和现代三个不同时期奉行白人至上主义运动和基督教恐怖主义的民间团体，也是美国种族主义的代表性组织。

很多麻烦，"她分享道，"我们没有（在那个小镇）待太久。"在分享这些故事的同时，读书小组成员感到非常震惊，他们目睹的种族主义是如此公开，并且已经渗透到日常生活的方方面面。另一位女士分享了一个移居路易斯安那州后不经意间踩到种族黄线的故事，她当时正在为新朋友分发饮料："我记得我从教堂里邀请一些人来我家，然后说，'有人想要百事可乐吗？'他们说，'你不能喝百事可乐。那是黑人喝的东西。'这些人在其他时候都很善良。但我们却被他们告知了不喝百事这样不容疑问的规则。你可以喝可口可乐或七喜，这些才是'流行'。"[5]

在关于种族主义大多数的故事中，读者都是将自己作为被动的观察者，他们默默地见证他人的公开言论和行为。但事情并非总是如此，一位纳什维尔的女性将自己说成是对朋友的种族不敏感而后悔的罪人。她的故事由《贾勒茨维尔》中的一个场景激发，即蒂姆作为一个刚被解放的奴隶，厉声斥责玛莎天真地以一种家长式的努力"帮助"他，却将他置于实际的危险中。她对小组说，这个场景使她想起中学时的一段经历，她的非裔美国朋友告诫她，她对种族主义和种族不平等的态度太超然了："我有一个中学同学，我们讨论了一些关于种族主义的问题，我感觉很迷惑。她说，'玛丽！我的祖母是个奴隶！*你明白吗？*'在那个时刻我才感觉说，'天哪'，你知道，我们只差几代，我读过奴隶制的东西，但她说'我的亲戚是奴隶！你明白吗？'不知怎么地直到她对我这么说的时候，我才明白。"

除了彼此分享在学校和社会中对种族主义的观察，读者们也分享了更丰富的关于信赖的家人和社区领袖的种族主义故事。

在跨种族的、被挫败的、被怀疑的年轻爱情故事中，这一点尤为明显。一位来自加利福尼亚南部的女性分享道，她在中学时和当时的黑人班长成了朋友，她父亲怀疑他们两个在谈恋爱，因此告诫她，"如果你在走廊上看到他，我希望你往另一个方向走"。

在弗吉尼亚，一位女性讲述了这样一个故事，她和她的哥哥在一个旅游景点工作，她的哥哥与一起工作的一位非裔美国女孩相处得很好。"我父母是老师，你知道的，我们在那个地区受教育程度很高。"这位女性回忆道，并说她回家后就与父母说了这件事。"他们注意到我哥哥非常关注这个女孩。"她说。第二天，她母亲开始向她询问她哥哥工作的事情："你知道他们在休息时会去哪儿吗？"随着时间的推移，她哥哥和同事之间的友谊进一步发展，他想要进展到恋爱关系。"他喜欢她，她和他一样打篮球，"她说，"然后我记得我妈妈，她是这个世界上最好的人，她既开放又非同寻常，她对他说：'你不能这样。'我就想，'你在说什么？他不能这样是什么意思？'然后她说，'不，他不能那样做。你知道的，你祖父，你父亲，这对他来说这是个错误。他还要住在这里，还要上两年学。我们不能这么做。他不能这么做。他可以做她的朋友，但他不能和她约会。'你知道的，这令我非常震惊。"

同样令一位洛杉矶的年轻女性（就是在那个被告知小点声的读书小组中）震惊的是，她在询问跨种族恋爱是否是违反基督教教义的行为时，被教会的牧师指责了："在我的学校有许多跨种族恋爱，这是不被认可的。我在浸信会教堂问我的牧师，我说：'《圣经》中哪里能找到这些话？如果这被认为是错的话，我不明白为什么。如果上帝对此并不关心，那为什么这是错的呢？'然后他说，'这是错的，因为它在社会上制造了绊脚石。'然后我想，我还是不知道为什么那是错的，我不明白。但那是禁忌，你不能触碰，那种东西超越了时间依然存在，这真的很疯狂。"

谈回到现在，这位女性随后讲述了她和她的犹太男友的故事，他们最近在感恩节时去拜访了她的家人。"当我们要离开的时候，"她对读书小组说，"我父亲一只手给了他一袋鹿肉，另一只手给了他一本新约圣经。"她恼怒地提醒父亲，她男朋友是个犹太人，他父亲回应说，"是啊，但万一他想读一读这个呢，有天我们在树林里（散步）的时候他问过。"她男朋友在门口看到了这个情形，引用了新约圣经，对她眨了眨眼说，"是的，我会接受的。这对危机（*Jeopardy*）有好处。"这个故事和其他小组成员的故事一样，首先讲述了说话人童年观察到的种族主义例子，然后转向最近经历的种族和文化的不宽容性。正如《贾勒茨维尔》为种族主义的个人经历开辟了对话途径，它也为美国社会中更广泛的种族主义对话开辟了途径，因为过去的故事被转化成了现在的故事。

对这些洛杉矶的年轻女性来说，当她们从《贾勒茨维尔》提供的历史例证中演化出关于种族主义的讨论时，她们得出结论，她们现在的友谊和恋爱关系是种族和阶级的交叉产物。"如今阶级歧视和种族歧视混在一起，"一位成员宣称，"如果是一位来自不同种族的人，但他有钱，那没人会在乎。"在谈到自己所处的社会种族和经济状况时，一群来自奥克兰富裕社区的白人女性得出了相似的结论。其中一位女性对她的读书小组坦诚地回忆道，自从搬到湾区，她会遇到非裔美国人邻居，然后她"真的觉得'天哪，他们就和我一样'。（在成长过程中）我认为这是种族的问题，但实际上这是因为经济"。相似地，对加利福尼亚南部一个犹太社区中心的老年女性来说，《贾勒茨维尔》提到的内战后南方非裔美国人做佃农的历史，似乎与今天加利福尼亚农业经济中拉丁美洲移民工人的情况类似。"这种情况不是偶然出现的，甚至我们都看不见这种现象，"一位女性说，而她的朋友则大声反对，"我们每天都可以看见这些现象！"

　　弗吉尼亚的一个读书小组也提出了历史上的种族主义与现在的种族主义间的比较。他们的对话建立在《贾勒茨维尔》中描述的种族主义之上，然后转向了最近的历史。一位来自爱德华王子县的女性分享道，1959 年，也就是布朗诉托皮卡教育局案①的五年后，这个县仍拒绝在公立学校废止种族隔离。他们关停了整个学校系统，并将公共教育资金从名义上改为仅可由私立的、只有白人的种族隔离学校使用。直到 1964 年最高法院宣布禁止这种做法时，公立学校才重新开放。她回顾了自己在 20 世纪 80 年代公立学校系统的学生经历，她说："有三类班级：百万富翁的班级，中产阶级的班级，以及全是非裔美国人的

---

① 译注：20 世纪中叶，由于美国在教育上实行"隔离但平等"的政策，导致一位叫琳达·布朗的黑人女孩无法在白人学校上学，因此布朗父亲联合其他黑人孩子的父亲提起讼诉。最终美国最高法院以隔离教育违反"同等保护权"判其胜诉，保护黑人儿童与白人儿童同等入学权利。

最低等的班级，他们大多数是（20 世纪 60 年代初期）被剥夺了受教育权的父母的孩子。"成年后，她继续留在这个地方，她说："现在的教育已经越来越好，但还有很大一部分人按照同样的标准行事。"从这个故事开始，讨论渐渐从《贾勒茨维尔》的历史叙述中发散，一位小组成员说，"现在他们对西班牙裔做着同样的事情"。所有人都同意，这指的是弗吉尼亚州总法务官的备忘录和州内的司法实践中，几乎都是在阻止无证件的申请者进入大多数公立大学。[6]

无论谈话的方向转向哪里，读者都从《贾勒茨维尔》的原材料出发分享了他们个人生活中目睹的种族主义故事。他们的对话中有受怀疑和受挫败的跨种族恋爱经历，也有对种族和阶级关系的反思，对话以有机且重要的形式从文本出发向外发散着。每个小组的讨论都因参与者不同的分享而发生流动和演变，开始时他们在谈论一个特定的文化对象———一部叫作《贾勒茨维尔》的小说——而后来，通过互动，对话完全变成了另一类谈话。通过这种方式，读者们将小说读进了自己的生活，但比起桑迪·谢尔曼，或许没有读者认为自己会比她发现更多文本和自己的生活之间的联结，因为她本人是马里兰州贾勒茨维尔的居民。

在《贾勒茨维尔》中阅读贾勒茨维尔

桑迪·谢尔曼第一次读《贾勒茨维尔》，是为贾勒茨维尔图书分馆的读书小组做准备；她是来自康涅狄格州的移民，尽管现在她有南方口音，但她不觉得自己是南方人。和其他人一样，桑迪将《贾勒茨维尔》读进了自己的生活，她说，这部小说好像"将一些事变成了我的焦点"。阅读《贾勒茨维尔》"让那种感觉更真实了，就是所有这些东西都依然存在，并且至关重要"。对桑迪来说，《贾勒茨维尔》有时候令人痛苦，但阅读过程让她挖掘了自己二十一年以来不愉快的回忆和个人故事。桑迪不仅站在贾勒茨维尔长期居民的立场来阅读《贾勒茨维尔》，而且还通过这部小说重新阅读了贾勒茨维尔这个地方，以及它在她的生命中作为家乡的角色。出于这个原因，阅读这部小说的过程对她来说是"治愈性的"，因为这个过程给了她一个机会，让她回忆作为贾勒茨维尔居民的经验，并且真正地重新思考这些经验。

对阅读这本书和居住在贾勒茨维尔来说，桑迪经历中很重要的一件事情是，她的婚姻是跨种族婚姻，她是白人，她的丈夫是非裔美国人。他们起先住在靠近丈夫父母家的巴尔的摩，然后搬到贾勒茨维尔，住的地方从原来的公寓变成独栋房子。她的丈夫笑着提到，他们搬家是因为孩子，他说，"每个人都必须拥有自己的房间"。可一搬到贾勒茨维尔，桑迪就经历了许多"让你挠头然后思考原因的事情"。他们一搬过来，同一街区的几家邻居就搬走了。"也许只是为了温暖气候去了佛罗里达或别的地方，"她猜测，"我不知道。"然后另一位邻居叫他的妻子不要和桑迪的丈夫说话。"现在如果（我们邻居的妻子）对我说话，我会回应，但我不会主动和她说话。"桑迪的丈夫说。

桑迪不知道有多少代非裔美国人后裔家庭仍生活在贾勒茨

维尔；她听说20世纪50年代末60年代初，当地曾齐心协力地
要把这些人赶出去。她熟悉的一个历史悠久的非裔美国人家庭
在他们的白人主人死后被指定继承了主人的遗产，连同他们的
自由也因此一并获得了。桑迪说，几代过去了，尽管白人投机
者多次尝试从他们手中夺走那片土地和房子，但这个家庭依然
住在那里。"我打赌你的地契是安全的。"桑迪曾对那个持有地
契的家庭成员这样说。那位家庭成员笑着回答道，"他和地契只
待在房子里就更安全了"。

　　许多关于孩子们的故事也在桑迪阅读《贾勒茨维尔》的过
程中浮现。刚搬到贾勒茨维尔时，她告诉小学校长她的两个孩
子是混血，然后问学校里有多少个非白人小孩。"有两个。"校
长回答道。"百分之二？"她怀疑地问。校长再次回答，"不，只
有两个"。20世纪90年代初，一个来自白人家庭的女孩和桑迪
的大女儿交朋友，然后这个白人家庭门前的窗户被人用BB枪打
穿。他们对桑迪说，他们不会报警。"他们不想煽动情绪，"她
回忆说，"这件事是在警告他们不要和我们做朋友。"

　　同样让桑迪无力改变的，还有一次她带着女儿和女童子军
去附近的溜冰场所发生的事。"一些高中年纪的男孩对我的女
孩们表现得非常粗鲁。"她记得。"这些男孩在'故意'制造偶
然的意外。"桑迪说。在重述这个故事时，桑迪开始把种族主
义的暗示隐藏在其他的可能性中，后来才说了她主要怀疑的原
因——她的女儿被针对，因为她们是非裔美国人："这没什么不
能说的，你不能否认那些并不是意外，虽然那看上去是意外，
你也无法证明他们的动机，但你必须问问自己，为什么这些意

外会主要发生在我女儿身上。"

对像她这样的跨种族家庭在贾勒茨维尔可能面临的挑战，桑迪直言不讳。这个地方 96% 的人口都是白人，桑迪说，"非白人搬到这里通常不会住太久，因为他们交不到朋友"。大多数新搬到贾勒茨维尔的人"坦率地说，属于白人迁移"。联想到《贾勒茨维尔》的内战背景，她笑着说，实质上，这些白人迁移是"一种从巴尔的摩撤退的方式，如果你愿意的话"。即使是无意识地，如果有人因为"种族隔离"而搬家，桑迪说，"那么他们也许能在这些地方舒适地生活，而且甚至在那里人们会支持他们的观点"。她笑了，然后回忆起她在哈福德县博览会上看到一个穿着衬衫的年轻男人，他对她说，"如果一开始你没有离开，那么试试，再试一次。"她还记得与另一个回到贾勒茨维尔的年轻人见面时发生的事。他对她说，"'我回来是为了捍卫我的家庭财产'，然后我就想：'从什么那里捍卫？'这段短短的交流让我想到了他有其他动机的可能性"。通过阅读《贾勒茨维尔》，特别是通过理查德，她的怀疑变得更清晰了。

在贾勒茨维尔所在的哈福德县，还有其他的例子能证明桑迪所说的"心态"。在贝尔艾尔（Bel Air）的邮局里，一整面墙上都是布斯兄弟（Booth brothers）的壁画。桑迪眨眨眼说，"约翰·威尔克斯·布斯这个著名的演员就在邮局的墙上"。为了在当地一家犹太人所有、名为克莱恩的商店购物，桑迪又从邻居那里收获了不少嘲讽的目光。"（克莱恩一家）在这里生活了几代之久，但他们还是没有得到这里人的认可。"她翻着白眼说。最令桑迪受启发的是，最近有一次，她的家庭遭到了来自她牙医的种族歧视，桑迪形容这位牙医"总是很好"，而且和她很友善："她对我非常诚实，她说，'是啊，在我住的地方，你的家庭肯定不会受到欢迎。'就这么直接说了。她只是作为一个朋友，这样直接说出来了。不是故意要刻薄，因为这就是事实。"这对桑迪来说是一次重要的对话，因为这对她来说是一次罕见的、与这个地区她不太熟悉的人坦率地谈论种族主义的机会。

在图书馆组织的读书小组中讨论《贾勒茨维尔》时，桑迪开启了讨论这个区域种族主义现状的讨论，她说她仍能在哈福德县看到邦联的旗子，但那都是挂在小组其他成员不会走进的门廊中。在这个图书馆资助的小组中，成员们彼此都很友好，但大多数人在读书小组之外并没有私人交情。桑迪没有在这个小组中分享她在贾勒茨维尔的个人经历，也没有分享她认为会让一些人恼火的她的跨种族婚姻形式："我觉得（在贾勒茨维尔）这个地方，搬来一对跨种族夫妇可能比一对非裔美国夫妇更令人恼火，尤其是这对夫妇是一个非裔美国男性和一个白人女性……就像在（《贾勒茨维尔》）里写的一样，在这里，（白人）男性与非裔美国女性睡在一起的历史很长，但如果相反，一个白人女性嫁给了一个黑人男性，他们就会觉得他夺走了什么东西。"她此前不是没有过这种想法，但通过阅读《贾勒茨维尔》中蒂姆可能对玛莎怀孕负责的谣言，这个想法在她脑海中进一步清晰了起来。

但对桑迪来说，《贾勒茨维尔》不仅是一本帮助她思考的书，也是一本帮助她沟通的书。她通过阅读《贾勒茨维尔》发现，她"从来没有跟这里的哪怕一个人谈太多，"她总结说，

"我只是不知道该信任谁。"[7]但她认为，如果其他人读了这部小说，它就可以成为开启对话的通道，也可以成为开放讨论现在的城镇的方式。桑迪的经历可能占少数，但她并不认为自己是孤独的。

正是出于这些想法，桑迪开始送书给朋友，形成了她自己特别的读书小组来讨论这本书。她还送书给她社区大学的游泳教练，并在这里每天的两三个游泳班中分发读书小组注册表以招募新成员，这是一种把游泳这种共同爱好当作通道分享小说阅读的通道，或许这个通道还将通往对今天贾勒茨维尔的种族主义更自由的讨论。当被问到她组织这个读书小组的目的，是不是为了有机会向其他人诉说她长期保密的这些故事时，桑迪报以温暖又会心的笑容："确实有一些自私的动机。"

总而言之，桑迪不仅将《贾勒茨维尔》读进了自己的生活，她还在利用这部小说来改变自己的生活。最终，马里兰州的贾勒茨维尔是她居住的地方，但她希望通过《贾勒茨维尔》来改变她在这里的生活境遇。事实上，她是在通过《贾勒茨维尔》读者这一新的眼光来重新观察这座城镇，而且对她看到的东西并不总是满意的。她希望对这部小说的阅读可以成为一种行动的途径，她可以利用这部小说与其他人讨论她在这里的人际关系和种族主义经历，也可以听到其他人讲述这些经历。她希望，如果其他人读了《贾勒茨维尔》，他们或许可以借此重读贾勒茨维尔。

一个关于过去的故事如何变成关于现在的故事

在讨论《贾勒茨维尔》的二十多个读书俱乐部中，读者们将小说中描绘的情节、事件与各种各样的时事主题做了比较：后种族隔离的南非；以色列－巴基斯坦冲突；埃及十月六日战争纪念日；加利福尼亚 8 号提案的通过。在讨论玛莎谋杀尼克能否被理解为合理的时候，读者讨论了对提供堕胎机会者的谋杀，以及最近一位老师杀了丈夫的新闻报道。对内战后国家曾存在的分歧的讨论，引发了对美国现代分裂运动的讨论，以及对由于校长从游行乐队演奏曲目中剔除了"来自迪克西怀着爱"（*From Dixie with Love*）这首歌，密西西比大学所举行的三 K 党集会的讨论。一些读书小组此前读过《在德黑兰读〈洛丽塔〉》，《贾勒茨维尔》中女性经历受限的性别规范被用来与中东国家的神权法做对比。一位读者对尼克提出了批评，他选择撤到北部平静的阿米什乡村而不是留下来抗争，但同样在小组中她的朋友却说："噢，拜托。这和布什再次当选时我们所有人都想搬到加拿大有什么不同？"尼克和理查德通过玛莎成为姻亲的想法，被比成"每晚都坐在一起共进晚餐的布什和奥巴马"，同一个小组的成员都认同这个比较。"这是作为一个国家层面的'我们是谁'的问题，"另一位读者说，"这仍在继续。"

对科尼莉亚·尼克森来说，最初的家族故事已经变成了一部小说，而这部小说最终会带她回到贾勒茨维尔。作为她图书巡回的一站，尼克森计划在巴尔的摩待一个早上，接受当地公共广播电台分支机构的采访，然后晚上在哈福德县图书馆的贾勒茨维尔分馆办一次读书会。尼克森对这件事尤其紧张。贾勒茨维尔的人会来吗？如果他们来了，那她和她的小说会被怎样看待？尼克森紧张的原因与她耽搁了那么久才提笔写《贾勒茨维尔》的原因相同；她想通过小说让历史故事活过来，但无意造成任何冒犯。

尼克森对贾勒茨维尔的人有额外的担忧。比如阿切尔家族在小说中出现过，或许阿切尔家族的人也会出席读书会。在写尼克的时候，尼克森没有想过麦科马斯家族会怎么看她对他们被谋杀的祖先的描写，他们很可能也会出席。马丁·贾瑞特（Martin Jarrett）也是小说中的人物，他的后人也生活在这个地方，他的肖像就挂在尼克森计划办读书会的那个图书馆里。《贾勒茨维尔》最终的结局是一群南方同情者以"合理杀人"的临时理由判玛莎无罪，这个真实事件最初令尼克森不敢相信，对读者来说也是一样。但在贾勒茨维尔家族农场度过的夏天里，尼克森记得曾遇到过可能做过陪审员的人，这些人可能也会来参加她的读书会。他们会对尼克森描写的事件以及她的同情心作何反应？更重要的是，现在贾勒茨维尔的居民会如何看待这部小说中有关这个城镇有争议的历史的章节？"我觉得一些人可能不希望这段历史被挖掘出来。"桑迪·谢尔曼在设想人们对《贾勒茨维尔》可能的反应时说道。

桑迪·谢尔曼和贾勒茨维尔读书俱乐部的其他人一起参加了读书会。大约有一百人出席了尼克森的读书会，这对于一个总人口约两千七百人的城镇来说是一个令人印象深刻的人数。图书馆最大的会议室甚至都坐不下这么多人。所有的椅子都被坐满了，有人只能在后排站着，来晚的人只能困在走廊向里张望（见图10.1）。至于读书会本身，在密西西比，读者曾在马丁·贾瑞特指责尼克·麦科马斯是个"洋基混蛋"时爆发欢呼。然而在贾勒茨维尔，和其他段落中马丁·贾瑞特的第一人称叙述一样，这一行收到的是声响不一的笑声。看起来，尼克森试图在贾瑞特部分传递的幽默终于被欣赏和理解了。

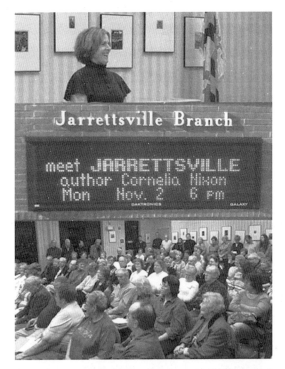

图10.1　尼克森在贾勒茨维尔公共图书馆的读书会

来源：上面和下面的图片来自《巴尔的摩太阳报》（*The Baltimore Sun*）；中间的图片为作者拍摄。

　　对尼克森来说，更难忘的是读书会的提问环节和签名环节。她后来说，由于读者对时间和地点丰富的历史知识，提问环节对她来说非常难。读者们也会在提问和签名时跟她分享他们自己的故事。"这是我经历的最长的一次，"尼克森惊呼，"人们想说话！天哪，他们想说话！"他们对她讲述自己的家族故事，讲述他们自己的生活与小说中相关人物的关联。他们想谈谈地理和街区名字，以及直到20世纪40年代街对面是如何坐落着多余的教堂：一座专门给北方人，一座专门给南方人。尼克家族的后代也在签名时问候了尼克森，并感谢她写了这个故事。如果贾勒茨维尔有人对小说中挖掘这座城镇历史的章节感到不满的话，那一晚他们可能没有出现在图书馆。相反，从尼克森与读者的对话中可以看出，人们已经为她的到来兴奋了一段时间。人们纷纷告诉尼克森，一周前他们在伯特利教堂后面的墓地周围徘徊，试图找到玛莎和尼克的墓地。"你不会相信发生了什么，"一位在当天早些时候访问过墓地的读者对尼克森说，"我不知道是谁，但有人去了伯特利教堂，在玛莎的墓前放了鲜花。"第二天，尼克森也访问了墓地并在墓前放了鲜切花，她内心充满了情感，但只能边摇头边思考："你能相信吗？你能相信吗？这是最令人惊讶的事。"

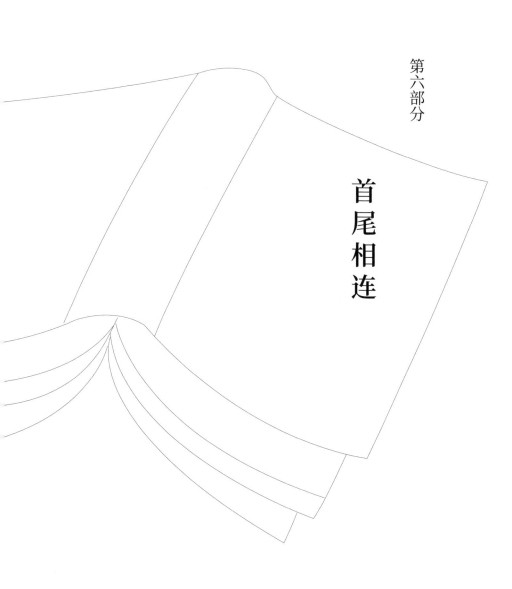

第六部分

首尾相连

创作场域
（艺术）

文学代理人　组稿编辑

生产场域
（商业）

销售代表　营销人员

销售者　评论人

接受场域
（意义）

11

结论

重新联结创作、生产和接受

"一个典型的出版故事":《贾勒茨维尔》背后的人们学会了什么

通过巡回作者见面会和偶尔收到的粉丝来信,科尼莉亚·尼克森获得了进入接受场域的窗口。最令人愉快的是,在她的巡回见面会期间,提问时间里读者一直在问和历史有关的问题。在《贾勒茨维尔》之前,尼克森从来没有写过历史小说。由于她为小说做了大量的档案搜寻工作,她很高兴有机会详细回答读者的问题。对尼克森来说,这些读者的反应与获得沙拉内战小说奖一样，是对《纽约时报》上批评《贾勒茨维尔》的文章的一种有力反驳。尽管《贾勒茨维尔》受到了普遍且热情的接受，但尼克森并不认为她会再写一部历史小说。她认为这"只是为了讲述这个故事"。在写完《贾勒茨维尔》后，她开始着手写一部关于她读本科时在南加州的时光，新的小说《海滩兔子》（*Beach Bunny*）。伯克利牛津街和中心街道交界处的星巴克不再是适合写作的好地方，她开始在家里的书桌前写作。随着时间推移，尼克森觉得《海滩兔子》也不适合继续写下去，她开始写另一部小说，她称呼这部新的小说为她的"离婚小说"。

2012 年，尼克森的文学代理人温迪·维尔去世了，尼克森的写作进程随之被打断。依靠创作场域的名字经济朋友乔伊斯·卡罗尔·欧茨（Joyce Carol Oates）的帮助，尼克森找到了一位新的代理人。对跨越创作场域和生产场域的文学代理人来说，尼克森缓慢的写作速度的问题在于建立她职业生涯的势头会很难，如果不是不可能的话。尼克森提到她的新代理人时说道："他哀叹说我完全没有知名度。他谈到必须要'重新介绍我'。"在《贾勒茨维尔》对尼克森进行成功的重新介绍后，情况似乎变成了如果她的新代理人要为她获得出版合同，她就需要再次被重新介绍。

对尼克森来说，《贾勒茨维尔》带来的另一个影响更加私人化。最开始时，她与康特珀恩特的舒梅克的关系因他决定不出版《天使赤身裸体》的平装本而破裂。那时，这本书的精装本销量不足以证明出版平装本的合理性，舒梅克也知道，尼克森对他没有给这部小说第二次机会非常介怀。他私心希望《贾勒茨维尔》的销量会证明出版平装《天使赤身裸体》的合理性，最终他的愿望实现了。《贾勒茨维尔》出版的十三个月后，《天使赤身裸体》重新出版了。

2016 年，舒梅克为康特珀恩特竞标拿到了尼克森新小说的出版资格，这部新的小说名为《名声的使用》（the Use of Fame），与离婚有关。到此时，尼克森和舒梅克的关系完全恢复了。对尼克森来说，名声确实很有用。角谷美智子对《现在你看到它了》的赞美是尼克森对名誉场的短暂参与，这促使她的职业生涯来到《贾勒茨维尔》这一篇章。而欧茨的名声又使尼克森遇到了她的新代理人，如果不经过这一步，《名声的使用》将永远不会出版。和其他与《贾勒茨维尔》有关的人一样，尼克森也有关于这部小说出版前后发生的故事可讲。

对康特珀恩特的首席执行官查理·温顿来说，《贾勒茨维尔》是"一个典型的出版故事，它在某种程度上是一次不错的中间出版"，温顿这样说，"这就像是'好吧，那本小说某种程度上不错'"。康特珀恩特和西部出版集团为《贾勒茨维尔》选择的"对标"书是 E. L. 多克特罗（E. L. Doctorow）的《大进军》（The March），后来证明这种选择是有先见之明的。《贾勒茨维尔》卖得比预付金要多，但没有成为像《大进军》那样的畅销书，这意味着这种对标实际上还不错。《大进军》获得了福克纳小说奖（Pen/Faulkner Award）、美国国家书评人协会小说奖（the National Book Critics Circle Award for fiction）和迈克尔·沙拉奖。《贾勒茨维尔》获得了沙拉奖，但没有获得其他两个更大的奖，这进一步证明了选择这本书作对标书目是不错的。

如果《贾勒茨维尔》真的达到了《大进军》的高度，那么康特珀恩特就该选择一本更有野心的书作为它的对标，甚至可以是温顿内心里秘密希望的《冷山》，这本书是超级畅销书并曾获得过美国国家图书奖（the National Book Award）。

对康特珀恩特来说，《贾勒茨维尔》已经收回了成本——基于近 85% 的书并不能做到这一点，这是一次成功——但它没能成为一本畅销书。也就是说，出版《贾勒茨维尔》的决定不是一个错误，但它没能赚到足够多的钱来弥补未来许多不可避免的错误决策而可能产生的损失。尽管它没有取得巨大的成功，但《贾勒茨维尔》活了下来。仍有销量的图书会成为出版商未来图书目录中的再版书。在康特珀恩特 2009 年秋季出版的 18 本书中，《贾勒茨维尔》是唯一一本在接下来的五年继续出现在图书目录中的书，也是那个秋季图书目录中，在绝版前唯一一本依然留在图书目录上的书（见图 11.1）。从这种角度来看，《贾勒茨维尔》不是一个典型的出版故事，因为它有着非典型的、如此强的生命力。

和写作《贾勒茨维尔》的尼克森一样，对康特珀恩特来说，出版这部小说的经历也对他们未来的决策产生了小小的调整性影响。温顿后悔与鲍德斯的合作，因为这项合作在最后一刻吃掉了康特珀恩特保留的库存；这些库存本应在圣诞节期间的几个星期内为其他零售点补货，而不是一动不动地躺在鲍德斯仓库里。"我不知道我们以后会不会再与连锁书店合作。"温顿后来谈到这次经历时说。他过去一直对与连锁书店的合作保持怀疑，但对他来说，这次《贾勒茨维尔》的负面情况是一个转折点。

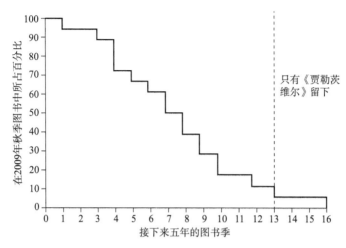

图 11.1　接下来五年（2010–2014）的图书目录里 2009 年秋季
书目中图书的存活率

　　对《贾勒茨维尔》的一部分读者来说，这本书成了他们
未来阅读和社交的偶然参考点。在讨论这部小说时，他们将其
与各种小说进行比较。讨论《贾勒茨维尔》时也会讨论到詹姆
斯·麦克布莱德（James McBride）的《未被唱出的歌》（*Song
Yet Sung*）、布莱恩·科普兰（Brian Copeland）的回忆录《不是真
正的黑人》（*Not a Genuine Black Man*）、《喧哗与骚动》（*The Sound
and the Fury*）、《廊桥遗梦》（*The Bridges of Madison County*）、
《根》（*Roots*）、《安娜·卡列尼娜》、《小妇人》、《冷山》、《在德
黑兰读〈洛丽塔〉》、《姊妹》（*The Help*）。"近一百年的时间在
中间分隔了他们，"一位读者在谈论《贾勒茨维尔》和《姊妹》
时说，"这太令人伤心了。"对一位读者来说，玛莎和尼克就
像《暮光之城》（*Twilight*）系列中的"爱德华和贝拉"，而另一

位读者认为他们像"南方的亚当和夏娃"。《贾勒茨维尔》"没有《奥斯卡·瓦奥短暂而奇妙的一生》（*The Brief Wondrous Life of Oscar Wao*）那么好"，但肯定"比《美国牧歌》（*American Pastoral*）要好"，一位读过这本由菲利普·罗斯（Philip Roth）写的小说但显然不是其粉丝的女士说。在所有读者中，最常见的比较是把《贾勒茨维尔》与《飘》做比较。在西雅图的一个读书小组中，玛莎和斯嘉丽·奥哈拉一样，是"一个被传统困扰的自由灵魂"。在贾勒茨维尔的读书小组中，玛莎是一个"斯嘉丽·奥哈拉式"的人，而在纳什维尔，玛莎有"百分之三十像斯嘉丽·奥哈拉"。

更一般地说来，来自三个场域的各种各样的人在《贾勒茨维尔》中留下了印记，或者被《贾勒茨维尔》印上了印记。一些人在徘徊，而一些人继续前进，虽然并非完全如此。2015年，尼克森与迪恩·杨离婚后与哈扎德·亚当结婚，哈扎德是她曾经的导师，曾通过教尼克森浪漫主义诗歌而在某种程度上影响了她风格的形成，以自己的方式间接地塑造了《贾勒茨维尔》。在《贾勒茨维尔》的工作结束后，亚当·克雷曼接受了麦克斯威尼的助理出版人职位，回到芝加哥的家，有了两个孩子，然后转型做在线音乐杂志的营销和销售。《贾勒茨维尔》是克雷曼在生产场域从头到尾负责的第一本书，这对他来说依然很重要。对杰克·舒梅克来说也是这样，他不仅相信克雷曼作为编辑的敏感性，而且也帮助塑造了他的编辑敏感性。

2013年，杰克·舒梅克获得了西部出版协会（PubWest）的终身成就奖，西部出版协会是美国西岸图书出版商广泛认可的（在生产场域内部）贸易组织。他仍在康特珀恩特工作。查理·温顿在 2013 年辞去了出版人的职务，但他仍在收购书稿并担任首席执行官。2016 年，康特珀恩特举行了其作为"优质"纯文学小说营利出版商的二十周年庆。在《出版商周刊》的报道中，温顿说康特珀恩特可能是"哈德逊以西唯一营利的文学出版商——哈德逊以东也没有多少"。康特珀恩特继续维持平衡策略：出版那些能在《今日秀》(*Today*)中宣传的商业图书，也出版那些能得到《纽约时报》评论的有长期文学潜力的图书，当然最好是二者兼备。一位康特珀恩特的作者说，"他们在艺术上信任你，即使你没有创造出很大的净利润"，同时一位康特珀恩特的员工称赞这家出版社的"商业"专注性，并讨论了其收购其他出版社来扩张的可能性。[1]

2016 年 8 月末，在康特珀恩特对尼克森的新小说提出邀约的几天后，他们也完成了另一项重大的收购——康特珀恩特本身。新型独立出版社凯特珀特（Catapult Press）收购了康特珀恩特。凯特珀特出版社成立仅一年时间，在纽约和俄勒冈州波特兰市有办公室，他们的总编辑是出版界资深人士派特·斯特拉坎（Pat Strachan），有一批经验丰富的编辑和拥有行业经验且颇受好评的作者。首席执行官伊丽莎白·科克（Elizabeth Koch）——亿万富翁查尔斯·科克（Charles Koch）的女儿，曾公开表示自己不关心政治——为凯特珀特提供了启动资金。这家出版社似乎是一个 21 世纪的出版实验：他们的书已经得到了主流评论，由西部出版集团发行，但他们也专注于直接销售，拥有一份在线杂志，这份杂志通过为作家提供写作坊的机会使作者赚钱以补充作者的收入。

　　凯特珀特的编辑人员有一半都是非白人，这在这个行业中相当不典型。在这次合并中，舒梅克留住了他在康特珀恩特的职位，而温顿辞去了首席执行官的职务，以编辑的身份继续工作。凯特珀特中曾担任过《格兰塔》执行总编的五十岚由佳（Yuka Igarashi）将负责软骨出版品牌（Soft Skull）的编辑方向，并将这个品牌带回纽约。凯特珀特的联合创始人安迪·亨特（Andy Hunter）在一份声明中说，"康特珀恩特是美国最重要的独立出版商之一，拥有令人惊异的纯文学小说、精湛的政治非虚构作品和一种紧要且必需的反主流文化精神……我们的目标是支持并继续发展查理·温顿及他的团队创造的财富，并通过我们的营销和数字化计划进行创新，使康特珀恩特的图书成为我们文化对话中越来越重要的一部分"。[2]凯特珀特说的似乎都是对的，但和所有的实验一样，最终会发生什么还有待观察。

＊＊＊

　　和导言一样，接下来所论述的部分适合社会学家和其他对创作、生产和接受的学术研究感兴趣的人阅读。如果你对这些不感兴趣，那么除却这些论述部分，图 11.2 依然值得你思考，第 334 页至 339 页中也有一个简短而有趣的故事等着你。同样地，你也可以在方法论附录中读到关于你手中的这本书是怎样诞生的故事。

《贾勒茨维尔》之外的教益：重新联结创作、生产和接受

20世纪70年代早期，科尼莉亚·尼克森还是一名正在重新构想《海滩兔子》的本科生。在这个时期，社会学对物质文化的研究开始分化。这种分化的起因是对更多的经验准确度的需要和缩小文化对象研究的愿望。文化学者不再将媒介看作研究其他主题（如宏观价值体系、资本主义意识形态）的便捷窗口，而是开始研究具体情况下、有限范围内的生产和接受过程。经过半个世纪后，那些造成生产和接受分离的古老幽灵不再对社会学家造成困扰。是时候重新思考并重新整合创作、生产和接受的研究了。在过度整合和完全分化之间的某个地方，存在着相互依赖的三个场域。在社会学中，场域概念是一个强大并且越来越普遍的变革性概念，但它也需要进一步的研究与完善。

重新思考场域内部和场域之间的安排

正如本书所展示的那样，作者、出版商和读者并非占据一个单独的"文学场域"——或完全镜像的生产和消费场域——而是其大部分时间都在不同的场域中实践。[3] 通过场域理论，我们知道这是真的，因为所有这些场域都有自己习以为常的现实、游戏规则和内化的基本法则。一个场域要成为一个场域，其中的参与者也应该对其结构方式、其他人在做的事有一种一般意识，在他们活动的结构性组织中，他们应该彼此竞争。然而这

在三个场域之间却不是这样的。

虽然作者可能会与其他作者竞争以得到更多的文学好评或更多读者，但他们不会因为文学好评而与读者产生冲突，作者和读者也不会按照相同的理所当然的现实来进行他们的创作和阅读。对于在生产场域开展工作的营销总监来说也是如此，他工作的展开可以不用知道作者如何在创作场域与其他人争夺位置，也不用知道作者内部斗争中的利害关系。同样，作者可以在不知道生产场域的营销总监所面临的制度化规范、约束和冲突的情况下自由地做自己的工作。如果作者确实知道这些的话，他依赖的也是二手研究或重复从代理人或编辑那里听到的内容；当谈到对生产场域的理解时，他从场域内部联系人那里听来的话就是上帝之语。

以第八章为例，当出版商讽刺另一家出版商在美国图书博览会上有一个太大的展位时，出版商的地位表达与读者在接受场域的地位表达、作者在创作场域的地位表达完全不同。生产场域的参与者可以从一个讽刺性的四词短语中读出许多意思，"好好看看他们吧"（well look at them）。但对作者和读者来说，要在上下文中理解这个短语的意思，就要了解背景信息的潜在含义，而在了解过程中，妙语连珠不会显得幽默，只会使说话人听起来小家子气；对局外人来说，内部人员对其他内部人员的随意批评总是微不足道的。但同时，第八章也谈到，遵守缄默法则的作家会认为那些打破这个法则的作家是自私自利的，而对一位读者来说，不管他是否意识到这种法则，这种默认法则的存在本身就已经是一种不公平的自私了，是一种场域层面上的共谋。在第七章的讨论中，三个相互依存的场域的实际存在也解释了为什么拥有一张玛瑞恩·埃特林格拍的作者照片可以为创作场域的作家提供文化资本的具象化形式。而同时，这个要求对生产场域来说无异于"疯狂作家"的要求，接受场域则根本认识不到这些。

场域常被认为是"半自主的"，虽然对场域的研究倾向于强调这个短语中"自主"的部分。[4] 由于这些场域间的相互依赖性和它们对小说的共同关注，发生在一个场域中的事情并非与下一个场域中发生的事情完全无关。换句话说，在创作和生产场域中"进入"小说的东西并未完全在其接受过程中丢失。如第九章所示，至少在有限的层面上，读者会使用作者编入小说中的意义作为指导来为小说创造意义。在被作者意图的一般解释方向引导时，读者依然可以自由地制造他们自己的意义——如第十章讨论的那样，他们更具挑战性地更进一步，将小说读进了他们的生活——但同时他们也并不是完全孤立地去理解事物。在分别从创作和接受的角度研究其相互影响的时候，原来不可知的东西现在变得可知了，至少在《贾勒茨维尔》的案例中是这样：根据尼克森的意图阅读小说的读者，比不这样做的读者更喜欢这部小说。在追随《贾勒茨维尔》整个生命周期的过程中，小说在跨越场域时也留下了在不同场域中努力过的痕迹，这是不可避免的。

社会学中的场域理论，特别在布迪厄文化场域的著作之后，关注更多的是场域的"极点"（场域两端的外围），而不关注发生在两端之间的大部分活动。[5] 然而，正如第六章所强调的那样，至少在生产场域中，艺术和商业是连续存在的，而且在许多情况下它们之间的关系是互补的而非对立的。这种对布迪厄场域理论的调整可能反映出关注点的不同，在布迪厄文学场域中并不缺少人或文化对象，他的研究倾向于不关注组织。[6] 在生产场域，"艺术"作品和"商业"作品在组织层面的相互依赖是最明显的。至少可以追溯到 20 世纪中期文学出版的"黄金时代"，出版商一直在寻找能迅速提供大量收入（不幸的话就是大量损失）的"大赌注"商业书，和"小赌注"纯文学书之间的平衡，后者提供的收入能在很长一段时间内保持稳定，以便在"大赌注"的书没有回报的时候保持出版商的运营。虽然在双重需求失去平衡时，商业书和纯文学书的关系可能会陷入紧张，但大多数时候，二者可以和谐地相互依赖。最近关于文化生产组织中艺术和商业关系的几项研究证实，紧张局面可能会产生，但不能将这种情况视为典型状态，如果这样认为，就误解了文化生产组织的日常运作方式。[7]

由于场域理论对结构关系的强调，这种方法常被认为与网络或符号互动主义方法对立。[8] 但正如本书所示，即使在场域内部，协作决策和意义生成中实际互动的重要性也不容忽视。第九章中读书小组中的读者也是如此，他们在读书会之前至少部分地受到自身结构性立场的影响，但随后在读书会中，他们通过人与人之间的讨论，有时会产生与他们之前的立场非常不同的解释结果。

更一般地说，每个场域内部对小说的制作和重塑都是深层次的社会性和互动性过程。首先，无论是作家、组稿编辑还是读者，个人都会对小说进行意义生成。个人在场域中的位置决定了他如何做这项工作。一旦小说通过了第一关，其他场域参与者就会被引入，做进一步改善和协作性创造。创作场域的作家会收到其他人的反馈和建议，就像一旦编辑完成了他的工作，生产场域的文字编辑、封面设计师以及营销代表就会加入到这本书的工作中。读者经常与其他读者就他们正在读或读过的书进行互动，相互影响和完善他们对小说所生成的意义。通过这种方式，我们可以将小说的社会生活想象成一系列的沙漏：一个人在广泛影响下将作品提炼成一个对象，然后通过直接的人际交流，对这个对象的理解视野又再次被拓宽。

写作、出版和阅读小说不可避免的不确定性使得每个场域的知识型互动变得非常重要；不确定性可以通过将增援（并且希望是协作的新想法）纳入流程中而得到减轻。借助其他人的反馈和建议——第二章中《贾勒茨维尔》的新名字；第五章中基于编辑退稿信而产生的变化；第七章中对标书的选择；第十章中通过对话改变一个人对角色行为正当性的理解——是应对固有的不确定性的常规策略。社会反馈也常被用来筛选供过于求的东西，就像作者要在太多可能的叙述方向中选择一个，代理人或编辑要从太多可用的书中选择做哪一个，书店买家或评论人要从太多需要推广的图书中选择，读者从太多要读的书中进行选择。因此，在三个场域中，不确定性和供过于求使得社会性交换和关系性交换变得至关重要。

真实的关系交换网络也是小说从一个场域传递到下一个场域的渠道；这些关系可以将场域之*间*的关系结合在一起。[9] 这些交换中，人的结构性位置很重要，比如在确定代理人是否具有合法性时（见第四章），或在确定康特珀恩特是什么类型的出版社时（见第六章）。但是，人们的结构性位置与他们之间的实质关系之间也存在二元性，因为小说如果不通过他们在场域结构间的"管道"或"回路"，就无法完成从一个场域到另一个场域的跨越。[10] 但如果我们仅将组稿编辑放在他们的结构性位置上，那么第五章维尔为《玛莎的版本》精心挑选寄送的编辑名单里，编辑对书稿做出的正确或错误的评价就不会那么难以预料。

　　一般来说，代理人和编辑之间的关系可以作为一个很好的例子来说明结构相似性和人际关系在小说场域跨越中的重要性。在第四章中看到，AAR 通讯上刊登的新编辑档案可以作为代理人的意向选择档案。同时，由于代理人和编辑间的相互依赖以及他们随时间推移变得亲密的多元方式，他们工作的*内容*与*工作的方式*变得越来越倾向于共生。在下一个场域转换中，销售代表和书店买家之间的关系也是如此；他们在反复交易过程中建立的信任和共同感知力不但让工作变得更简单了，而且使得在一起讨论小说更容易，更能得到情感回应。就像第五章和第七章中讨论的那样，无论在场域之内还是在场域之间，跨越场域的小说需要通过直接的人际交往来激发*情绪感染力*。《贾勒茨维尔》的案例表明，情绪感染力的形成不是通过地位的渗透完成的，而是通常发生在人与人之间。

　　实质性互动在小说场域跨越过程中必要性的另一个例子是，部分的场域跨越需要将小说在原来场域中的意义翻译成新场域中的意义。实现这一点也需要通过人与人之间的真实对话。在小说的场域跨越过程中，文学代理人（一只脚在创作场域中）和编辑（一只脚在生产场域中）在场域之间的某处共同开发出一种混合语言，这种语言能实现小说跨越，使其进入另一个场域。知道作者对他的书的看法，或创作场域中其他位置的人会看好还是贬低这本书，这些不是文学代理人仅有的工作，虽然他可能对这些有所了解。相反，他必须和编辑一起，将这些事翻译成关于这本书的故事，以使那些扎根于生产场域的人能关心和了解这本书。

对小说的讨论如何因他们的位置而改变的例子是，第二章中讲述的关于尼克森创作过程的故事，温迪·维尔（她的代理人）知道一部分，亚当·克雷曼（她的编辑）知道得很少，而除了《贾勒茨维尔》的原型是一个真实家族故事之外，艾比·辛科维茨（康特珀恩特的宣传主管）对她创作的故事一无所知，而且并不关心。在尼克森到辛科维茨之间的四步中，几乎所有关于《贾勒茨维尔》的有趣的故事都发生了改变。同样地，对辛科维茨和她负责的评论刊物来说，关于《贾勒茨维尔》的"重要"故事再一次需要做出改变（比如，"不要谈太多情节"）。评论刊物通过辛科维茨的推销，知道了康特珀恩特对这本书的看法（谁喜欢这本书，为什么；这本书在图书目录上的位置；尼克森曾经得到的评论），然后将这些转换成了接受场域中比较重要的意义：这本书"关于"什么？它在哪方面与该场域的其他书契合？它成功达到了目标吗？它值得读吗？辛科维茨的推销——与编剧对个人网络或工作室的推销，或记者对他新闻编辑室的推销一样——最终都是将对象的价值翻译给别人，以使这个对象能够跨越场域。这就好比投球手需要接球手，通过合作性的反复互动，投球手和接球手在学习怎样更好地在工作中相互适应。

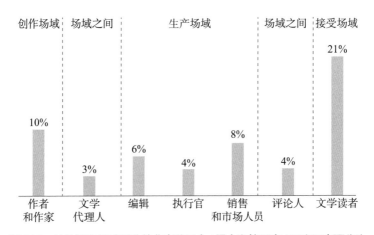

图11.2　按位置和场域划分的非裔美国人/黑人和拉丁裔/西班牙裔百分比

资料来源：作者和作家数据来自2015年劳工统计局。文学代理人数据来自原始数据。文学读者数字来自 NEA 2009 年的"阅读崛起"（Reading on the Rise）。其他数据来自2015年的多样性基准调查（Diversity Baseline Survey）。

同样，通过关系网络（场域内部或场域之间）还可能会出现文化再生产，因为个人关系和共同的感知力、情趣及品味对小说热情的产生至关重要。身份、个人经历与热情、工作专业性的结合，可以确定哪些小说能够跨越场域，哪些小说不能。如第三章到第五章中谈到的，三个场域中种族和族裔多样性的缺乏就是如此。在三个场域结构中最令人不安的或许是，种族和族裔多样性最低的是场域跨越的引导者；小说从一个场域进入——或无法进入——另一个场域的渠道（见图11.2）。

在三个场域中，位于创作场域和接受场域中间的生产场域的种族同质性最高。正如第四章中谈到的，如果有更多黑人和拉丁裔代理人（他们比白人代理人更愿意代理"种族"或"多元文化"小说），那么可能就会有更多的黑人和拉丁裔作家，编辑可能会对他们的作品更感兴趣。"我们不需要更多拉丁作家。我们需要更多拉丁裔的组稿编辑。"前西蒙与舒斯特的编辑马塞拉·兰德雷斯（Marcela Landres）说。[11] 相似的困境也出现在下一个面向读者的场域转换中，如果有更多能更好地理解他们偏好和口味的销售和营销人员（或评论人），那么他们可能会更好地被引向他们感兴趣的书（这是场域转换的前提）。在一个相互依赖的系统中，输入的问题也会影响输出。目前在美国，大约每十万个白人读者有一位白人文学代理人，而每一百万个黑人或拉丁裔文学读者才有一位黑人或拉丁裔文学代理人。由于这些场域是相互依存的，小说项目以场域跨越为目的，所以场域中心缺乏多样性不仅会影响创作场域作品得到的机会，而且还会影响作者自身的行为，正如第五章中达蒙和马克西姆说到的那些情况。

三个相互依存的场域的变革力量

场域面向再生产，这一点限制了其内生变化。[12] 一般来说，关于生产和接受的流行理论比场域理论更有能力应对内生变化。[13] 如在第三章的讨论中，文学代理人的兴起是关于市场和组织形式变化的故事（一个"文化生产"的故事），而不是资本积累或为地位奋斗的故事（一个场域故事）。同样，创作场域中短篇小说的兴起是一个可以从政府间接干预、场域层面的组织变化以及由于 MFA 项目兴起造成的职业结构改变这些方面来解释的故事。但场域内生变化也可以通过与场域理论更契合的方式来描述，只要愿意接受人们有时候不知道该做什么，有时候试图通过实验来解决。[14] 在这些例子中，根据定义来说所有小说都多少有些独特，在处理这些小说时，内生变化会因实验的不可避免性而发生，因为根据定义，所有小说都多少有些独特性，这可能通过模仿（或改变惯例）作为减少不确定性的常规工具而产生变化。

例如第七章中，康特珀恩特和西部出版集团需要讨论在《贾勒茨维尔》的封面上放推荐语（以及先出版平装本）是否是"可接受的"，是否依然能获得评论并在生产场域中被看作是文学作品。作为一部从定义来看至少有一定独特性的新小说，尽管《贾勒茨维尔》一定会被典型化并与其他小说相"对标"，但进行小型的实验是不可避免的（如，流行小说可以在封面上有推荐语，纯文学小说可能也可以有，那《贾勒茨维尔》该怎么做？）。与此同时，实验的问题也是模仿性的：问题在于，模仿那些在封面上放推荐语的纯文学小说出版商是否明智，还是说出版社应该与没放过推荐语的出版社保持一致。而康特珀恩特的决定也以自己的方式影响了其他出版商可能会做出的反应；要不要在封面上放推荐语是对趋势进行选择，因为这样的选择，最终会导向更大的趋势。如果我们要问，康特珀恩特在《贾勒茨维尔》封面上放推荐语的决定是生产场域越来越多地使用这种做法的原因还是结果，这个故事提出了一个内生性"问题"。然而，如果我们的问题问的是生产场域内部的内生变化是如何发生的，而不是内生性"问题"本身，那么这个故事提供的就是一个解决方案。

场域理论中更典型的是，场域的进化是通过外生变化的力量来揭示的；无论是教育水平的提高还是挑战现状的新生力量的进入等，场域之外条件的影响都会在场域中扩散开来。[15] 证明外生变化与小说之间的关系较好的例子有 19 世纪美国版权法对美国小说的影响，以及 20 世纪 80 年代油价对尼日利亚小说生产的影响。[16] 然而，由于创作、生产和接受是彼此接近且相互依存的场域，一个场域中更小的中观层面的变化——而不是国家市场力量、国家性政府政策、代际变化或不断提升的教育水平构成了所有变化——可以成为相邻场域外生变化的动因。如第二章中谈到，生产场域发现自己位于创作场域和接受场域之间，创作场域中小说作家越来越多地在 MFA 项目中创作短篇小说，而接受场域则对此没有大量需求。因此，生产场域需要发生微小的变化以使相邻场域中发生的事恢复平衡：因此，"故事中的小说"方兴未艾。这是创作场域中大的变化——MFA 项目的兴起及其对小说创作形式产生的影响——引发了生产场域的一个小而相似的变化，以使其与作者和读者保持良好关系。

引起场域变革的小的外生力量的另一个例子是电子书技术的采用，比如在第八章中谈到亚马逊等销售点使用的不投资、包容性出版模式的兴起。在第三章中可以看到，这种生产场域的技术变革在创作场域产生了余波，改变了一些作者的收入来源。在场域理论中，外生力量通常是造成重大变化的重要力量，而通过将视野缩小到相互依赖的创作、生产和接受场域——通过同时研究这三个场域——我们也能理解某些更温和的外生力量造成的更温和变化；在更大的变化之外，我们还能理解更小的变化和调整。

在三个场域中，第二种也是更常见的小的外生力量的变化是成功。变化常常会发生在对接受场域已实现的成功的回应中，也包括对创作和生产场域关于成功看法的回应。为了说明这一点，请仔细考量以下这一场域转换故事：从 1976 年安妮·赖斯（Anne Rice）的《夜访吸血鬼》（*Interview with the Vampire*）到 2011 年 E. L. 詹姆斯（E. L. James）的《五十度灰》（*Fifty Shades of Grey*）的路径。

从《夜访吸血鬼》到《五十度灰》

20 世纪 60 年代，作为伯克利英语专业博士生的安妮·赖斯觉得比起研究文学，自己更想成为一个作家。她换了一种人生道路，前往旧金山州立大学参加 MFA 创意写作项目。她曾写了一部关于吸血鬼的短篇故事，然后在攻读创意写作硕士学位期间将短篇故事修改成一部小说。几年后，她经历了多次退稿，后来在一次作家会议上遇到了一位文学代理人，这位代理人最终把她的吸血鬼故事带入了生产场域，以当时 12000 美元的高额预付金卖给了克瑙夫出版社。这本书收到了褒贬不一的评论，销量中等，在接下来的十年左右，赖斯以自己的名字出版了两部历史小说，用两个不同的笔名出版了五部情色作品。或许这已经是《夜访吸血鬼》的最终结局了，但到 80 年代中期，赖斯重新回到这部小说上，把它变成了大获成功的系列作品"吸血鬼史诗系列"（*The Vampire Chronicles*）。

几年后，20 世纪 90 年代初，生产场域的出版商哈珀·柯林斯（Harper Collins）注意到了赖斯的吸血鬼系列图书在接受场域的成功，于是找到图书包装商阿洛伊娱乐（Alloy Entertainment），想要寻找一位能将赖斯的吸血鬼系列变成青少年读物的作家。生产场域的阿洛伊娱乐先构建出改写的大致轮廓，然后去创作场域寻找作家来实现他们的构想。他们找到的作家是 L. J. 史密斯（L. J. Smith），她最终写出了"吸血鬼日记"（*The Vampire Diaries*）。史密斯曾计划写成三部曲，但由于接受场域的需求，第一个系列变成了四部曲。

即使不熟悉"吸血鬼日记"系列的书，人们可能也很熟悉其中的基本情节。虽然斯蒂芬妮·梅尔（Stephenie Meyer）宣称她的"暮光之城"系列来自她的一个梦，并受到一系列文学经典的启发，但这个系列在 2005 年首次出版时，《吸血鬼日记》的狂热粉丝就声明抵制《暮光之城》中梅尔明显的借鉴行为。两个系列都设定在一个小镇中，都是一个年轻的女孩与两个古老的神话生物之间发生的三角恋故事，这些古老生物都在她的高中里伪装成人类。他们最终选择与之在一起的都是内心更复杂也更善于思考的那一个；他们相爱之后，她想要他喝她的血，这样两人便可以一同不朽地活下去，但他会忍耐和犹豫。

在《吸血鬼日记》中，这个女孩的名字是埃琳娜，古老生物是一对吸血鬼兄弟，名字是史蒂芬和达蒙。而在《暮光之城》中，女孩的名字是贝拉，古老生物是名为爱德华的吸血鬼和名为雅各布的狼人。

　　接受场域里《吸血鬼日记》的粉丝指责梅尔没有公开说明《吸血鬼日记》是她的灵感来源，而《暮光之城》的粉丝则指责 2009 年播出的电视剧版《吸血鬼日记》没有指明《暮光之城》的影响。一方面，这种《暮光之城》粉丝反过来提出指责是因为他们没有意识到，电视剧版的《吸血鬼日记》依据的是早于《暮光之城》十四年之久的原著。另一方面，还是因为他们准确地意识到了生产场域在 2009 年将《吸血鬼日记》改编成电视剧的举动，是对《暮光之城》的书和系列电影在接受场域获得巨大成功的一种跟随。对于第二种指责，即《吸血鬼日记》改编成电视剧的原因是《暮光之城》系列电影的成功，《吸血鬼日记》的电视剧版合作创作人朱莉·普莱柯（Julie Plec）和凯文·威廉森（Kevin Williamson）在制作电视剧时对于这两部作品之间的相似性持有开放的态度。关于电视剧版《吸血鬼日记》"为什么是在这里，为什么是在现在"的问题，可以用一个词来回答：暮光之城。

　　"暮光之城"系列不仅在《吸血鬼日记》的电视剧改编中发挥了重要作用，而且在生产场域引发了"五十度灰"系列的诞生。受到"暮光之城"系列巨大成功的诱惑，E. L. 詹姆斯（E. L. James）花了五天的时间读了《暮光之城》三部曲，然后以笔名"雪龙·冰雪女王"（Snowdragon Icequeen）写了一部叫作《掌控宇宙》（*Master of the Universe*）的同人小说。这部小说在上传到同人小说网站（FanFiction. net）后，在网站读者中大受好评，收到了约四万条评论。在《掌控宇宙》从网站上下架后，詹姆斯重新修改了这部小说并"拿掉序列号"（filed off its serial numbers），这是一个同人小说群体中常用的术语，表示同人小说从其源材料（在这个例子中是《暮光之城》）到完成转型的过程，这样小说就可以在不违反版权声明（如相似的角色名、背景等）的情况下销售。詹姆斯将《掌控宇宙》重新命名成《五十度灰》，重写了近 10% 的内容，然后与澳大利亚的线上出版公司作家咖啡店（The Writers' Coffee Shop）合作，将《五十度灰》以电子书的形式发表。这个版本卖出了约 25 万本，登上了《纽约时报》电子书小说畅销榜，同时其版权被年代出版（Vintage，兰登书屋的分支机构，克瑙夫的平装书品牌）的编辑安·梅西特（Anne Messitte）以七位数的价格买下，在她手中，《五十度灰》又卖出了超过一亿本。

最后，《五十度灰》在接受场域成功之后，我们再回到创作场域中就会发现，许多作者根据《暮光之城》的同人小说《五十度灰》，创作了自己的《五十度灰》同人小说。[17] 同时，生产场域的出版商开始回顾自己出版过的情色图书目录，希望能利用重新出版来跟上这种类型图书的大众消费趋势。企鹅出版社在过往出版目录中发现了一套名为"睡美人三部曲"（*Sleeping Beauty Trilogy*）的小说，该作品在三十多年前由 A. N. 洛克劳雷（A. N. Roquelaure）写成。当时，洛克劳雷在写另一部系列小说的间隙写了《睡美人》，而那部系列小说就是她刚就读英语文学博士项目时起草的一部关于吸血鬼的短篇小说。原来，在写情色作品时，洛克劳雷是《夜访吸血鬼》的作者安妮·赖斯的笔名（见图 11.3）。[18]

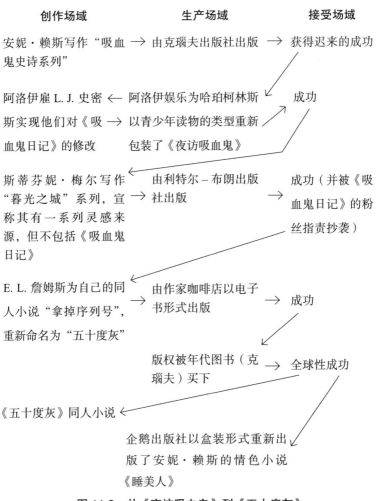

图 11.3 从《夜访吸血鬼》到《五十度灰》

与"故事中的小说"的例子一样，这个跨场域、多步骤反应的例子显然不是由于外部压力导致场域内部发生巨大变化或断层的故事。相反，这是一个更微妙的故事，它是由小的、相邻的而不是大的、遥远的作用力引发的变化与调整。

这个故事还指出，场域参与者都是被动的，并或多或少有能力采取策略性的行动，比如在《夜访吸血鬼》首次出版后因接受度不高从而转写情色文学的赖斯，将《夜访吸血鬼》重新包装成青少年题材的阿洛伊娱乐，将自己的三部曲变成四部曲的史密斯，拒绝承认从《吸血鬼日记》中获得灵感的梅尔，从《五十度灰》中拿掉序列号的詹姆斯，以及重新出版赖斯情色小说的企鹅。事实上，通过许多迭代变化中大大小小的策略性回应，我们可以从赖斯非情色的吸血鬼小说到詹姆斯的情色小说中追溯出一条路径。如果没有发生这些策略性行动和相互依赖的跨场域反应，那要么是一个困在非情色的吸血鬼题材中循环三十五年的故事，要么就根本没有一条路径可以去跟随。通过三个相互依赖的场域结构，我们可以记录场域内和跨场域的再生产与变化。

书是特殊的吗？

历史上，书籍一直被视为特殊物品：作为传承知识的工具，作为生活的语言，作为地位的象征，作为情感的寄托，作为社群的物品。书籍的准神圣地位似乎超过了书的实际内容。即使是对最声名狼藉的书的公开焚毁，如《我的奋斗》(*Mein Kampf*)

或《特纳日记》(*The Turner Diaries*)，也会引发许多人的不适。书籍的特殊性也存在于书面文字所提供的抽象特殊性之外。一个人如果保留所有读过的报纸和杂志，那就可能会被看作是囤积癖，但如果毫不犹疑地扔掉一本书，那此人则会招来怀疑的目光。

从 20 世纪 20 年代开始，家居用品目录以突出展示书籍来呈现理想的中产阶级生活方式。[19]20 世纪 80 年代和 90 年代的"独立购买"（buy independent）社会运动也通过独立书店的形象来呈现自己具有说服力的行动框架。由于独立的五金店、电子产品店和杂货店随着时间的推移越来越多地被本土和国际连锁店取代，这些运动便将独立书店作为表达当地社区活力最清晰的方式。

作为书籍力量的另一项证明，独立书店与其他类型零售商品的独立商店不同，它已经完成了实质性的、可衡量的回归。录制式音乐与传统新闻业已经彻底地被数字化转型所颠覆，而图书出版场域的数字化转型则是渐进式的，到 2015 年，数字出版的增长至少暂时地稳定在图书市场的 25% 至 30% 左右。即使这只是一种暂时性的放缓，图书出版也还是与传统新闻业和录制式音乐不同，它的末日还未到来。出版商们将数字化转型看作潜在的盈利机会而非灾难性挑战。对他们来说，数字化转型带来的好处之一是他们可以设想一个不必定期销毁图书的世界；生产图书总量中约有 25% 至 30% 无法售出，这些书会在其他图书价格不变的情况下以大幅度的折扣价售卖（有时甚至以每磅十美分的价格卖出）。这是生产场域的一个事实，但在创作场域和接受场域并不常常讨论，并且由于书籍的特殊地位，读者们更希望即将销毁的"垃圾"图书处理可以一直隐藏在另一场域的帷幕下。[20] 书籍处于特殊地位，但这并不意味着书籍在创作、生产和接受中的具体细节也是特殊的。换句话说，在其他文化场域的语境中，小说相互依存的三重场域结构可以推广吗？还是说它是独一无二的？

在将小说的创作、生产和接受与其他文化场域（如音乐、电影、艺术、脱口秀、广告等）进行比较时，三重场域结构对图书来说更加明显，因为场域的位置倾向于和现实世界保持一致。[21] 作家不同于广告公司的"创意人"或餐厅的厨师，他们不在出版社的办公室里写小说。因此，从出版商的角度来看，小说家在场域的地理意义和物理的地理意义上都"在别处"写作；而广告创意人或厨师并非如此，建筑师、演员或工作室里的音乐家也并非如此。相似地，观众对舞台剧演员、音乐家、脱口秀演员而言并不"遥远"，但作家是给读者提供作品来阅读而不是通过表演来谋生；他们可能在不同的场域进行互动，但也会经常面对面地见到他们的消费者。与许多其他文化场域不同，文学的创作、生产和接受有正式受雇的带薪工作人员服务于文化对象的过渡和转换，正如代理人和编辑、销售代表和书店买家的关系那样。而电视和电影行业中，代理人处理合同，艺术家本人则亲自构建艺术项目——出于生产需求——穿着"套装"参加营销会议。因此，尤其对图书来说，场域边界和"谁在哪做什么"可能会不同寻常地清晰。这并不意味着三重场域结构仅适用于图书，而是说跨文化场域的结构普遍性是一个开放的经验式问题。

要回答这个问题，回到始于 20 世纪 70 年代文化生产视角的出现是一个谨慎的选择。这种视角的主要目标之一是对行业进行广泛研究，而不是假设存在统一的黑箱以意识形态驱动文化生产。从特定行业"扩大"到文化生产的一般规则这个目标在几年内取得了成果。通过他们写作的成果，我们现在知道了文化生产中的不确定性是不可消除的，知道了对体裁的依赖和为制造意义而进行的对象分类可以用来组织活动。我们知道了人际关系和实习是进入这些行业的主要方式，"天赋"和"能力"被视为天生和不可言喻的品质。由于主要的研究从行业特定案例"扩大"到生产研究的一般规则，或许它也可以用来研究创作、生产和接受之间的关系。如同并不缺乏隐藏于图书封面之下的边界转换关系，或许这里也并不缺乏隐藏于场域背后的边界转换关系。

附录　方法论

从这里到那里

这个项目起源于与西蒙内塔·法拉斯卡－赞波尼（Simonetta Falasca-Zamponi）的一次对话。当时我刚刚完成了关于90年代中期日间电视节目从"垃圾话"（trash talk）——如杰瑞·斯普林格秀（The Jerry Springer Show），到"辛迪加法庭节目"（syndi-court）——如朱迪法官（Judge Judy）的转变的硕士论文。那是一个内容分析，我曾尝试将其写成生产或接受的研究，但失败了。我写那篇论文的出发点既有学术动机也有个人因素；当时我是乔什·加姆森（Josh Gamson）的研究助理，直到现在我依然非常欣赏他的研究，我想要他读到我的文章，然后觉得我很聪明。当我和法拉斯卡－赞波尼讨论我的下一个研究项目时，她问了我一个切乎实际的问题：你想做生产研究还是接受研究？我当时非常天真，还不知道我的回答暗示着什么，但我愉快地回答说："两个都想。"法拉斯卡-赞波尼是个大方的人，而且她可能在我的答案中看到了比我自己看到的还要多的东西，她鼓励了我。

出于包括个人因素和策略考量在内的各种原因，我决定研究一部小说。在关于生产的研究方面，鲍威尔（1985）的《进入印刷》（*Getting into Print*）是一个在我研究初期发挥影响且现在依然很重要的灵感来源，而朗格（Long）（2003）的《图书俱乐部》（*Book Clubs*）和拉德威（Radway）的《阅读浪漫》（*Reading the Romance*）是我做接受研究的重要灵感来源。另外有一个项目同时做了这两种研究：格里斯沃尔德（2000）对尼日利亚"小说综合体"（fiction complex）的开创性研究。虽然比起一个国家的文学研究，我更想追随一本书的生命周期，但这本《见证》（*Bearing Witness*）的存在是一个证据，它能证明我想做的研究有完成的可能性。

我知道我应该从"最初"的地方开始，所以联系了一位神秘小说的作家，他很慷慨地给了我一份他从起草书稿时就开始写的创作日记。从这次经历中我意识到自己面临两个问题：（1）创作过程可能漫长而混乱，以及（2）找到一位能允许你开展研究的作家比找到一家能研究的出版商简单得多。事实证明我的开始是失败的，但这件事也让我明白了这个研究的切入点应该是一家出版商。我意识到，一旦找到一家能忍受我问东问西的出版商，我就能联系到这家出版商出版过的作者。出于这个原因，我所找到的关于科尼莉亚·尼克森的数据，包括她写作

《贾勒茨维尔》的创作过程以及她在创作场域与作家和朋友们的社交网络，都是回溯性的。

　　尼克森怀着我从未期待或并不值得的那种慷慨，对我打开了她的生命。随着时间的推移，除了定期的访谈外，她还向我介绍了参与她创作过程的其他人。她向我提供了小说的多份手稿，以及她用来写《贾勒茨维尔》的几箱档案资料。谢天谢地，她在这些文件上写了大量备忘录，通过这些备忘录和访谈，我得以检视她的研究和写作过程。她和我一起花了马拉松般漫长的时间重新回顾这些草稿和档案并逐一比较。温迪·维尔也给了我《玛莎的版本》所有的拒信，正如第五章中分析的那样，这是另一份重要的档案数据来源。我在这里提出回溯性数据收集的原因是，如果回溯性描述存在某种偏见，那么这种偏见也应该能将混乱的过程和偶然事件的出现重新组织成似乎是有目的、有计划的和线性的过程。但正如第二章中所呈现的那样，《贾勒茨维尔》的创作描述远非有计划或先行的；当对个人记录和档案记录进行交叉核对时，回溯性描述依然可以提供对现实生活中创造力之"混乱"的洞见。

　　但这些说得太早了。故事回到一开始，要找到一位作者，我必须先找到一个出版商，而康特珀恩特不是我找的第一家出版商。最开始，我了解得很少，先联系了一位中学时的朋友，她在做文学代理人助理。我对她进行了访谈，然后约访了她在出版界工作的朋友。从最初的联系人开始进行了三个步骤，我被介绍给一位编辑，这位编辑介绍我认识了他的出版商，这位出版商同意了我研究他的独立出版社。这家出版社专门出版纯文学小说，出过几部畅销书。在对这家出版社的研究正式开始之前，我提前一个星期搬到了这家出版社所在的城市。那个周五，我写了一封电子邮件给出版商打招呼，并重申我非常感激能马上进行实地考察。这位出版商回了邮件，他说就在一周之前，他被迫裁掉了全部员工，并让出版社所有的活动暂停。因此，不管是字面意义还是比喻意义上我都无处可去了，我实在不知道该做什么。

由于没有出版社可以研究，所以我有大把的空闲时间。我决定，如果我无法研究出版社，那不妨就从访谈编辑和小说作者开始。正如鲍威尔的《进入印刷》以及考瑟（Coser）、卡杜辛（Kadushin）和鲍威尔（1982）合著的《图书》（*Books*）所说，编辑是那些在生产链中发挥作用的人，这使我着迷。通过我访谈过的人和阅读《出版商周刊》，我找到了更多的作者和编辑。我会写下出现在《出版商周刊》上的编辑的名字，然后开始联系他们。我还去了附近的书店，记下最近出版的小说编辑的名字（可以在版权页上找到），等到我找到他们的联系方式，就会立刻联系他们进行访谈。在这个过程中，我的目标依然是找到一位出版商。我利用过往学到的社会心理学的知识，交替使用"得寸进尺法"（foot in the door）和"以退为进法"（door in the face）：询问一些编辑我是否可以研究他们和他们的出版社，如果他们拒绝的话，那就转而要求一个六十分钟的访谈，或者反过来。[1]

当时，我觉得自己用这个策略非常聪明，但它没有用。幸运的是，访谈编辑的经历使我意识到，对我最终的案例研究来说，我需要访谈那些与所研究的中心小说不相关的、在出版链条每一步上的人（例如其他作者、代理人和编辑等），以免我无法区分哪些是特殊的，哪些是一般的。同样地，如果在我的假设性案例研究期间遇到一位不愿吐露内幕的宣传主管，而我没有访谈其他宣传主管的经验的话，那我根本就无法对宣传主管发表任何意见。

这个重要发现极大地塑造了本书的结构和内容，但我依然没有一个出版商可以研究，而且正如预想的那样，大多数我联系的编辑并没有回信或回电。我仍在坚持，但现在有点绝望，于是我又去找了一位朋友，他偶尔会照顾两位著名作家的孩子。我把我的项目计划告诉了他，他又把它介绍给了他们，问了问他们能否想到一些可以联系到的人。不久之后，他们让助手通过邮件给我发了一份可联系到的编辑名单，而且说明我可以在联系编辑时提及他们的名字。我联系了那个名单上所有的编辑，所有人都在当天回复了我的邮件，并且邮件中有两位出版商同意让我研究他们。从这次经历中，第三章中讨论的名字经济作家的力量首次显现出来。

这两家出版社都是位于西海岸的独立出版社，这使我担心对这两家出版社的研究不能代表以曼哈顿为中心的整个美国生产场域的状况。幸运的是，我已经访谈过纽约一些出版品牌的编辑，这意味着这不会是一个无法回答的问题。因此我能在我2005 年的文章（Childress，2005）中回答这个问题的一些细节，也在本书的第六章中做了更多概括式回答。我经历过要访谈的出版社突然破产的事，而且知道图书出版界的员工更迭有多快，所以我选择*同时*研究这两家同意访谈的出版社。两家出版社都为我安排了一个他们准备要出版其作品的作者。有一段时间里，我同时研究作者和出版社，后来我意识到《贾勒茨维尔》之外的那本书进展得太慢；那本书在《贾勒茨维尔》出版两年后才最终出版。

在康特珀恩特，查理·温顿、杰克·舒梅克、亚当·克雷曼和其他员工都非常慷慨。温顿同意让我在那里实习并参加编辑及非编辑会议。在康特珀恩特六个多月的时间里，我每周做三天正式的实习编辑，持续了约十六周（他们秋季销售的生产期），在此之后又不规律地拜访了出版社一段时间。在康特珀恩特的实习期间，温顿、舒梅克、克雷曼和其他人与我分享了办公室内部的备忘录，以及有关《贾勒茨维尔》的邮件交流等。他们知道我很高兴与他们分享我在出版前所写的内容，但我的报告和印象最终还是我自己的。

关于匿名问题，在《贾勒茨维尔》的实际考查开始之前，我就与那些直接相关的人对保持真正匿名的不可能性进行过讨论。《贾勒茨维尔》的作者、编辑、出版商等均处在公共记录中，若要使这些人保持真正的匿名，我就必须写一部关于《贾勒茨维尔》的书，但同时让这本书本身无法辨认。因此，在这本书中，当讨论到创作场域和生产场域直接与《贾勒茨维尔》互动的人时，我用的是他们的真名，而在其他情况下，使用的则是假名或通用表示法（"一位编辑"或"一位代理人"）。根据我的经验，默认情况下，文学作家和在图书出版领域的人会采用新闻标准，让名字附在引号内。虽然在社会学中形式匿名性是一个重要的讨论主题，但在我的经验中，即使是那些与我分享日常工作和生活故事的一般阶级、非弱势群体的受访者，向他们保证保密某些特定信息也会使他们告诉我一些他们本来不会说的话。

那些可能会通过名字或描述而被认出来的人也有机会在出版前读到这本书，以便纠正事实错误并提出可能的问题。在出版前与我的受访者分享我的书稿，这纠正了我描述中一些小的事实性错误，如果不那么做的话，那些错误就仍会存在。在对话过程中听起来很正常的话一旦放到纸面上就会显得不太合适，所以在引用过程中，我有时候会稍微纠正受访者的语法或句子构造，但其他部分不会改动。根据受访者的偏好不同，一些术语（如"非裔美国人"或"黑人"）的使用方式也不尽相同。我的受访者也有机会自己选择一个假名，但大多数情况下他们会认为这个提议无趣且增加了负担。

我还会给部分受访者一支笔和一张空白的纸，让他们为其所在场域中自己的位置及其理解"画地图"。他们的地图对我理解他们所处的世界非常有帮助。值得注意的是，在没有任何提示的情况下，那些为我画出这些"特制地图"的人也倾向于同时用空间（就像在多重对应分析）和连接线（就像网格图的边缘）的方式绘制他们的世界。从这些地图中，我开始了解到我的受访人认为自己的社会性世界存在于重叠的布迪厄式和网络式的空间中。在某种程度上这就是第十一章中的讨论灵感。我没有在书中复制他们的特制地图，因为这样只是呈现一些线条和所有标识符都被涂黑的框。我把这些特制地图看作是访谈的补充，而不是看作正式收集和用于分析的数据主体。

　　我花了一段时间才"进入"康特珀恩特。在刚开始一个月左右的时间里，人们在我面前小心翼翼地说话，有时候在措辞之前先瞥我几眼。在这个阶段，我尽量不在公共场合记笔记，而是在午饭和下班后写我的田野笔记。在下一个阶段，我在康特珀恩特的存在和动机成了办公室内部无伤大雅的玩笑主题。有一天在办公室，有人打了一个很响的嗝，然后他对我大喊道，"那会出现在你的书里吗？"当时我只是笑了，然后暗中记下了这个笑话，现在这个嗝真的出现在了我的书里。

　　大约在同一时间，康特珀恩特的一位员工同意在我无法赶到的情况下为我录下一次重要会议。在会议之前，她告知大家她正在录音，但温顿来晚了，所以对这次录音并不知情。随着会议的进行，大家开始讨论一些与这个研究无关的敏感商业问题，那位为我录音的人特地告诉温顿正在录音，他说的话正在被录下来，如果他在意的话。"噢，什么？为什么？"温顿问。在得到解释之后，温顿（似乎）拿起了录音机，把它放在嘴边，然后夸张地说，"克莱顿，你是狗！"然后继续讨论那些敏感的商业问题。在这个例子中，我的"在场"既是一个玩笑，也被普遍接受了（温顿和在场的员工都没有暂停录音或停止讨论）。这个例子还证明，在这个阶段，我的位置在康特珀恩特的公私边界上依然有点不太确定。在第二个阶段，人们对我的在场和观察更自在了，于是我开始邀请他们出去吃午饭、做访谈。我的假设是，他们可能会对我提出的更宽泛的问题和我观察到的细节问题做出更轻松的回答或更愿意吐露一些想法，事实证明这是对的。

　　直到我在康特珀恩特的最后几个月，我才真正感觉自己

"进入"了这家出版社。标志就是人们开始告诉我一些别的事情，如果他们不相信作为一个研究者的我能替他们保守秘密，或不能在正式和非正式观察之间进行区分的话，他们就不会告诉我那些事。在人们告诉我越来越多的非正式事情的同时，他们也不再口头上对自己所说的话进行澄清。[2] 在这个观察阶段，人们也忘记了我所知甚少这件事，把我当作曾经（或应该）熟悉行话的内部人员，但其实我不是。有一次，一位编辑朋友工作压力很大，我告诉她我刚好有空可以帮她。"太好了！"她说，然后给了我一本小说的校样。"你能帮我检查一下孤儿和寡妇吗？"在我试着处理她的请求时，她意识到了，然后揶揄了我，她解释说孤儿和寡妇都是排版术语，我不应该急着去找书稿中是否有孤儿角色或寡妇角色。"没事。"她友好地笑着这样说，好像在说"我忘了你不是我们中的一员"。

虽然出现了这次一时记错的事件，但我并不会过于当真。在我和员工一起去美国图书博览会时，至少我是半个员工（例如，我会帮忙搬运、开箱和布置展位等）。同时，我还参加作家朗读会和其他零碎的出版活动，这都是为了更好地了解这个场域，以及能在工作之余接触到更多其他人员进行访谈。在这个阶段，因为参加越来越多的现场活动，所以我的时间变少了，我的笔记越来越多地写在纸片上或通过电子邮件发送给自己。在大多数日子里，我不得不提早起床然后在早上完成我的笔记。

除了访谈和田野考察之外，还有其他填补数据收集空白的来源，包括二手资料、行业贸易出版物、我建立的其他数据集、重叠角色（例如对一位作家进行访谈时，我也会和他谈到他作为审稿人的工作）及交换伙伴（例如在讨论代理人时，听听编辑对代理人的看法）。关于这一点很好的例子是第八章中讨论到的《纽约时报》书评流程的内部运作方式。我无法接触到幕后操手，于是转而利用二手资料，包括《纽约时报》工作人员对他们工作流程的公开讨论，宣传主管向《纽约时报》推荐时的解释。相似的情况还有第四章中文学代理人及其人口统计特征的数据；本来不存在这样一份数据，我在写书稿的时候另辟蹊径收集了新数据，因为我认为这很有必要。公平地说，在写这一章时我的部分动机是希望讲述约翰·B. 汤普森在《文化商人》（*Merchants of Culture*）中关于文学代理人精妙的一章中没有提到的一些东西。

共有 202 位《贾勒茨维尔》的读者填写了关于阅读体验的调查问卷。我根据尼克森和克雷曼的意见设计了调查问题。尼克森以她的意图而非出于对作品的阐释填写了这份问卷。作为一位英语文学博士，她非常了解我的工作。克雷曼用他自己的阐释填了这份问卷。由于无法确定阅读《贾勒茨维尔》的读者群，所以这份问卷的填写者既不是《贾勒茨维尔》读者的"代表性样本"，甚至也不是读者群的"样本"，因为大多数人都是被招募来读这本书的（将这些人看作《贾勒茨维尔》读者群的"样本"是重复的）。在好阅读网站上有大约 30 位读者填写了调查问卷。他们评论了《贾勒茨维尔》，然后我通过好阅读的网站和他们联系，询问他们是否愿意填写调查问卷以换取 5 美元的亚马逊礼品卡或鲍威尔礼品卡。其他的问卷填写者都参加了读书小组。

　　我通过以下三种方式招募读书小组：（1）通过朋友的朋友和家庭关系网，（2）通过先前参与的读书小组形成的滚雪球式样本，（3）来自与我联系的受访者（如书店买家和书店员工）的消息，他们会告诉我一个本地小组即将阅读《贾勒茨维尔》，或许我可以对此进行研究。唯一的例外是一群来自我读研究生时的朋友，他们自己组织阅读与讨论了《贾勒茨维尔》，我非常感激他们。完整的调查协议在我和弗里德金 2012 年的文章中有更详细的讨论（Childress and Friedkin，2012）。关于这项研究的接受部分，我之所以选择读书小组，一方面是因为我喜欢朗格 2003 年的书，另一方面是因为在设计这项研究的时候我在上诺亚·弗里德金（Noah Friedkin）的社交网络课。我认为读书小组可以作为一个自然发生的环境，在这其中可以应用弗里德金的人际关系影响研究。我为读书小组成员提供《贾勒茨维尔》的书，以免他们为参加活动而支付费用，甚至可能因买了一本不喜欢的书而陷入苦恼（见图 12.1）。

　　依照在讨论会之前不要互相谈论《贾勒茨维尔》的指示，读书小组的读者填写了关于《贾勒茨维尔》的调查问卷，除此之外，他们还填了一份根据弗里德金的调查问卷设计的一般人际影响问卷。第九章中的大部分数据都来自这些讨论前的调查。除了两个小组没有参加之外，我参加并记录了《贾勒茨维尔》所有的读书小组讨论。对两个我无法参加的小组，我邮寄了一箱书、一份指南和一个录音机。在讨论结束后，小组成员需要立刻填写一份与讨论前填过的一模一样的问卷。除此之外，他们还填了针对特定读书会的第二次人际影响问卷。唯一的问题是一些小组成员拒绝完成第一次（一般）人际影响问卷。一些人明确地表示，他们没有填完的原因是觉得这对他们来说没有意义；他们认为讨论过程中的影响力是不稳定的，而且依赖于一系列因素：谁知道这本书写的是什么（有人曾去过故事发生的地点）；谁给小组推荐或选择了这本书；谁是讨论的引导者（在轮换负责人的小组中）；谁对正在读的小说有确定的喜好或厌恶感（例如，如果每次小组阅读畅销书时，其中一个成员都会抱怨，那么在讨论畅销书时，他的观点就可能不被重视，但如果不读畅销书，那么他的观点则会受到重视）。

图 12.1　一堆在分发前已经塞进调查问卷的《贾勒茨维尔》

小组成员完成讨论和问卷后，在讨论会正式结束之前，作为一种互惠方式（除免费提供图书之外），我会回答他们提出的所有关于《贾勒茨维尔》创作和生产的问题。在这个过程中，我又浏览了一次所有文件，包括第七章中《贾勒茨维尔》的替代封面，以及第二章中玛莎形象的早期视觉灵感来源。可以预料到的是，在讨论后的问答中，经常会出现关于《贾勒茨维尔》有趣的比较点或"要点"，但我没有把问答中出现的任何东西当成资料来源。同样重要的是，正如第十章中讨论的那样，只有在有限的情况下，我才会把读书小组成员在提到人际关系与种族主义时对自身生活的讲述当成是真实的。在引用这些故事时，我把它们当成是文化资料；出于研究的目的，它们作为人们彼此分享的故事而具有相关性。

最后，应该注意的是，除讨论前后的问卷外，这项研究的大部分都来自归纳设计。我原本认为我只研究生产和接受，直到我和作家谈过，然后才意识到作家通常都不了解——有时甚至是非常乐于不去了解——图书出版业运作的来龙去脉，即使在出版了许多小说之后也是如此。通过询问他们的创作过程，他们与谁讨论他们的作品，他们与谁分享等，我很快就意识到创作本身就是一个场域；虽然作家和编辑彼此互动，但大多数时间里他们都生活在两个世界里。沿着相似的思路，在我的研究初期，我震惊地发现创作场域与接受场域和我想象的并不完全一致。在一次访谈中，一位我非常喜欢的作家在听到我说我喜欢其他哪些作家的作品时，给了我一个讽刺的眼神。或许是因为我作为一个二十多年的普通小说读者，我一直以来的阅读品味冒犯了他对小说家的划分，或者他认为他与我说的那些小说家不同。在阅读他的小说时，我认为我进入了他的世界度过了一段时光，但这并不完全正确，或许我们共享的只有他的小说。[3] 通过这些归纳性观察，我认识到，要追踪小说的创作、生产和接受，就必须放弃先入为主的观念，并愿意跟随故事，去到它去的地方。

致　谢

　　我的舅舅乔尼拥有一间画廊，在我还是个孩子的时候，他告诉我，这个场域之外的人们对绘画感兴趣。他眨着眼说，但他们对绘画了解过少，以致于除了艺术品之外，其它什么都看不到。舅舅将专家与之作对比，专家在这里了解到的是代理人、画廊经营者和收藏家；这些人才是专家真正感兴趣的人。如今我做了图书出版的研究，也已经写出了自己的书，我必须真诚地说，我是梅根·李维森（Meagan Levinson）的粉丝，你也应该是。埃里克·斯奇沃茨（Eric Schwartz）去哥伦比亚担任编辑总监之前签下了这本书，他是个再好不过的人。从一个作者的角度来看，大多数情况下，编辑就是出版商，而出版商就是编辑，但事实常常并非如此。约瑟夫·达姆（Joseph Dahm）、海瑟·琼斯（Heather Jones）、麦根·卡纳贝（Meghan Kanabay）、迪米特里·卡雷尼科夫（Dimitri Karetnikov）、萨曼莎·纳德（Samantha Nader）、阿曼达·维斯（Amanda Weiss）和杰尼·伍克威奇（Jenny Wolkowicki）都证明了这一点，他们给予这项研究的关注和关怀非常重要。

没有比尔·霍恩斯（Bill Hoynes），这本书就不可能存在。在我还是个没有方向的二十一岁年轻人时，他请我坐下，然后告诉我，如果我愿意，我可以成为一个专业的社会学家。伦纳德·内瓦雷斯（Leonard Nevarez）和乔什·加姆森（Josh Gamson）推荐我去了加利福尼亚大学圣塔芭芭拉分校（简称UCSB），在这里，西蒙内塔·法拉斯卡 – 赞波尼（Simonetta Falasca-Zamponi）、诺亚·弗里德金（Noah Friedkin）和约翰·莫尔（John Mohr）向我展示了如何成为专业的社会学家。诺亚手把手地教我怎样写一篇文章。约翰在我失败时给了我信心和自由，即使在我对自己失去信心的时候，他也从未对我失去信心。我在保罗·迪马乔（Paul DiMaggio）那里待了一年以完成学业，那是太好的一年。当时，许多学者都有的冒充者综合征（imposter syndrome）①在我刚刚步入普林斯顿校园和保罗见面时第一次发作了。他太宽厚、太慷慨了，以至于我在很长一段时间内都无法摆脱这种恐慌——反观我的学术生涯，这些人把我已经做到或将要做到的任何事，都看作是"自然而然

---

① 译注：冒充者综合征（Impostor syndrome），又称自我能力否定倾向，是保琳（Pauline R. Clance）和苏珊娜（Suzanne A. Imes）在 1978 年发现并命名的，是指个体按照客观标准评价为已经获得了成功或取得成就，但是其本人却认为这是不可能的，他们没有能力取得成功，感觉是在欺骗他人，并且害怕被他人发现此欺骗行为的一种现象。

的"事。

　　就像有一天科尼莉亚·尼克森在加州伯克利牛津街和中心街道拐角处的星巴克告诉我的那样，一张致谢页总是不够。如果你能从这本书中得到一些东西的话，那就是一本书的创作、生产和接受过程中有非常多未被记下的人，对这些人的书写可以写成另一本书。除了上面的名字之外，以下名单里的人读过并评论过书中的某些部分，有些人则通读整本书并给出了意见：谢恩·鲍曼（Shyon Baumann）、詹妮·卡尔森（Jenny Carlson）、朱海妍（Hae Yeon Choo）、安吉乐·克里斯汀（Angèle Christin）、保罗·迪马乔、艾莉森·格伯（Alison Gerber）、温迪·格里斯沃尔德、保罗·赫希、瓦妮娜·莱施齐纳（Vanina Leschziner）、凯西·利德尔（Kathy Liddle）、奥马尔·利扎多（Omar Lizardo）、内达·马格布勒（Neda Maghbouleh）、阿什利·米尔斯（Ashley Mears）、丹·门奇克（Dan Menchik）、约翰·莫尔、安·马伦（Ann Mullen）、让－弗朗索瓦·诺特（Jean-François Nault）、马特·诺顿（Matt Norton）、西蒙·波利罗（Simone Polillo）、克雷格·罗林斯（Craig Rawling）、丹·西尔弗（Dan Silver）、亚当·斯莱兹（Adam Slez）和阿利森·泰尔（Alison Teal）。缺了这份短名单上的谁，这本书都是不可能完成的，还要感谢的是那些向我敞开他们的生命及他们的家庭、邮件、便笺和日记的人们，其中最重要的就是科尼莉亚·尼克森，她向我分享了所有这些。这是一部社会科学作品，出现数据的时候都已经标出，但对那些与我分享想法和时间的人们却没有完全标出，从人际层面上来说我觉得这并不客观。

如果没有那些在本书成形时提供物质和情感支持的人，这本书也是不可能完成的。我在 UCSB 研究生导师项目的支持下才能研究康特珀恩特，并在全国各地招募并研究读书小组，这一部分钱花完之后，加利福尼亚大学的人文科学研究所又给了我另一笔资助。当时在比尔费尔德大学的克劳斯·纳特豪斯（Klaus Nathaus）和当时在哥本哈根商学院的布莱恩·莫兰（Brian Moeran）为我提供了足够的时间和空间来解决问题，甚至是在我意识到我的研究值得那些时间和空间之前。在普林斯顿大学社会组织研究中心的支持下，我有时间做自己想做的研究，并通过一本书的结构来阐明这个研究。最终写这本书的时间和空间是由多伦多大学提供的，在那里，我的同事为我提供了智力和情感上的支持。倾听我对写书过程的抱怨并不是主席帕特里夏·兰多尔特（Patricia Landolt）主任的职责，也不是任何其他人的职责。但我在多伦多大学的同事们耐心地听取了我在写作过程中种种不重要的细节。学术界和非学术界的朋友们也给予了我同样的支持。现在反过来说，我欠了很多人聆听他们故事的时间。

从我的女儿妮露会说话开始，她听了太多次"爸爸必须工作"。我说了太多次，以至于这句话缩减成了这样，它原来应该是"爸爸必须工作，尽管爸爸并不想工作，因为爸爸想和你一起度过时间"。妮达和我在一起已经有十年了，我至今还没有遇到过一件不想有她陪伴的事。她是唯一一个把我写的这该死的东西里每个字都读了许多遍的人。

如果你发现这本书缺少某些东西，我接受所有责备。对这本书的任何成功，你现在都能在这份致谢名单中找到它真正的母亲和父亲。一次酒后，妮达的朋友埃森礼貌地聆听了我对我研究的解释，我尝试了但失败了，他说："噢，所以你研究的是作家的致谢页？"正是如此。也感谢他。

注　释

1　导言：创作、生产和接受的分离

1. 这个比喻来自一则传播很广的印度寓言。在这则寓言中，描述大象不同部分的这些人要么是盲人，要么是在黑暗中感受大象不同部分的人。我在这里加这则注释的目的是表达这样一种观念，（例如）研究文化生产就是在明确地避免"盲目"或避免"处在黑暗中"。相反，专注于文化产品生命周期中的文化生产其实就是专业化，专业化当然*非常*有用。但退一步来看不同的专业化场域之间的关联或非关联也是有用的。

2. 见 Kroeber，1919。

3. 虽然这项理论应归功于泰勒，但它最早出现是在 1928 年 Nystrom 的文章中。

4. 关于这些"斤斤计较"于文化与经济之间关联的表述，见 Zelizer，2010。

5. 例如，参见 Rosenberg 和 White 在 1957 发表的文章，Lowenthal 在 1983 年发表的文章《大众偶像的胜利》（"the Triumph of Mass Idols"），以及 Lomax 在 1968 年发表的文章。

6. 如 Peterson 在 1979 年所写的那样："美国社会学家研究表达性符号，不是因为这些符号被认为是重要的，而是因为它们使一种巧妙的研究策略变得可能。

不管这些研究者是实用主义者还是马克思主义者，他们都认为，文化折射了社会或社会的某些方面。因此，他们对（大众文化）进行了研究……以便更好地理解社会关系中不太明显的那些方面。"（138）

7. 见 Peterson and Anand，2004：312。

8. 这一点在 Corse 于 1995 年发表的文章、Griswold 在 1981 年发表的文章和 Peterson 在 1990 年发表的文章中有最清晰的解释。

9. 关于更早的先驱者，见 White and White，1965；Hirsch，1972；Stinchcombe，1959；以及 Lowenthal，1961。与此相关的好的例子，见 Becker，1982；Bielby and Bielby，1994；Bourdieu，1984；1993；1996；Denisoff and Levine，1971；Gamson，1998b；Gitlin，1983；Godart and Mears，2009；Grindstaff，2002；Hall，1980；Hirsch，1972；Griswold，1987b；Jhally and Lewis，1992；Johnston and Baumann，2009；Leschziner，2015；Liebes and Katz，1990；Mears，2011；Negus，2013；Powell，1985；Radway，1984；Rossman，2012；Shively，1992；Thompson，2010。

10. 和大多数图表一样，图 1.1 可以在牺牲部分可读性的基础上进行进一步的补充。举例来说，消费文化理论方法介于"接受"和"消费"这两个象限之间；关于类别的研究会向 X 轴的"背景"一侧延伸，根据研究内容的不同，这类研究可能位于 X 轴的上方或下方；关于艺术生涯的研究会更接近 Y 轴的"生产"这一侧，在左上角象限的某个位置上。如果你想用这张图来理解整本书的结构的话，那么我会建议你使用图 1.2 来实现这一点，但你可以这样做：按顺时针方向走，第一个象限（左上角）主要涵盖了本书二至四章的内容；下一个象限（右上角）主要涵盖本书五至八章的内容；第三个象限（右下角）的内容出现在第八章，其重点出现在第九章；最后一个象限（左下角）从第九章的最后开始，重点内容在第十章。

11. 正如 William Goldman 写下并在 Caves 发表于 2000 年的文章中被引用的这句名言所说，关于一部电影的投资是否会得到回报，"没有人知道任何事"。同样的情况也发生在电视行业中，除了在努力说服广告商投资时，其他时候"所有的大热节目都是侥幸的"。（Bielby and Beilby，1994）

12. 在这个意义上，"环境"是"投入"或"方面"的一种更随意的说法，比

如构成文化生产方法基本架构的"六面"（six facet）模型就是如此（参见
Peterson and Anand，2004；关于该方法更早的表述，也可参见 Peterson，
1976；Coser，1978；Crane，1992）。

13. 参见 Peterson，1994：184。Peterson 在这里似乎是把"社会学"当作"实
证主义"的同义词。关于社会学对文化和意义的实证研究，见 Mohr 1994，
1998；Mohr and Duquenne，1997。

14. 见 Griswold，1987b：4。

15. 关于更多通过文化品位来探索社会边界的消费导向研究，见 Bryson，1996；
Goldberg，2011；Mark，2003；Peterson and Kern，1996；Lamont，1992；
Lizardo and Skiles，2016。这里的问题也是"人对文化做什么"，而不是"文
化对人做什么"。后者的观点可参见 Mark，1998；以及本章第 16 条注释。

16. 相反的观点参见 Griswold，1993；Lizardo，2006；Long，2004；McDonnell，
2010；Rubio and Silva，2013；Schudson，1989；Vaisey and Lizardo，2010。

17. 参见 DiMaggio，1987：442。

18. 正如 Griswold（1993）提出的那样，"应该在制度分析模式和读者反应模式
之间建立联系"(464)。句子中的引文参见 Peterson（2000：230）。

19. 参见 Warde，2015：129。值得注意的是，正如 Rodney Benson（1999）所解
释的那样，在媒介研究中也存在类似的困境。"媒介研究者倾向于研究产生
媒介信息的'客观'过程（生产）或受众解释的'主观'过程，而不是两者
兼而有之。"（484）

20. 参见 Griswold，1993：465。这并不是说没有关于艺术生涯和艺术创作轨迹
的研究（例如，参见 Anheier, Gerhards, and Romo，1995；Craig and Dubois，
2010；de Nooy，2002；Ekelund and Börjesson，2002；Giuffre，1999）。 此
处的关键在于，相对来说，作者和其他创作者的创作*过程*没有得到充分研
究。Leschziner 在 2015 年发表的研究是一个优秀的例外。

21. 关于更普遍的转移到"上游"的呼声，见 Becker, Faulkner and Kirshenblatt-
Gimblett，2006；关于"精神和物质工作坊"的具体表述，见 Menger，2006：
62。也参见 Menger，2014。

22. 这种说法的例外是 Bourdieu、Boltanski、Castel、Chamboredon 和 Schnapper

关于摄影的研究，该研究署名为布迪厄的作品（参见 Bourdieu and Whiteside,1996），有时也被列为"布迪厄及其合作者"的研究。关于此说法，参见 Bourdieu,1984；1993；1996。另见 Du Gay et al., 1997，这一点只出现在尾注中，但这并不是因为它不重要，而是因为按照现代社会学的标准，它在实证上并不能全部被接受，尽管它在理论上肯定能被接受（两种意义上）。另见 Van Rees and Dorleijn，2001。

23. 参见 Griswold，1986；2000。关于使用的"框架"和"计算工具"，也参见 Griswold，1987b；2004。

24. 关于场域理论的历史和发展轨迹，参见 Martin，2003。社会学的三条主要分支是布迪厄派（1993，1996）、迪马乔和鲍威尔的新制度主义（1983，1991），弗利格斯坦和麦克亚当的战略行动场域理论（2012）。早期将场域理论引入社会学的皮埃尔·布迪厄的作品对其他人的影响最大。迪马乔和鲍威尔（1991）认为他们的场域理论与布迪厄的场域理论有"天然的姻亲关系"，而弗利格斯坦和麦克亚当表明了布迪厄对他们的直接影响（38）。艾博特的"链接生态学"（linked ecologies）虽然与其隐喻方式不同，而且从理论名称上看它们也不是场域理论的分支，但也在这一理论的影响范围内。尽管存在一些意义上的差异，但是从 Liu 和 Emirbayer（2016：66）给出的卓越的例证中可以看出，布迪厄的"位置"（positions）就是艾博特的"联结"（ligations），布迪厄的"同源"（homologies）就是迪马乔和鲍威尔的"同构"（isomorphism）以及艾博特的"铰链"（hinges）或"化身"（avatars）（如果和人有关的话，那就是"同源"[homologous]、"同构"[isomorphic]和"联盟"[alliance]）。

25. 可以分为四个步骤（这在社会学场域理论的三个主要变体中都适用）：场域是（1）半自治的、中观层面的社会秩序，其中（2）参与者对场域有共同的取向，但在场域内有异质的自我利益或规范性利益，这些利益（3）取决于他们在场域中的位置，从而导致（4）有意识或无意识地通过获得结构性、物质性、财务性或象征性资源来努力实现地位的变化。这里的语言从 Childress，2015 开始做了一些调整。"中观层面的社会秩序"这一表述来自 Fligstein and McAdam（2012）的定义。

26. 关于场域之间的关系，见 Benson，1999；Fligstein and McAdam，2012。也参见 Eyal（2013），他指出布迪厄的场域理论在场域内"相当严格地运用了（一种）关系方法"，但"在场域之间……似乎关系性方法停止了"（158）。在这一点上，对布迪厄来说，有时创造、生产和接受似乎发生在同一个场域中（如，Bourdieu，1993 : 49），而有时则存在"生产场域"和"消费场域"。在后一种情况中，理论中僵硬的同源性导致场域成了互相之间的镜像，其概念模型就会偏向于格里斯沃尔德所警告过的那种过度整合的系统。例如，"观众的社会特征……与作者……作品和戏剧生意本身的社会特征*完全一致*"，或由于作家和出版商的同源地位而被特征化为"*双重人格*"（Bourdieu，1996 : 216）。

27. 参见 Leschziner and Green（2013）。

28. 这并不是说，场域中不存在"常规"或常规行动。相反，本书不再过度强调常规或常规行动，而是在此之间重新找到一种平衡，正如 Leschziner 和 Green（2013）所作的精彩阐述那样。

29. 即，存在社交网络分析和符号互动主义。如参见 Becker and Pessin，2006；Bottero and Crossley，2011。

30. 知道这些场域属于不同场域的方法之一是，它们拥有不同的"*规则*"（nomos）或基本规律，所有场域都有这些规律（Bourdieu，1997）。证明这些场域属于不同场域的进一步证据是，不同场域之间的"游戏规则"是不同的（Bourdieu and Wacquant，1992 : 232）。同样，身处同一个场域就是"对别人在场域中的所作所为有所了解"（Fligstein and McAdam，2012 : 4），除跨场域者之外，创作、生产和接受场域的参与者都不能跨场域地做到这一点。

31. 这就是第 30 条注释中提到的基本规律。

32. "进入"（getting inside）这个表述引用了 Gitlin 在 1983 年对《希尔街的布鲁斯》（*Hill Street Blues*）的研究，题目是《进入黄金时间》（*Inside Prime Time*）。

33. "观察一本书的出生"是指基思·格森（Keith Gessen）对查德·哈巴赫（Chad Harbach）的《防守的艺术》（*The Art of Fielding*）的创作和生产过程

的详细报道，该报道最早以《出版中的书》（"The Book on Publishing"）为题发表在《名利场》（*Vanity Fair*）上，后来以《一本书如何诞生》（"How a Book Is Born"）为题，以 Kindle 电子书的形式发行（见 Gessen，2011）。

34. 这里的"从开始直到结束"参照了 Becker、Faulkner 和 Kirshenblatt-Gimblett 在 2006 年的《从开始直到结束的艺术》（*Art from Start to Finish*）中的表述。

2 创作的结构

1. Draugsvold，2000：86。

2. 参见 Adler and Adler，2003。

3. 正如 Heinich（1997）的"写你所知道的"被认为是艺术真实性的标志，对艺术家来说，有一种同源的"对象的个人化……（以及）艺术家作为一个人的对称的对象化"（115）。也参见布迪厄（1993）关于福楼拜的论述："（通过写作），形式化的工作给了作家自己工作的机会，从而使作家不仅能够把场域中他反对的位置及其占有者对象化，而且还能通过包括他自己在内的空间，将他自己的位置对象化。"（207）

4. 在社会学中，这主要归功于霍华德·贝克尔（Howard Becker）。参见 Becker，1974；1982。

5. 关于这些角色专业化的优点，参见 Becker and Faulkner，1991。关于导演作为电影的作者声音的崛起，参见 Baumann（2007b）。有趣的是，对电视来说，由于导演在不同的集数中换来换去，在贝克尔的表述中，这里的导演更像是"支持人员"，而节目编导才是作者的声音。在节目编导的崛起中，关于内部参与者的描述，可以参见 Martin，2013，以及 Shales and Miller（2008）关于 Lorne Michaels 的讨论。同样有趣的是，对电视来说，有时候网络主管会被认为是事业的"远见者"（visionary），如 Salkin（2013）对食品网络的研究和 Klickstein（2013）对尼克国际儿童频道（Nickelodeon）的研究。

6. 参见 Faulkner and Becker,2009；de Laat，2015。

7. 关于"独自写作的作家"这一表述，见 Brodkey，1987：55—59。

8. 这种特征融合了 Anheier 和 Gerhards（1991）所说的构成作家神话的两个要素：作为独行者的作家、作为先知和天才的作家（813—814）。

9. 参见 Hargadon and Bechky，2006：484。

10. 参见 Gross，2009：xv。

11. 参见 Kurtzberg and Amabile，2001：285。

12. 参见 Farrell，2003。

13. 在这些场域中，小说家并非依靠"失败"或"成功"来定义自己或他人在创作场域中的位置，而是沿着不同的矩阵给自己和他人定位：他们根据成功的"应得性"，或根据"艺术"的定位标准来定义位置，而不是按照经济上的成功或流行性上的成功来定义。可以联想到 Stebbins（1968）关于爵士社区团体形成的研究，在这项研究中，乐手们基于可感的艺术能力而不是经济回报或生存能力来彼此分类或形成团体。虽然 Stebbins 将其视为爵士乐的"特殊理论"，但它也同样适用于创作场域的小说家，而且很可能广泛适用于不同艺术创作场域。

14. 如小说家 Brad Leithauser 所写的那样，"当一个人的书几乎和你自己的书一样让你紧张时，你就知道，你是真的很喜欢这个作家"（见 Leithauser，2013）。

15. 参见 Childress and Gerber，2015。

16. 参见 Harbach，2014。

17. 正如本书第三章中的讨论，在过去四十年里，创意写作项目的崛起可能比任何其他事情都更能增加小说家的社会资本，扩大小说家的社交圈。参见 Kingston and Cole，1986；Frenette and Tepper，2016。关于社交网络和由此产生的作家间的"社交地理"，也参见 Anheier, Gerhards, and Romo，1995。

18. Harrison and Rouse（2014）在他们关于现代舞舞者创作过程的研究中将这种现象描述为"弹性协调"（elastic coordination）。

3　作家的职业生涯

1. 参见 Trollope，1883：245。

2. 关于日常经济交易的多重性和关系性，以及从这些交易中得出的不同意义，参见 Zelizer，2010。关于意义作用的论述，参见 Wherry，2014。

3. 参见 Bourdieu，1993：40。这种对无私的兴趣与钱无关，而是覆盖了更广泛的文化领域，甚至涵盖了粉丝圈本身（参见 Friedman，2014）。

4. 参见 Lee，1961。

5. 参见 Bauer，2015。

6. 正如 Tuchman and Fortin（1984）所写的那样，18 世纪中叶，随着人们逐渐意识到可以通过写小说赚钱，男性开始写更多的小说，并随着时间的推移，逐渐"将女性排挤出"英国文学传统。

7. 参见 Gessen，2014：314。

8. NEA 报告了"作家和作者"的收入中位数，其中包括广告作家、作者、传记作者、抄写员、填字游戏创作者、电影编剧、杂志写手、小说家、剧作家、体育作者和歌词作者。在这种定义的作家中，84% 的人拥有本科及以上学历，收入中位数为 42074 美元。遗憾的是，除了这份内部分类迥异的职业作家数据之外，并没有更好的统计数据了。

9. 可参见 Kingston and Cole（1986）完整的社会科学研究，尽管这份研究有些过时了。关于定义这一点，布迪厄（1993）认为："每一个文学场域都是争夺作家定义的场所"，"每一项旨在建立作家等级制度的调查，都会通过确定被认为值得帮助建立这一制度的人群来预先确定等级制度"。鉴于这种困境，"场域的边界是斗争的关键处，社会科学家的任务不是通过施加一个所谓的操作性定义，而是在参与其中的代理人中划出一条分界线"（42）。绕过布迪厄担忧的一种方式可能是使用受访者驱动的抽样法（Heckathorn，2002）。参见 Heckathorn and Jeffri（2001）对四个城市的爵士乐手的研究，以及 Heckathorn，Jeffri and Spiller（2011）对纽约视觉艺术家的研究。更普遍的情况，参见 Salganik and Heckathorn，2004，该方法的问题和局限性可参见 Salganik，2006；Goel and Salganik，2010。格里斯沃尔德（2000）认为，要成为尼日利亚小说家必须满足两个条件：尼日利亚人和发表过小说。根据这个定义，她发现在几十年间存在几百位尼日利亚小说家。对于她的案例和研究问题来说，这既是一个恰当的定义，也是一个实用的定义。

10. 参见 Gerber，2017。正如本章所提出的那样，与"以对象为中心"的观点不同，后一种更为全面的观点能帮助我们解释为什么绝大多数小说家能够真正承担起小说家的责任。

11. 参见 Thompson，2010。

12. 参见 Caves，2000；Merton，1968；Rosen，1981。

13. 参见 Moeran，2003。也参见 Rawlings，2001。

14. 关于约三分之一的收入，见 Purdum，2015；关于团队的十六名成员，见 Swanson，2016。

15. 参见 Mahler，2010。

16. 参见 Alter，2016。关于系列中的浪漫小说，他们的操作方式不是列出唯一作者，而是创造一个"James Patterson Presents"的书系。

17. 按照顺序，参见 Kellner，2002；Maslin，2004；Mozes，2010。

18. 参见 Colacello，1990：208。

19. 参见 Kellner，2002。

20. 参见 McDowell，1984。

21. 参见 Siddique，2013。虽然对于名字经济作家来说，在没有炒作和没有期望的情况下出版作品可能是一件很美妙的事情，但当然，这假定了他们的作品在没有炒作和期望的情况下也能出版，莱辛的实验就表明了这一点。1975年的情况也是如此，当时在一项实验中，一位作家将耶日·科辛斯基（Jerzy Kosinski）获国家图书奖的短篇小说集《台阶》（Steps）以埃里克·迪莫斯（Erik Demos）的笔名重新提交给十四家出版商和十三家文学代理人。所有的代理人和出版商，包括《台阶》的原出版商兰登书屋，都拒绝了这份书稿。

22. 参见 Bosman，2012。

23. 参见 Shank，2012。

24. 参见 Trachtenberg，2010。

25. 关于"没有人知道任何事"原则，参见 Caves，2000。也参见 Salganik, Dodds, and Watts，2006；参见 Salganik and Watts，2008，他们设计了一个非常聪明的实验，显示了为何会如此。

26. 参见 Oshinsky，2007。

27. 参见 Leong，2010。

28. 关于这个系统更深入的讨论，可参考本书第六章。

29. 参见 Stolls，2008：5—6。

30. 参见 Semonche，2007：83。

31. 在 2010 年的一次采访中 ,Charles Plymell 引用了艾伦·金斯伯格的 "古根海姆买给他的大众汽车"（参见 Blaine 2010）。

32. 参见 McGurl，2009：24。关于学生不计经济成本参加 MFA 项目的原因，见 Childress and Gerber，2015。关于 MFA 学位持有者的自我报告中显示他们所获得的技能、满意度和工作成果（当然，这并不像人们想象中的那么悲观），见 Frenette and Tepper，2016。

33. 根据 NEA 对作家的定义，其中 57% 是女性，而在所有艺术家中的比例是 46%。甚至，NEA 定义中的作家与所有艺术家相比，其中白人的比例也过高，非白人仅占 13%，而所有艺术家中非白人占 20%，劳动总人口中非白人占 32%。（参见 NEA，2011：8—11）

34. 参见 Harbach，2014：12。

35. 本节通篇使用了 "自出版" 一词，参考第八章中对*投资的专一性出版模式和不投资的包容性出版模式*的区别的讨论，所谓的 "自出版" 就属于后者。"自出版" 一词在我们讨论谁承担财务风险时是有意义的，但一般来说，更明确的做法是避免使用一个暗示不存在的短语来提及某一特定的出版模式。

36. 参见 Cornford and Lewis，2012。

37. 参见 Dale，2016。

38. 参见 Weinberg，2014。

39. 参见 Puzo，1972：34。

40. 参见 Puzo，1972：33。

41. 以 2015 年的美元价值来计算，按照普佐的估计，在收到《教父》的预付款后，十几年来，他靠写书赚了约 7.5 万美元，负债约 13 万美元。

42. 参见 Puzo，1972: 41。

43. 本段中的这一数额均是以 2015 年的美元价值计算的。

4 文学代理人和双重职责

1. 参见 Kakutani，1991。

2. 一般认为雷诺兹的代理机构是美国的第一家文学代理机构，但英国的文学代理人很可能早于它。1893 年 11 月，也就是雷诺兹成立代理公司的同一年，英国出版商威廉·海涅曼（William Heinemann）在杂志《雅典娜》（*Athenaeum*）上以诙谐的方式解释文学代理人如何发展自己的业务，他将文学代理人斥为"寄生虫"。Thompson（2010）推测，海涅曼的不屑很可能针对的是 A.P. 瓦特（A. P. Watt），他被普遍认为是第一个文学代理人。

3. 参见 Zelizer，2010。关于这一表述之下的编辑的特定研究，参见 Galassi，1980。

4. 参见 de Bellaigue，2008。

5. 参见 Thompson，2010 : 58—99。

6. 参见 Arnold，1999。

7. 参见 Coser, Kadushin, and Powell，1982。

8. 在这个与规模有关的一般规则中，值得注意的例外是威廉·莫里斯（William Morris）和 ICM 代理公司，它们都有文学部门，但也是许多创意产业的全球顶级人才代理机构。

9. 这样一来，文学代理人整合成文学代理机构就有点像比较正规的竞技扑克牌手，他们互相购买对方赢钱的赌注。

10. 参见 Reynolds，1966 : 113。

11. 在创意产业中，一般不受监管的中介机构在"创作者"和"生产者"之间进行谈判，这是两个特殊场域之间的过渡，其中的掠食者是一个问题（见 Mears，2011）。掠食者在这些角色中的存在，是"创作者"和"生产者"占据不同场域的证据，因为正是"创作者"对生产场域游戏规则的不了解，才形成了掠食者赖以生存的基础。这样一来，"掠食者"就是跨领域安排所产生的一种可预见的结构性地位。

12. 美国科幻和奇幻作家协会在其名为"作家当心"（Writer Beware）的博客和网站上提供了最全面的掠食性做法清单，可访问 http://www.sfwa.org/other-resources/for-authors/writer-beware/。

13. "约三分之二"这一数字（65.3%）来自美国文学代理人数据库。其工作经历来自领英上的公开数据，数据库中 56% 的代理人报告了以前的全部工作经历。

14. AAR 是 1991 年由作家代表协会（the Society of Authors' Representatives，成立于 1928 年）和独立文学代理人协会（the Independent Literary Agents Association，成立于 1977 年）合并而成的作家机构。

15.《AAR 道德规范》可在 http://aaronline.org/canon 中访问。

16. 参见 Bourne，2012。

17. 参见 Bourne，2012。

18. 新一代的纯文学小说作家不成比例地来自创意写作 MFA 项目，这是因为这些人自己选择进入这些项目，还是因为文学代理人寻找年轻作者的策略使得 MFA 项目中的人变得相对"易搜得"（searchable）？关于这个问题没有可靠的数据，但很可能二者兼有。

19. 关于与文化对象的情感联系的作用未被充分强调，参见 Benzecry，2011。

20. 参见 Ferrari-Adler，2009。

21. 参见 Rivera，2012。也参见 Lamont, Beljean, and Clair，2014。

22. 用社交网络的语言来说，这种情况是地位同源性（如种族和性别）被混淆或正确地定义为价值观同源性。

23. 参加 Lee，2013。

24. 按照法律，阿拉吉在美国被归类为白人，但由于她的黎巴嫩背景，她更常被看作非白人（见 Maghbouleh，2017）。

25. 来自社交网络的强烈的非正式压力在媒体行业很常见（见 Hesmondhalgh and Baker，2010），可能"三杯马提尼酒的午餐"被用来使社交网络的义务更令人愉快。从这个角度来看，出版业中用来激励社交网络的费用，与科技行业中的现场免费午餐、干洗等是相反的：一个是激励组织*之间*互动的福利，没有特定的考虑；一个是激励组织*内部*互动的福利，有着特定考虑。

26. 每日邮件会以五美分的价格提供给订阅者关于代理机构对出版商的出售情况，同时附上销售代理、组稿编辑和作者的姓名，以及该书的类型和简介。

27. 关于更多行业协会期刊和杂志完成的关系性工作，见 Spillman，2012。

5　文化的决策制定、品味和财务承诺

1. 参见 Zelizer，2010：153。

2. 参见 Gologorsky，2000。

3. 参见 Aronson，1993：13。

4. 参见 Hirsch，1972。

5. 参见 Aronson，1993：15。

6. 参见 Hardwick，2000。

7. 参见 Donald，2002：376—377。

8. 参见 Aronson，1993：11。

9. 参见 Aronson，1993：16。

10. 原因有二。首先，在接触新的或未知的对象（尤其是像书籍这样需要投入大量时间才能熟悉和评估的对象）时，分类比较是一种有用的快捷方式，能帮助展示对象是什么；其次，在场域转换中存在供过于求的问题：大多数写完的书不会被出版，就像大多数出版的书不会被阅读一样。出于后者，分类比较能够将供过于求的情况缩小到首要考虑的书籍类别里。

11. 虽然与书籍无关，但关于此基本观点，见 Zuckerman，1999。

12. 与 Baker and Faulkner（1991）关于好莱坞角色分离的发现相反，在这个例子中，艺术性和商业性角色的重合（"双重职责"）得到了缓解，因为问题是由桌子两边的人共同处理的，而不是一个人单独处理的。

13. 见 Sale，1993：269。

14. 这句话来源于是保罗·迪马乔的表述，他针对早先的草稿总结出这一点。这句话中的清晰性和简明性归功于他。

15. 原因包括：（1）依赖已有的社交网络来雇用进入该场域的新人；（2）依赖学徒／导师模式，这种模式可以复制现有的人口特征模型；（3）起薪低或没有起薪，这设置了进入该场域的障碍；（4）被受访者称为"合格作品"的非白人作品，使这个行业免受批评；（5）对职业技能要求不明确，没有正式的资格认证程序，这可能导致其滑入对"潜力"评估的隐形偏见中。

16. 根据 2014 年《出版商周刊》的薪酬调查，出版公司中四分之三的编辑都同

意"出版行业缺乏种族多样性"，只有 5% 的编辑不同意。

17. 参见 Wade，1993：74。

18. 参见 Powell，1985。

19. 参见 Donadio，2006。

20. 参见 Schuster，1993：23。

21. 除了出版名字经济作家的作品外，出版商对数据预测的使用可以绝佳地用卡内基学派组织行为学方法来描述：编辑们对出版哪些书有选择权，然后他们通过用数字来找到问题或解决方案来验证自己的感觉（见 Cohen, March and Olsen，1972）。

22. Beckert（2013）讨论过"虚构期望"及其如何被用来激励行为，这句引用中对故事的使用可以作为 Beckert 上述讨论的一个很好的例子。在这个例子中，被激励的行为就是出版一本书的决定。

23. 关于预测"畅销书"成为判断失误的信号，参见 Denrell and Fang，2010。

24. 这样，图书出版中的对标书目与房地产代理人在估算房产价值时构建的"对标"房产是完全不同的。房地产代理人的目标是数字上的准确性，而编辑或出版商的目标则是讲述一个关于销售的数字故事，不管这个故事能不能成真。

25. 参见 Walker，1993：264。

26. 参见 Hochschild，1983；更多评论参见 Steinberg and Figart，1999。

27. 参见 Jackall，1988。

28. 关于经济交换和组织环境中情感研究的更多关系性方法（如这里建议的），参见 Bandelj，2009 和 Rivera，2015。另参见 Collins，2004，他的观点为后者提供了参考，这也可能是最接近本节解释的例子。也就是说，正如 Reay（2000）所讨论的那样，作为一种资本形式，情感暗示的更多的是拥有情绪储备来处理困难情况。在这种情况下，与其说调节一个人的情感是处理困难情况的工具，不如说情感是*产生偏好情境*（preferred situation）的有用工具。要明确的是，我们的目标不是引入一种"新的"布迪厄资本形式（尤其是对那些已经被引入的资本而言），而是试图表明，编辑对热情的事情符合更广泛的布迪厄资本交换框架。另外，值得一提的是，尽管这一点具有普遍性，但编辑（就这一点而言，也包括代理人）也会进行情感劳动，其中最常见的是对作者的情感劳动，包括当书进入一个作者不了解的场域时管理作者的期望和需求。

29. 参见 Curran，2011：177。

30. 关于编辑在出版贸易中的"纯代理"式管理方式，参见 DiMaggio，1977。

31. "写作质量"可被当作一个独特的评价报告中的子项，这一子项，可能会也可能不会成为更加全面的对"文学质量"的评价。例如，对编辑来说，一部小说写得很优美，但更多"基于情节"而非"基于人物"，因此这部小说写作质量很高，但缺乏文学质量。这也是"把握历史准确性"与更一般的作品如何合乎"历史小说体裁"特征的情况，一部作品作为历史小说可能会失败，或因为作者执着于把握历史准确性而忽视了故事，或因为作者没能把握住历史准确性，而讲不出一个可信的故事。另外，对一部历史小说的评价也可能会*独立于*历史准确性（例如，历史小说市场的饱和，编辑对历史小说没有兴趣，故事没有足够的吸引力来支撑一部历史小说等等）。

6　产业结构与出版商的地位和配置

1. 关于组织社会学分类研究的理论综述，见 Negro, Koçak, and Hsu，2010。关于体裁分类，也可参见 DiMaggio，1987；Lena，2012。

2. 参见 Parker，2002。关于法拉、斯特劳斯和吉罗的历史，参见 Kachka，2013。

3. 参见 Parker，2002。

4. 参见 Woll，2002。关于零售革命和再版书重要性下降的论述，参见 Thompson，2010：221—222。Thompson 指出亚马逊可能让这种平衡稍微偏向了再版书，而电子书市场的发展使钟摆可能进一步摆向再版书，因为一本书的"印刷"不再需要过去的那种支出。

5. 参见 Thompson，2010。

6. 关于好莱坞电影工业中的这一点，参见 Rossman and Schilke，2014。也参见 Elberse，2013：42。Elberse 关注的是大中心出版社的单季出版书目，其中没有一本本该大热的书失败，而该出版社也采取了多元化的出版策略，他们希望随着时间的推移，一些低成本的书能够在长期有缓慢但稳定的销售量（更好的情况是，其中一本书成了令人惊喜的畅销书，其投资回报率是那些被寄予厚望的书无法相比的）。

7. 参见 Donadio，2006。

8. 布迪厄将这些类型书分为"没有明天的畅销书"和用于教育目的而存活的"经典"。布迪厄写道，这里的区别是，这些书之间的"对立是彻底的"，然而这些类型书也是彼此依赖的，它们不仅通过否定来定义彼此，而且对出版商的生存来说，两者的存在也是相互依赖的（参见 Bourdieu，1996：147）。

9. 参见 DiMaggio and Powell，1983；White，1992。

10. 一本"太好以致不能出版"的书不仅是遭受质疑的书的品质标志，也是一种地位上的诉求。这就像是在说："作为一个关心书、对书有感情的人，我是出于热爱和崇拜，才出版那些不能出版的书的。"

11. 这件轶事并非来自我的田野调查，而是保罗·迪马乔与我分享的，他还指出，在 1976 年梅尔·布鲁克斯的电影《无声电影》（*Silent Movie*）中，海湾西部集团因接管派拉蒙电影公司而被讽刺为"吞食和毁灭"（Engulf and Devour）。

12. 公平地说，布迪厄（1980：262）承认了混合出版策略的存在，但他似乎将一般规则视为例外（如，"'伟大的'出版社将经济上的谨慎与智力上的勇气相结合"，而林登 [Lindon] 在出版自己喜欢的书的同时还能保持经营状况，这在他那里是一个特例）。这可能是由于法国和美国文学场域之间的基本差异，也可能是因为布迪厄将他对出版商的了解与他关于文化领域如何结构的更广泛的理论进行了调和（只要这些情况依然是例外，那么在组织层面上对艺术上的追求和财务上的审慎的平衡就不会影响对立的场域概念）。

13. 参见 Thompson，2010。

14. 参见 Greco，2005。

15. 出版业的两次集团化浪潮在 Thompson2010 年的研究中得到了非常巧妙的总结和讨论。虽然这也是我自己收集资料时的一个讨论话题，但在本节中，我主要倾向于 Thompson 的精辟论述。关于高等教育出版的案例，也可参见 Thornton，2004。

16. 关于"开放体系"，参见 Lopes，1992；Thompson2010 年在提到图书出版时将其称为"联盟"模式。同一观点另见 Dowd，2004。

17. 参见 Peterson and Berger，1975；Lopes，1992 和 Dowd，2004 对其进行了反驳。

18. 关于其他文化市场中的这种资源分割（利基差异化的一种），参见 Carroll and Swaminathan，2000（关于啤酒）和 Boone, Van Witteloostuijn, and Carroll，2002（关于报纸）。

19. 布迪厄认为，作为*惯习*的一部分，人们在特定的情况下既对某些对象有偏好，也对某些行为有偏好。这里认为，图书出版商（或出版机构）也有比它们的创建者更长久的地位。以朔肯图书（Schocken Books）为例，不管是谁做出的出版决定，它都已经并将继续出版以犹太人为主题的书籍。最典型的是，编辑和出版商寻求将两者的倾向"匹配"起来，这样一来，他们彼此就不必优先于对方。由于这些匹配并不总是完美无缺的，有时的策略是找到某个有诀窍或有名声的人去做符合出版商倾向的书，同时也给编辑留有余地，让他去探索他感兴趣的小路，只要不使出版商已经在做的事情失效就行（例如，在社会学领域，普林斯顿大学出版社以做文化、经济、组织等交叉领域的书著称，而根据编辑的情况，出版社也可能会有民族学、性别、社会运动等方面的关注点）。关于该场域的出版商是在关系空间中排列的观点，参见 Bourdieu，2008。

7　故事讲述和神话制造

1. 这些邮件已经过双方许可转载。

2. "领头"书并不总是指单独一本书。通常，一个出版品牌或出版商会有一部或几部领头的小说和一部或几部非虚构作品。在这种情况下，具体的某本书会被称作"领头书中的一本"。

3. 参见 Hirsch，1972。

4. 参见 Dyckhoff，2001。

5. 参见 Siegel，2004。西格的后半句更尖锐："不管除了你的母亲和你的猫之外，是否有人知道你是谁。"后半句在这里只是一条注释，因为对生产和接受场域来说这是一句准确的讽刺语。而在创作场域中，埃特林格是一个有意义的信号，这是一个有用的象征资本，特别是对不认识你的人，你可以通过它来表明你是谁，或者你向往的场域在哪里。

6. 对于像克雷曼这样的年轻新编辑来说，这可能会被视为一种鲁莽又危险的行为，但这一行为的出发点和令他在工作中表现出色的动机是一样的：他在为他的书和他对书的愿景辩护。更一般来说，正如本章后面将讨论的那样，在这个例子中发生的一部分是，作为一个年轻的编辑，克雷曼正在与康特珀恩特内部对《贾勒茨维尔》日益增长的兴趣作斗争，他也将因此而失去对这本书的控制。在他进入出版行业时实习所在的公司麦克斯威尼，这个系统并非典型，因为编辑在出版过程中的每一步都保持着完全的控制权和最终的决定权。以无护封精装版来首次出版是麦克斯威尼的做法，就像以平装书来首次出版是康特珀恩特的做法一样。正如第五章所讨论的那样，克雷曼对书的敏感性与他在康特珀恩特中的立场无法匹配（与之相应的是康特珀恩特作为一家出版商的敏感性），他最终还是做了许多编辑在这种情况下都会做的事情：当麦克斯威尼有了职位空缺时，他选择离开康特珀恩特，加入了麦克斯威尼。

7. 在媒体行业，这被称为"窗口化"。关于精装书定价的问题，另见 Franssen and Velthuis, 2016。

8. 虽然在舒梅克的出版品味中，他对艺术性（有时是深奥性）有强烈的偏好，但他也有强烈的大众主义倾向。他更常认为，一旦有艺术价值的书被出版了，那么将这些书以能吸引读者的方式进行包装才是合理的。

9. 图 7.3 左上角的那个离群值也很有意义，它意味着这本书尽管最初的预计销量很低，但也得到了大量的讨论时间。这是一部已经售出电影版权的小说，电影已经有大明星加盟，但还没有开始制作。因此，这本书是一个长期赌注，值得比较多的讨论时间，即使它产生收益要在电影有望上映之后。

8　零售商和评论人

1. 如果活动现场有普通读者，"让蝗虫来吧"可能会有对读者的贬损意味，但当时只有内部人员在场，而且发言的是内部人员，所以这个玩笑说的是"我们是蝗虫"，而不是"他们是蝗虫"。

2. 关于文化场域中的场域构建事件，参见 Anand and Jones，2008；Moeran and Pedersen，2011。

3. 关于出版商目录如何用于选择国际版权，也可参见 Franssen and Kuipers，2013。

4. 第二文本是关于文本（或"第一"文本）的文本。例如书评、封面简介、读后感或代理人提供的摘要，这些都是关于文本的文本，而不是文本本身。第二文本在场域转换中占据主导地位，而一旦文本成功完成场域转换，这种主导地位又会消失。参见 Fiske，1987。

5. 参见 Clines，2016。

6. 关于资源空间和专业化，参见 Carroll and Swaminathan，2000。

7. 这里的逻辑有一部分是财务上的逻辑：如果一个出版商能够乘势并且能保持图书的库存，由于相关的预付金、宣传和营销成本较低，所以这种情况下一本意外之喜的畅销书的投资回报率很高。但如果预付金和宣传成本很高，与其说是抱着这本书可能是畅销书的希望，不如说是怀着这本书"最好是"畅销书的焦虑。

8. 与主要出版社都在纽约这一点不同，"重点"的独立书店分布在全国各地，因为读者也是分散在全国各地的。按照理论，如果草原之光书店支持一本书，那么中西部的其他独立出版社就会对草原之光书店的立场做出反应，就像中大西洋地区的其他独立书店可能会对政治与散文书店的立场做出反应一样。草原之光书店距离爱荷华大学只有一个街区的距离，而爱荷华大学是全美国最负盛名的创意写作 MFA 项目所在地，这也会帮助其获得影响力。

9. 此处引用的是 Rossman（2014）对混淆关系类工作中的礼物交换的研究。在本章的后面，读者可能也会注意到，独立书店和出版商之间的礼物交换会变得类似于出版商对连锁书店的"贿赂"，而这种"贿赂"进而又会演变成亚马逊对出版商的"勒索"。在 Rossman（2012）的研究中，这些关系（广播电台和唱片公司之间的关系）的过程性本质是会随着时间推移而产生周期性变化的，这种过程性关系本质描述了整个行业。而在这里，至少到目前为止，这些关系随着贸易伙伴的不同而有所不同，并且随着时间的推移变得更加稳定。更一般来说，合法性和政府干预推动着 Rossman 所说的周期，在这里，有时候是一个更加直接的交易，即谁在交换中拥有协调性权利来要求对方做什么。

10. 虽然开市客（Costco）的图书采购主管彭涅·克拉克·扬尼切罗（Pennie Clark Ianniciello）拥有的购买力远不如亨斯利，但她也扮演了相似的角色。克拉克·扬尼切罗之于开市客就像亨斯利之于巴诺书店，她让开市客的图书在其他大卖场式零售商的图书售卖中脱颖而出。虽然开市客在被动回应消费者的需求（只用畅销书填充货架），但由于克拉克·扬尼切罗的存在，开市客有时也会*创造*畅销书。哈珀柯林斯的销售总监杰夫·罗加特（Jeff Rogart）曾评论道："她在引导顾客买书，在塑造顾客的品味方面有不可思议的诀窍。"（Batchelor，2008：167）

11. 参见 Miller，2009。

12. 参见 Brown and Wiley，2011。

13. 代理定价模式由于 20 世纪上半叶出版商和百货公司之间的斗争而变得合法。不过在 2010 年后不久，苹果公司和"五大"出版商被美国司法部认定为价格垄断，因为出版商在采用代理定价模式时（与苹果公司）进行了价格协商。

14. 和过去的"自费出版"（vanity presses）一样，亚马逊以*不投资包容性*模式使作者为各种服务付费从而创造收入，但与自费出版模式不同的是，亚马逊实际上可以提供发行服务，因此对那些还没有读者的作者来说，确实存在着很小的成功机会。然而那几个偶然的成功故事总是被来来回回地提及，却回避了（同时也支持了）这些成功案例的特殊性。我们期待亚马逊会公布通过亚马逊自出版模式成功的作者的数据，但是亚马逊并没有公布过。因此，我们不知道通过亚马逊自出版模式出版作品的作者是赔是赚，尽管这两种情况都是可能的（见第三章）。

15. 参见 Stone，2013：242。

16. 参见 Ghose，Smith，and Telang，2006。

17. 参见 Lumenello，2007：4。

18. 参见 Sullivan，2015。

19. 关于这一传统的研究，参见 Ahlkvist and Faulkner，2002；Rossman，2012；Shrum，1991。

20. 正如布迪厄所写的那样："每一个批评者不仅仅宣示他对作品的判断，而且宣示他谈论和判断作品的权利。"（Bourdieu，1993：36）关于这一传统的研究，见 Baumann，2007b；Janssen 1997；Van Rees，1987；Verboord，2010。

21. 参见 Janssen，1998。

22. 参见 Hardwick，1959：138。

23. 参见 Lumenello，2007：4。

24. 缄默法则（Omertà）是意大利南部男性主义的荣誉法则，常常与西西里黑手党联系在一起。这个法则包括三部分：（1）不干涉他人的行为；（2）不向当局报告他人的不法行为；（3）对他人的行为，特别是不法行为保持沉默。

25. 具体见 Foreman（2012）最后两段。

26. 参见 Rich，2009。

27. 例如，《科克斯》对大卫·艾格斯的处女作《一个惊人天才的伤心之作》（*A Heartbreaking Work of Staggering Genius*）的匿名评论中，开头有两个评价性和谴责性的词，只是简单地这样说："这不是（It isn't）。"这与创作场域的非匿名参与规则是截然不同的，Adelle Waldman（2003）这样形容这种非匿名参与规则："找到一些积极的说法，用这些说法来写一个柔和的开头。"

28. 参见 Goodheart，2009。

29. 此外还有一个影响因素是，鲍德斯正在走下坡路。在《贾勒茨维尔》发行一个月后，鲍德斯就在英国宣布破产，然后开始逐渐关闭英国的连锁店；在《贾勒茨维尔》发行约十五个月后，在美国也宣布了破产。虽然它的失败经常被归咎于亚马逊，但鲍德斯无法超越巴诺书店的原因有四。（1）鲍德斯书店的早期优势是它的后段分销系统，系统由于缺乏更新而成为了发展的阻碍。（2）鲍德斯书店与巴诺书店竞争的方式是建造更大的店面，但这使他们在 2008 年的经济衰退中受到了更大的损失。（3）公司做了一系列失败的投资，在 CD 市场不断缩减的情况下，公司将书店的大部分面积都用来销售CD，然后又在 DVD 市场不断缩减的情况下将书店的大部分面积用来销售DVD。（4）鲍德斯书店没有预测到控制线上图书销售的重要性，而是将这一业务外包给了亚马逊。

30. 这是由 BookScan 报告的 2009—2010 年的数据，该报告统计了约 85% 的美国图书销售量数据。根据 2010 年的人口普查数据，按地区来划分，每百万居民的销售额依次为：南大西洋地区 33.1%，山区 22.3%，东北部 17.9%，太平洋地区 12.8%，中大西洋地区 8.3%，中部西南地区 7.8%，中部东北地区 6.8%，中南部 3.7%。

9 将生活读进小说

1. 参见 Goolrick，2009。

2. 参见 Anonymous，2009a。

3. 参见 Anonymous，2009b。

4. 参见 Taylor，2009。

5. 参见 Goodheart，2009。

6. 这一点已多次被证明，关于该流派的经典研究，见 Bryson，1996；Griswold，1987a；Liebes and Katz，1990；Shively 1992。

7. 在作者意图的框架下，文本限制在后结构主义文学传统中被明确否定（见 Barthes，1974；Fish，1980；Foucault，2002）。社会学家们相信这一点吗？无论如何，做接受研究和消费研究的学者一直在关注那些不需要一个明确答案的问题：消费者如何利用文化对象来划定边界或发出信号？读者的结构性立场如何影响他们的阅读方式和他们从文化对象中得出的意义？

8. 参见 Griswold（1993），加入了强调。

9. 参见 Escarpit，1971：83。

10. 参见 Manguel：2014。

11. 参见 Butler，2011。

12. 该结果与 Childress and Friedkin（2012）中的结果不同，原因是:（1）这里在那篇文章的框架之外增加了额外的调查反馈（包括不在读书小组中的读者等）;（2）纳入了更多的调查维度，因为它们与本章中更广泛的讨论有关，而不仅仅是本书中更局限的讨论。关于调查设计和这些研究之间的差异，详见本书方法论附录和 Childress and Friedkin（2012）。

13. 本章中的所有相关性，均为 $p < 0.05$。

14. 参见 Griswold and Wright，2004。

15. 这 11 种类型分别是动作、奇幻、历史、恐怖、文学、神秘、流行、爱情、科幻、惊悚和青少年。

16. 关于阅读阶层，参见 Griswold，2008。

17. 类型基于所调查的《贾勒茨维尔》的四种类型名与尼克森意图标准总和差异（coef. =-6.23，SE=1.51，p<0.001）。解释基于所有被调查的解释变量在扣除流派类型名称后与尼克森意图的标准化总和差异（coef. =-8.35，SE=1.48，p<0.001）。负系数表明，与尼克森意图的分歧与对《贾勒茨维尔》的喜爱程度之间存在着反比关系。

18. 参见 Zerubavel，2009。

19. 参见 Griswold，2008：161。

20. 参见 Daniels，2002。关于美国的读书小组，见 Long，2003；关于英国的读书小组，见 Hartley，2001。关于每月一书图书俱乐部，参见 Radway，1997。关于"一本书"计划，参见 Griswold and Wohl，2015。

21. 读者交替使用"读书小组"（book group）和"读书俱乐部"（book club）这两个词。在本节中，"小组"一词指小型的、非正式到半正式的读书聚会。

22. 在加利福尼亚的两个读书小组中，根据阅读《贾勒茨维尔》的情况，他们特意烹制了南方风味的食物，并进行了分享。马萨诸塞州的一个男性读书小组一边喝着啤酒、吃着披萨，一边讨论《贾勒茨维尔》；旧金山的一个男性读书小组围着一张摆好的正式餐桌，一边讨论这部小说，一边吃着主人和伙伴们提供的家常菜。有的读书小组只吃了小点心，还有的读书小组只喝了酒。对于在当地书店、咖啡店、宗教中心和图书馆聚会的读书小组来说，食物和饮料并不是聚会的必要构成部分。比较普遍的是，在参与研究的 21 个读书小组中，白天聚会的小组最多也就是吃一些小点心，晚上聚会的小组则至少都会吃些点心。

23. 部分读书小组欢快喧闹和醉醺醺的特点在某个参与者身上得到了最好的体现，在一次关于《贾勒茨维尔》的喧闹持续的谈话中，她大声喊道："大家都闭嘴，因为我需要说点什么，我喝醉了，这很重要。"其他参与者们笑了起来，并准许她上台发言。

24. 参见 Long，2003：187。

25. 参见 Childress and Friedkin，2012。

26. 这也将是读书小组讨论给定的解释内容的结果，讨论者均没有受到彼此影响。

10　将小说读进生活

1. 参见 Gamson，1998a。

2. "用来阅读"和"用来思考"引用了 Lévi-Strauss（1963）对图腾的讨论。在他的讨论中，动物不仅"用来食用"，而且还"用来思考"（89）。而"用于沟通"则是引用了 Douglas（1972）的说法。

3. Fine（1979）将"独特文化"（idioculture）定义为"一个全体成员共享的知识、信仰、行为和习俗体系，成员可以将其作为进一步互动的基础加以参考和利用"（734）。

4. Bonilla-Silva（2006）发现，中产阶级和上层阶级的美国白人——比如那些组成读书小组阅读《贾勒茨维尔》的人——在讨论种族和种族主义的话题时可能会出现典型的语无伦次。而《贾勒茨维尔》读书小组的情况绝非如此。如果他们是特地被召集来讨论种族和种族主义话题的话，那么他们可能不会这么口无遮拦，也可能不会分享这么多内容。但是，在有私密性的自己家中，聚在一起讨论一部小说，继而就可能会坦率、连贯、具有启发性地谈话。

5. 关于20世纪上半叶可口可乐和百事可乐之间的种族性区别，参见 Capparell，2007年。

6. 参见 López and López，2009：68。

7. 桑迪·谢尔曼是一个假名。真正的桑迪·谢尔曼在本书出版前阅读了这部分内容，也同意了发表这些内容。

11　结论

1. 参见 Gross，2015。

2. 参见 Milliot，2016。

3. "完全镜像的场域"是指布迪厄在生产场和消费场域之间的"同源性"。因为他认为作家、出版商和读者之间的同源性是"完全一致的"（Bourdieu，

1980：269）。对他来说，这种一致性如此完美，以至于作者和他们的出版商成了"双重人格"，或相当于一个相同的人同时处于两个不同地方的两具不同的身体上（Bourdieu，1996：216）。布迪厄略有夸张地称这是一种"奇迹般的巧合"（Bourdieu，1996：162），他甚至认为，如果一件艺术作品在生产场域找不到"自然的位置"，在消费场域就"注定会失败"（Bourdieu，1996：165）。这就是布迪厄在没有数据支持的理论化时最机械化的表现。回到现实世界，在过渡到新的场域时，文化对象成功的随机性太高了——所有的文化对象都按照它们自己的安排和原则来运作（接受场域的例子见 Salganik，Dodds，and Watts，2006）——以至于无法把这类陈述当真。所有的生产者都知道，可能你把每一件事都做对了，但依然注定失败，原因只是那些在结构性上看起来注定失败的文化产品（例如，一个无人知晓的出版商出版了一本书，该出版商对这本书没有什么期望，此前也没有相关领域的出版经验）可能以及经常有出人意料的成功。也可以参照那些一开始失败但后来成功的案例，例如第三章讨论的《蝇王》或《白鲸》（参见 Barker-Nunn and Fine，1998）。更一般来说，这里的问题是，如果生产和消费是彼此的完全镜像，这就会影响到一切使二者变得有趣的事。

4. 例外情况见 Benson，1999。对布迪厄来说，场域嵌套在其他场域中，这些场域有时会和"权力场域"重叠。与 Eyal（2013）一样，我认为这种表述并不令人信服。场域的概念本身就有点抽象。与美食场域或文学场域等不同，权力场域是建立在抽象之上的一个抽象概念。根据这里的论点，权力是一种动态，它在场域内部运作（它们对我们有权力），或者在跨场域的关系上运作（那个场域中发生的事情，将使我们在这个场域所做的事情必须发生变化，而且我们最好要做出这些变化），实际上并非一个场域本身。

5. 见 Bourdieu，1993；1996。部分原因可能是场域中"极点"的隐喻与磁"场"中存在的"力"相吻合。正如马丁（Martin，2003：29）所指出的那样，有时布迪厄把他的场当作磁场，有时他又批评别人把场当作磁场。不过，布迪厄的影响力太大了，这是一种祝福也是一种诅咒，无论是他关于磁铁还是关于经济学的隐喻，都无法逃避批评。

6. 关于这一点，见 Martin，2003；Swartz，1997。也参见 Emirbayer and Johnson，

2008。关于明确关注组织的例子，参见 Bourdieu，2008。

7. 参见 Christin，2014；Mears，2011。

8. 正如 Bourdieu and Wacquant（1992）所写的那样，"要从场域的角度来思考问题，就必须转换观察整个社会世界的普通视野，因为这种视野只拘泥于可见的事物"，"场域的结构……与它所表现出来的……网络不同"（96，113—114）。布迪厄还写过："互动的真相无法在互动本身中发现。"（Bourdieu，2005：148）。后来，布迪厄又将这一说法柔和化了，他写道："互动的真相从来都不完全在于互动。"而在这一例子中，他认为将兴趣献给互动本身就是陷入了"偶然主义的幻觉"（Bourdieu，1990：291，加入强调）。关于将网络纳入布迪厄的场域方法，参见 Anheier，Gerhards，and Romo，1995；Bottero and Crossley，2011；de Nooy，2003；Mohr，2013。

9. Fligstein 和 McAdam 在 2012 年的研究中提出了一个方法上的转变，从"以场为中心"过渡到将场本身视为在关系系统中运行的方法（57），此处部分属于这种方法。关于这一点也参见 Eyal，2013。

10. 关于管道这个比喻，见 Podolny，2001。关于回路这个比喻，见 Zelizer，2010。

11. 此处引用见 Lista，2013。在这一点上，图 11.2 中使用的 ACS 对"作者和作家"的职业定义基于以下提示："当前或最近的工作行为：清晰描述此人上周的主要工作行为或业务。如果此人有一份以上的工作，请描述此人工作时长最长的那份工作。"这意味着，那些无法将作者或作家当作主要工作的人，是不被记录为作者或作家的（也就是说，那些不论处于何种原因无法将作品出版的人被排除在记录之外）。

12. 参见 Bourdieu，1985：736。内生变化是可能的，因为在竞争接管更好的位置（奋斗）的过程中，资本在表面上可能会被利用，并最终控制定义，尽管场域被组织起来就是为了防止这种内部崩溃。虽然很少应用，但资本的积累与 Fligstein 和 McAdam 的场域理论（2012）中的"社会技能"（social skill）具有相同的目的，尽管后者也依靠社会运动理论来解释场域内部的内生变化。另见 Baumann（2007a）关于社会运动理论在艺术合法性中的应用。另见 DiMaggio and Powell（1983），其中的变化是再生产。更一般地，关于场域理论的这三条主线，参见 Childress（2015）。

13. 文化生产视角的"六面"（six facet）模型，本质上是一个理解文化变迁的框架。在接受一侧，因为文本是多面的，意义是被社会性建构的，所以解释和评价会随着时间推移而变得不稳定，这并不是一个难以认同的命题（不应将对意义的纵向研究的缺乏，与解释变化如何发生的理论难题相混淆）。

14. 参见 Leschziner 和 Green（2013）相当优雅、不可思议的有用见解，他们论述了如何在不违反其他假设的情况下将这一观点交织进场域理论中。

15. 参见 Bourdieu，1996：150—161（尤其是图 6）。关于教育，布迪厄写道："在这些变化中，最具决定性的无疑是……受教育人口的增长（在各级学校系统中），它是两个平行过程的基础：能够靠笔生活的生产者人数的增加……和潜在读者市场的扩大。"（Bourdieu，1996：127）

16. 参见 Griswold，1981；2000：36—38。

17. 参见 Italie，2012。

18. 有趣的是，赖斯在离开伯克利英语文学博士项目后，以旧金山州立大学艺术硕士生的身份写下了《采访》（*Interview*），而她 1972 年在该项目中的一位同学科尼莉亚·尼克森则走了相反的道路，从旧金山州立大学创意写作艺术硕士项目开始，去到海湾对面的伯克利英语文学博士项目。

19. 参见 Striphas，2009。

20. "垃圾"一词来自思里夫特图书（Thrift Books）的总裁迈克·沃德（Mike Ward），他在解释业务时说："我们收垃圾，（然后）在仓库中通过一个非常复杂的打捞过程，创造或发现人们想要的产品，然后以一个非常非常低的价格卖出去。"（Nosowitz，2015）

21. 关于物理空间中的场域，见 Childress，2015；Leschziner，2015；Martin，Slez，and Borkenhagen，2016；Sallaz，2012。

附录　方法论

1. 关于与编辑们更详细的半结构采访记录，见 Childress，2012。

2. 在本研究中，这些区分不会构成问题。离题的闲聊包括诸如用讽刺的方式进行娱乐、一般的办公室闲聊、关于不同作者或出版界人士的名誉的闲聊等等。

3. 播客中脱口秀演员之间的访谈，或者一个作家采访其他作家时，要注意采访
   者——内行是如何避免读者和非从业人士总是提出的（被认为是）"无聊"和
   "陈腐"的问题，当一个问题来自于场外人而不是场内人时，他们会反射性地
   道歉或表示知道。

参考文献

Abbott, A. (2005). Linked ecologies: States and universities as environments for professions. *Sociological Theory*, 23(3): 245–274.

Adler, P. A., and Adler, P. (2003). The reluctant respondent. In J. Holstein and J. Gubrium (Eds.), *Inside interviewing: New lenses, new concerns*. Sage: 153–173.

Ahlkvist, J. A., and Faulkner, R. (2002). "Will this record work for us?" Managing music formats in commercial radio. *Qualitative Sociology*, 25(2): 189–215.

Alter, A. (2016). James Patterson has a big plan for small books. *New York Times*, March 21.

Anand, N., and Jones, B. C. (2008). Tournament rituals, category dynamics, and field configuration: The case of the Booker Prize. *Journal of Management Studies*, 45(6): 1036–1060.

Anheier, H. K., and Gerhards, J. (1991). Literary myths and social structure. *Social Forces*, 69(3): 811–830.

Anheier, H. K., Gerhards, J., and Romo, F. P. (1995). Forms of capital and social structure in cultural fields: Examining Bourdieu's social topography. *American Journal of Sociology*, 100(4): 859–903.

Anonymous. (2009a). Fiction book review: Jarrettsville by Cornelia Nixon. *Publishers Weekly*, August 10.

———. (2009b). Jarrettsville. *Kirkus Reviews*, August 15. https://www.kirkus reviews.com/book-reviews/cornelia-nixon/jarrettsville/.

Arnold, M. (1999). Why editors become agents. *New York Times*, November 10.

Aronson, M. (1993). The evolution of the American editor. In E. Gross (Ed.), *Ed-*

itors on editing: What writers need to know about what editors do. Grove Press: 10–21.

Baker, W. E., and Faulkner, R. R. (1991). Role as resource in the Hollywood film industry. *American Journal of Sociology*, 97(2): 279–309.

Bandelj, N. (2009). Emotions in economic action and interaction. *Theory and Society*, 38(4): 347–366.

Barker-Nunn, J., and Fine, G. A. (1998). The vortex of creation: Literary politics and the demise of Herman Melville's reputation. *Poetics*, 26(2): 81–98.

Barthes, R. (1974). *S/Z*. Hill & Wang.

Batchelor, B. (2008). *American pop: Popular culture decade by decade*. ABC-CLIO.

Bauer, A. (2015). "Sponsored" by my husband: Why it's a problem that writers never talk about where their money comes from. *Salon*, January 25. http:// www.salon.com/2015/01/25/sponsored_by_my_husband_why_its_a_problem _that_writers_never_talk_about_where_their_money_comes_from/.

Baumann, S. (2007a). A general theory of artistic legitimation: How art worlds are like social movements. *Poetics*, 35(1): 47–65.

———. (2007b). *Hollywood highbrow: From entertainment to art*. Princeton University Press.

Becker, H. S. (1974). Art as collective action. *American Sociological Review*, 39(6): 767–776.

———. (1982). *Art worlds*. University of California Press.

Becker, H. S., Faulkner, R. R., and Kirshenblatt-Gimblett, B. (Eds.). (2006). *Art from start to finish: Jazz, painting, writing, and other improvisations*. University of Chicago Press.

Becker, H. S., and Pessin, A. (2006). A dialogue on the ideas of "World" and "Field." *Sociological Forum*, 21(2): 275–286.

Beckert, J. (2013). Imagined futures: Fictional expectations in the economy. *Theory and Society*, 42(3): 219–240.

Benson, R. (1999). Field theory in comparative context: A new paradigm for media studies. *Theory and Society*, 28(3): 463–498.

Benzecry, C. E. (2011). *The opera fanatic: Ethnography of an obsession*. University of Chicago Press.

Bielby, W. T., and Bielby, D. D. (1994). "All hits are flukes": Institutionalized decision making and the rhetoric of network prime-time program development. *American Journal of Sociology*, 99: 1287–1313.

Blaine, D. (2010). Interview with Charles Plymell. *Carbon-Based Lifeform Blues*, January 13. http://blues.gr/profiles/blogs/an-interview-with-charles-plymell -early-beat-generation-poet-1.

Bonilla-Silva, E. (2006). *Racism without racists: Color-blind racism and the persistence of racial inequality in the United States*. Rowman & Littlefield.

Boone, C., Van Witteloostuijn, A., and Carroll, G. R. (2002). Resource distribu-
tions and market partitioning: Dutch daily newspapers, 1968 to 1994. *American
Sociological Review*, 67: 408–431.

Bosman, J. (2012). Book is judged by the name of its cover. *New York Times*,
February 22.

Bottero, W., and Crossley, N. (2011). Worlds, fields and networks: Becker, Bour-
dieu and the structures of social relations. *Cultural Sociology*, 5(1): 99–119.

Bourdieu, P. (1980). The production of belief: Contribution to an economy of sym-
bolic goods. *Media, Culture, and Society*, 2(3): 261–293.

———. (1984). *Distinction: A social critique of the judgment of taste*. Harvard Uni-
versity Press.

———. (1985). The social space and the genesis of the groups. *Theory and Society*,
14(6): 723–744.

———. (1990). *The logic of practice*. Stanford University Press.

———. (1993). *The field of cultural production: Essays on art and literature*. Colum-
bia University Press.

———. (1996). *The rules of art: Genesis and structure of the literary field*. Stanford
University Press.

———. (1997). *Pascalian Meditations*. Stanford University Press.

———. (2005). *The Social Structures of the Economy*. Polity Press.

———. (2008). A conservative revolution in publishing. *Translation Studies*, 1(2):
123–153.

Bourdieu, P., and Wacquant, L. J. (1992). *An invitation to reflexive sociology*. Uni-
versity of Chicago Press.

Bourdieu, P., and Whiteside, S. (1996). *Photography: A middle-brow art*. Stanford
University Press.

Bourne, M. (2012). A right fit: Navigating the world of literary agents. *The Millions*,
August 15. http://www.themillions.com/2012/08/a-right-fit-navigating-the
-world-of-literary-agents.html.

Brodkey, L. (1987). *Academic writing as social practice*. Temple University
Press.

Brown, E. F., and Wiley, J., Jr. (2011). *Margaret Mitchell's* Gone With the Wind*:
A bestseller's odyssey from Atlanta to Hollywood*. Taylor Trade Publications.

Bryson, B. (1996). "Anything but heavy metal": Symbolic exclusion and musical
dislikes. *American Sociological Review*, 61(5): 884–899.

Butler, S. F. (2011). Document: The symbolism survey. *Paris Review*, December 5.

Capparell, S. (2007). *The real Pepsi challenge: The inspirational story of breaking the
color barrier in American business*. Simon & Schuster.

Carroll, G. R., and Swaminathan, A. (2000). Why the microbrewery movement?
Organizational dynamics of resource partitioning in the US brewing industry.

American Journal of Sociology, 106(3): 715–762.

Caves, R. E. (2000). *Creative industries: Contracts between art and commerce.* Harvard University Press.

Childress, C. C. (2012). Decision-making, market logic and the rating mindset: Negotiating BookScan in the field of US trade publishing. *European Journal of Cultural Studies*, 15(5): 604–620.

———. (2015). Regionalism and the publishing class: Conflicted isomorphism and negotiated identity in a nested field of American publishing. *Cultural Sociology*, 9(3): 364–381.

Childress, C. C., and Friedkin, N. E. (2012). Cultural reception and production: The social construction of meaning in book clubs. *American Sociological Review*, 77(1): 45–68.

Childress, C. C., and Gerber, A. (2015). The MFA in creative writing: The uses of a "useless" credential. *Professions and Professionalism*, 5(2): 1–16.

Christin, A. (2014). Clicks or Pulitzers? Web journalists and their work in the United States and France. Dissertation, Princeton University.

Clines, F. X. (2016). Indie bookstores are back, with a passion. *New York Times*, February 12.

Cohen, M. D., March, J. G., and Olsen, J. P. (1972). A garbage can model of organizational choice. *Administrative Science Quarterly*, 17: 1–25.

Colacello, B. (1990). *Holy terror: Andy Warhol close up.* HarperCollins.

Collins, R. (2004). *Interaction ritual chains.* Princeton University Press.

Cornford, D., and Lewis, S. (2012). *Not a gold rush.* Taleist.

Corse, S. M. (1995). Nations and novels: Cultural politics and literary use. *Social Forces*, 73(4): 1279–1308.

Coser, L. A. (Ed.). (1978). The production of culture. *Social Research*, 48(2).

Coser, L. A., Kadushin, C., and Powell, W. W. (1982). *Books: The culture & commerce of publishing.* Basic Books.

Craig, A., and Dubois, S. (2010). Between art and money: The social space of public readings in contemporary poetry economies and careers. *Poetics*, 38(5): 441–460.

Crane, D. (1992). *The production of culture.* Sage.

Curran, J. (2011). *Media and democracy.* Routledge.

Dale, B. (2016). Hugh Howey has no patience for book lovers who don't read books. *New York Observer*, March 30.

Daniels, H. (2002). *Literature circles: Voice and choice in book clubs and reading groups.* Stenhouse.

de Bellaigue, E. (2008). "Trust me. I'm an agent": The ever-changing balance between author, agent, and publisher. *LOGOS: Journal of the World Book Community*, 19(3): 109–119.

de Laat, K. (2015). "Write a word, get a third": Managing conflict and rewards in professional songwriting teams. *Work and Occupations*, 42(2): 225–256.

Denisoff, R. S., and Levine, M. H. (1971). The popular protest song: The case of "Eve of Destruction." *Public Opinion Quarterly*, 35(1): 117–122.

de Nooy, W. (2002). The dynamics of artistic prestige. *Poetics*, 30(3): 147–167.

———. (2003). Fields and networks: Correspondence analysis and social network analysis in the framework of field theory. *Poetics*, 31(5): 305–327.

Denrell, J., and Fang, C. (2010). Predicting the next big thing: Success as a signal of poor judgment. *Management Science*, 56(10): 1653–1667.

DiMaggio, P. (1977). Market structure, the creative process, and popular culture: Toward an organizational reinterpretation of mass-culture theory. *Journal of Popular Culture*, 11(2): 436–452.

———. (1987). Classification in art. *American Sociological Review*, 52(4): 440–455.

DiMaggio, P., and Powell, W. W. (1983). The iron cage revisited: Collective rationality and institutional isomorphism in organizational fields. *American Sociological Review*, 48(2): 147–160.

———. (1991). Introduction. In W. W. Powell and P. J. DiMaggio (Eds.), *The new institutionalism in organizational analysis*. University of Chicago Press: 1–38.

Donadio, R. (2006). Promotional intelligence. *New York Times*, May 20.

Donald, D. H. (2002). *Look homeward: A life of Thomas Wolfe*. Harvard University Press.

Douglas, M. (1972). Deciphering a meal. *Daedalus*, 101(1): 61–81.

Dowd, T. J. (2004). Concentration and diversity revisited: Production logics and the US mainstream recording market, 1940–1990. *Social Forces*, 82(4): 1411–1455.

Draugsvold, O. G. (Ed.). (2000). *Nobel writers on writing*. McFarland.

Du Gay, P., Hall, S., Janes, L., Madsen, A. K., Mackay, H., and Negus, K. (1997). *Doing cultural studies: The story of the Sony Walkman*. Sage.

Dyckhoff, T. (2001). They've got it covered. *Guardian*, September 15.

Ekelund, B. G., and Börjesson, M. (2002). The shape of the literary career: An analysis of publishing trajectories. *Poetics*, 30(5): 341–364.

Elberse, A. (2013). *Blockbusters: Hit-making, risk-taking, and the big business of entertainment*. Macmillan.

Emirbayer, M., and Johnson, V. (2008). Bourdieu and organizational analysis. *Theory and Society*, 37(1): 1–44.

Escarpit, R. (1971). *Sociology of literature*. Vol. 4. Routledge.

Eyal, G. (2013). Spaces between fields. In P. Gorski (Ed.), *Bourdieu and historical analysis*. Duke University Press: 158–182.

Farrell, M. P. (2003). *Collaborative circles: Friendship dynamics and creative work*. University of Chicago Press.

Faulkner, R. R., and Becker, H. S. (2009). *"Do you know . . . ?" The jazz repertoire in action*. University of Chicago Press.

Ferrari-Adler, J. (2009). Agents & editors: A Q&A with four young literary agents. *Poets & Writers*, January/February.

Fine, G. A. (1979). Small groups and culture creation: The idioculture of Little League baseball teams. *American Sociological Review*, 44(5): 733–745.

Fish, S. E. (1980). *Is there a text in this class? The authority of interpretive communities*. Harvard University Press.

Fiske, J. (1987). *Television culture*. London: Routledge.

Fligstein, N., and McAdam, D. (2012). *A theory of fields*. Oxford University Press.

Foreman, A. (2012). New faces of evil: "Casual Vacancy," by J. K. Rowling. *New York Times*, October 26.

Foucault, M. (2002). What is an author? In D. Finkelstein and A. McCleery (Eds.), *The book history reader*. Psychology Press: 225–230.

Franssen, T., and Kuipers, G. (2013). Coping with uncertainty, abundance and strife: Decision-making processes of Dutch acquisition editors in the global market for translations. *Poetics*, 41(1): 48–74.

Franssen, T., and Velthuis, O. (2016). Making materiality matter: A sociological analysis of prices on the Dutch fiction book market, 1980–2009. *Socio-Economic Review*, 14: 363–381.

Frenette, A., and Tepper, S. J. (2016). What difference does it make? Assessing the effects of arts-based training on career pathways. In R. Comunian and A. Gilmore (Eds.), *Higher education and the creative economy: Beyond the campus*. Routledge: 83–101.

Friedman, S. (2014). *Comedy and distinction: The cultural currency of a "good" sense of humour*. Routledge.

Galassi, J. (1980). The double agent: The role of the literary editor in the commercial publishing house. In B. Henderson (Ed.), *The art of literary publishing: Editors on their craft*. Pushcart Press: 78–87.

Gamson, J. (1998a). The depths of shallow culture. *Newsletter of the Sociology of Culture Section of the American Sociological Association*, 12(3): 1–6.

———. (1998b). *Freaks talk back: Tabloid talk shows and sexual nonconformity*. University of Chicago Press.

Gerber, A. (2017). *The work of art*. Stanford University Press.

Gessen, K. (2011). *How a book is born: The making of the art of fielding*. Vanity Fair.

———. (2014). Money. In *Happiness: Ten Years of n+1*. Faber & Faber: 307–335.

Ghose, A., Smith, M. D., and Telang, R. (2006). Internet exchanges for used books: An empirical analysis of product cannibalization and welfare impact. *Information Systems Research*, 17(1): 3–19.

Gitlin, T. (1983). *Inside prime time*. Pantheon.

Giuffre, K. (1999). Sandpiles of opportunity: Success in the art world. *Social Forces*,

77(3): 815–832.

Godart, F. C., and Mears, A. (2009). How do cultural producers make creative decisions? Lessons from the catwalk. *Social Forces*, 88(2): 671–692.

Goel, S., and Salganik, M. J. (2010). Assessing respondent-driven sampling. *Proceedings of the National Academy of Sciences*, 107(15): 6743–6747.

Goldberg, A. (2011). Mapping shared understandings using relational class analysis: The case of the cultural omnivore reexamined. *American Journal of Sociology*, 116(5): 1397–1436.

Gologorsky, B. (2000). The odd couple. *New York Times*, April 16.

Goodheart, A. (2009). The war at home. *New York Times*, October 22.

Goolrick, R. (2009). An unsettled town in an unsettled time. *Washington Post*, October 24.

Greco, A. N. (2005). *The book publishing industry*. Lawrence Erlbaum.

Grindstaff, L. (2002). *The money shot: Trash, class, and the making of TV talk shows*. University of Chicago Press.

Griswold, W. (1981). American character and the American novel: An expansion of reflection theory in the sociology of literature. *American Journal of Sociology*, 86: 740–765.

———. (1986). *Renaissance revivals: City comedy and revenge tragedy in the London theatre*. University of Chicago Press.

———. (1987a). The fabrication of meaning: Literary interpretation in the United States, Great Britain, and the West Indies. *American Journal of Sociology*, 92(5): 1077–1117.

———. (1987b). A methodological framework for the sociology of culture. *Sociological Methodology*, 17(1): 1–35.

———. (1993). Recent moves in the sociology of literature. *Annual Review of Sociology*, 19: 455–467.

———. (2000). *Bearing witness: Readers, writers, and the novel in Nigeria*. Princeton University Press.

———. (2004). *Cultures and societies in a changing world*. Sage.

———. (2008). *Regionalism and the reading class*. University of Chicago Press.

Griswold, W., and Wohl, H. (2015). Evangelists of culture: One Book programs and the agents who define literature, shape tastes, and reproduce regionalism. *Poetics*, 50: 96–109.

Griswold, W., and Wright, N. (2004). Cowbirds, locals, and the dynamic endurance of regionalism. *American Journal of Sociology*, 109(6): 1411–1451.

Gross, A. (2015). Counterpoint Press marks 20 years. *Publishers Weekly*, November 6.

Gross, N. (2009). *Richard Rorty: The making of an American philosopher*. University of Chicago Press.

Hall, S. (1980): Encoding/decoding. In Centre for Contemporary Cultural Studies (Ed.), *Culture, media, language: Working papers in cultural studies, 1972–79.* Hutchinson: 128–138.

Harbach, C. (Ed.). (2014). *MFA vs NYC: The two cultures of American fiction.* Macmillan.

Hardwick, E. (1959). The decline of book reviewing. *Harper's,* 138–143.

———. (2000). The torrents of Wolfe. *New York Review of Books,* November 16.

Hargadon, A. B., and Bechky, B. A. (2006). When collections of creatives become creative collectives: A field study of problem solving at work. *Organization Science,* 17(4): 484–500.

Harrison, S. H., and Rouse, E. D. (2014). Let's dance! Elastic coordination in creative group work: A qualitative study of modern dancers. *Academy of Management Journal,* 57(5): 1256–1283.

Hartley, J. (2001). *Reading groups.* Oxford University Press.

Heckathorn, D. D. (2002). Respondent-driven sampling II: Deriving valid population estimates from chain-referral samples of hidden populations. *Social Problems,* 49(1): 11–34.

Heckathorn, D. D., and Jeffri, J. (2001). Finding the beat: Using respondent-driven sampling to study jazz musicians. *Poetics,* 28(4): 307–329.

Heinich, N. (1997). *The glory of Van Gogh: An anthropology of admiration.* Princeton University Press.

Hesmondhalgh, D., and Baker, S. (2010). "A very complicated version of freedom": Conditions and experiences of creative labour in three cultural industries. *Poetics,* 38(1): 4–20.

Hirsch, P. M. (1972). Processing fads and fashions: An organization-set analysis of cultural industry systems. *American Journal of Sociology,* 77(4): 639–659.

Hochschild, A. R. (1983). *The managed heart: Commercialization of human feeling.* University of California Press.

Italie, L. (2012). "Fifty Shades" books now have fan fiction of their own. *Today,* May 24.

Jackall, R. (1988). Moral mazes: The world of corporate managers. *International Journal of Politics, Culture, and Society,* 1(4): 598–614.

Janssen, S. (1997). Reviewing as social practice: Institutional constraints on critics' attention for contemporary fiction. *Poetics,* 24(5): 275–297.

———. (1998). Side-roads to success: The effect of sideline activities on the status of writers. *Poetics,* 25(5): 265–280.

Jeffri, J., Heckathorn, D. D., and Spiller, M. W. (2011). Painting your life: A study of aging visual artists in New York City. *Poetics,* 39(1): 19–43.

Jhally, S., and Lewis, J. (1992). *Enlightened racism: The Cosby Show, audiences and the myth of the American dream.* Westview Press.

Johnston, J., and Baumann, S. (2009). *Foodies: Democracy and distinction in the gourmet foodscape.* Routledge.

Kachka, B. (2013). *Hothouse: The art of survival and the survival of art at America's most celebrated publishing house, Farrar, Straus, and Giroux.* Simon & Schuster.

Kakutani, M. (1991). Books of the *Times*: Portrait of a family from shifting points of view. *New York Times*, March 28.

Kellner, T. (2002). Stranger than fiction. *Forbes*, October 28.

Kingston, P. W., and Cole, J. (1986). *The wages of writing: Per word, per piece, or perhaps.* Columbia University Press.

Klickstein, M. (2013). *Slimed: An oral history of Nickelodeon's golden age.* Plume.

Kroeber, A. L. (1919). On the principle of order in civilization as exemplified by changes of fashion. *American Anthropologist*, 21(3): 235–263.

Kurtzberg, T. R., and Amabile, T. M. (2001). From Guilford to creative synergy: Opening the black box of team-level creativity. *Creativity Research Journal*, 13(3–4): 285–294.

Lamont, M. (1992). *Cultivating differences: Symbolic boundaries and the making of inequality.* University of Chicago Press.

Lamont, M., Beljean, S., and Clair, M. (2014). What is missing? Cultural processes and causal pathways to inequality. *Socio-Economic Review*, 12(3): 573–608.

Lee, H. (1961). Christmas to me. *McCall's*, December.

Lee, J. (2013). Literary culture clash. *Guernica*, July 1. https://www.guernicamag.com/literary-culture-clash/.

Leithauser, B. (2013). Reading your friends' novels. *New Yorker*, January 7.

Lena, J. C. (2012). *Banding together: How communities create genres in popular music.* Princeton University Press.

Leong, M. (2010). The $4,000 tip jar: David Sedaris on a life spent on tour. *National Post*, December 7.

Leschziner, V. (2015). *At the chef's table: Culinary creativity in elite restaurants.* Stanford University Press.

Leschziner, V., and Green, A. I. (2013). Thinking about food and sex: Deliberate cognition in the routine practices of a field. *Sociological Theory*, 31(2): 116–144.

Lévi-Strauss, C. (1963). *Totemism.* No. 157. Beacon.

Liebes, T., and Katz, E. (1990). *The export of meaning: Cross-cultural readings of Dallas.* Oxford University Press.

Lista, L. (2013). Video: Latina book editor shares insights on how to get published in today's book industry. *Latina Lista*, September 24. http://latinalista.com/culture-2/books/tuesday-video-marcela-landres-why-we-need-more-latino-acquisition-editors.

Liu, S., and Emirbayer, M. (2016). Field and ecology. *Sociological Theory*, 34(1):

62–79.

Lizardo, O. (2006). How cultural tastes shape personal networks. *American Sociological Review*, 71(5): 778–807.

Lizardo, O., and Skiles, S. (2016). Cultural objects as prisms: perceived audience composition of musical genres as a resource for symbolic exclusion. *Socius: Sociological Research for a Dynamic World*, 2: 2378023116641695.

Lomax, A. (1968). *Folk song style and culture*. Vol. 88. Transaction.

Long, E. (2003). *Book clubs: Women and the uses of reading in everyday life*. University of Chicago Press.

———. (2004). Literature as a spur to collective action: The diverse perspectives of nineteenth-and twentieth-century reading groups. *Poetics Today*, 25(2): 335–359.

Lopes, P. D. (1992). Innovation and diversity in the popular music industry, 1969 to 1990. *American Sociological Review*, 57(1): 56–71.

López, M. P., and López, G. R. (2009). *Persistent inequality: Contemporary realities in the education of undocumented Latina/o students*. Routledge.

Low, J. T. (2016). Where is the diversity in publishing? The 2015 Diversity Baseline Survey results. *Lee & Low Books Blog*, January 26. http://blog.leeandlow .com/2016/01/26/where-is-the-diversity-in-publishing-the-2015-diversity -baseline-survey-results/.

Lowenthal, L. (1961). *Literature, popular culture, and society*. Pacific Books.

———. (1983). *Literature and mass culture*. Transaction.

Lumenello, S. (2007). The *New York Times Book Review* as cultural gatekeeper. *Colloquy*, 4–5, 20.

Maghbouleh, N. (2017). *The limits of whiteness: Iranian-Americans and the everyday politics of race*. Stanford University Press.

Mahler, J. (2010). James Patterson Inc. *New York Times Magazine*, January 24.

Manguel, A. (2014). *A history of reading*. Penguin.

Mark, N. (1998). Birds of a feather sing together. *Social Forces*, 77(2): 453–485.

———. (2003). Culture and competition: Homophily and distancing explanations for cultural niches. *American Sociological Review*, 68(3): 319–345.

Martin, B. (2013). *Difficult men: Behind the scenes of a creative revolution: From The Sopranos and The Wire to Mad Men and Breaking Bad*. Penguin.

Martin, J. L. (2003). What is field theory? *American Journal of Sociology*, 109(1): 1–49.

Martin, J. L., Slez, A., and Borkenhagen, C. (2016). Some provisional techniques for quantifying the degree of field effect in social data. *Socius: Sociological Research for a Dynamic World*, 2: 2378023116635653.

Maslin, J. (2004). A spunky heroine, and an officer's improbable rise. *New York Times*, November 4.

McDonnell, T. E. (2010). Cultural objects as objects: Materiality, urban space, and the interpretation of AIDS campaigns in Accra, Ghana. *American Journal of Sociology*, 115(6): 1800–1852.

McDowell, E. (1984). Doris Lessing says she used pen name to show new writers' difficulties. *New York Times*, September 23.

McGurl, M. (2009). *The program era*. Harvard University Press.

Mears, A. (2011). *Pricing beauty: The making of a fashion model*. University of California Press.

Menger, P. M. (2006). Profiles of the unfinished: Rodin's work and the varieties of incompleteness. In H. S. Becker, R. R. Faulkner, and B. Kirshenblatt-Gimblett (Eds.), *Art from start to finish: Jazz, painting, writing, and other improvisations*. University of Chicago Press: 31–68.

Menger, P. M. (2014). *The economics of creativity*. Harvard University Press.

Merton, R. K. (1968). The Matthew effect in science. *Science*, 159(3810): 56–63.

Miller, L. J. (2009). Selling the product. In D. P. Nord, J. S. Rubin, and M. Schudson (Eds.), *A history of the book in America, volume 5: The enduring book: Print culture in postwar America*. University of North Carolina Press: 91–106.

Milliot, J. (2016). Catapult, counterpoint merge. *Publishers Weekly*, September 1.

Moeran, B. (2003). Celebrities and the name economy. *Research in Economic Anthropology*, 22: 299–324.

Moeran, B., and Pedersen, J. S. (Eds.). (2011). *Negotiating values in the creative industries: Fairs, festivals and competitive events*. Cambridge University Press.

Mohr, J. W. (1994). Soldiers, mothers, tramps and others: Discourse roles in the 1907 New York City Charity Directory. *Poetics*, 22: 327–357.

———. (1998). Measuring meaning structures. *Annual Review of Sociology*, 24: 235–370.

———. (2013). Bourdieu's relational method in theory and in practice: From fields and capitals to networks and institutions (and back again). In F. Dépelteau and C. Powell (Eds.), *Applying Relational Sociology*. Palgrave Macmillan: 101–135.

Mohr, J. W., and Duquenne, V. (1997). The duality of culture and practice: Poverty relief in New York City, 1888–1917. *Theory and Society*, 26(2–3): 305–356.

Mozes, S. (2010). James Frey's fiction factory. *New York Magazine*, November 12.

National Endowment for the Arts. (2009). Reading on the rise. https://www.arts .gov/sites/default/files/ReadingonRise.pdf.

———. (2011). Artists and arts workers in the United States. NEA Research Note 105. https://www.arts.gov/sites/default/files/105.pdf.

Negro, G., Koçak, Ö., and Hsu, G. (2010). Research on categories in the sociology of organizations. *Research in the Sociology of Organizations*, 31: 3–35.

Negus, K. (2013). *Music genres and corporate cultures*. Routledge.

Nosowitz, D. (2015). A penny for your books. *New York Times*, October 26.

Nystrom, P. H. (1928). *Economics of fashion*. Ronald Press.

Oshinsky, D. (2007). No thanks, Mr. Nabokov. *New-York Times*, September 9.

Parker, I. (2002). Showboat. *New Yorker*, April 8.

Parsons, T., and White, W. (1960). Commentary I. The mass media and the structure of American society. *Journal of Social Issues*, 16(3): 67–77.

Peterson, R. A. (1976). The production of culture: A prolegomenon. In R. A. Peterson (Ed.), *The production of culture*. Sage: 7–22.

———. (1977). Where the two cultures meet: Popular culture. *Journal of Popular Culture*, 11(2): 385–400.

———. (1979). Revitalizing the culture concept. *Annual Review of Sociology*, 5: 137–166.

———. (1990). Why 1955? Explaining the advent of rock music. *Popular Music*, 9(1): 97–116.

———. (1994). Cultural studies through the production perspective: Progress and prospects. In D. Crane (Ed.), *The sociology of culture: Emerging theoretical perspectives*. Blackwell: 163–190.

———. (2000). Two ways culture is produced. *Poetics*, 28(2): 225–233.

Peterson, R. A., and Anand, N. (2004). The production of culture perspective. *Annual Review of Sociology*, 30: 311–334.

Peterson, R. A., and Berger, D. G. (1975). Cycles in symbol production: The case of popular music. *American Sociological Review*, 40(2): 158–173.

Peterson, R. A., and Kern, R. M. (1996). Changing highbrow taste: From snob to omnivore. *American Sociological Review*, 61(5): 900–907.

Podolny, J. M. (2001). Networks as the pipes and prisms of the market. *American Journal of Sociology*, 107(1): 33–60.

Powell, W. W. (1985). *Getting into print: The decision-making process in scholarly publishing*. University of Chicago Press.

Purdum, T. (2015). How James Patterson became the ultimate storyteller. *Vanity Fair*, January.

Puzo, M. (1972). *The godfather papers & other confessions*. Putnam.

Radway, J. (1984). *Reading the romance: Women, patriarchy, and popular culture*. University of North Carolina Press.

———. (1997). *A feeling for books: The Book-of-the-Month Club, literary taste, and middle-class desire*. University of North Carolina Press.

Rawlings, C. M. (2001). "Making names": The cutting edge renewal of African art in New York City, 1985–1996. *Poetics*, 29(1): 25–54.

Reay, D. (2000). A useful extension of Bourdieu's conceptual framework? Emotional capital as a way of understanding mothers' involvement in their children's education? *Sociological Review*, 48(4): 568–585.

Reynolds, P. R. (1966). The literary agent: His function, life, and power. *Saturday*

Review, October 8, 113–114.

Rich, M. (2009). End of *Kirkus Reviews* brings anguish and relief. *New York Times*, December 11.

Rivera, L. A. (2012). Hiring as cultural matching: The case of elite professional service firms. *American Sociological Review*, 77(6): 999–1022.

———. (2015). Go with your gut: Emotion and evaluation in job interviews. *American Journal of Sociology*, 120(5): 1339–1389.

Rosen, S. (1981). The economics of superstars. *American Economic Review*, 71(5): 845–858.

Rosenberg, B., and White, D. M. (1957). *Mass culture: The popular arts in America*. Free Press.

Rossman, G. (2012). *Climbing the charts: What radio airplay tells us about the diffusion of innovation*. Princeton University Press.

———. (2014). Obfuscatory relational work and disreputable exchange. *Sociological Theory*, 32(1): 43–63.

Rossman, G., and Schilke, O. (2014). Close, but no cigar: The bimodal rewards to prize-seeking. *American Sociological Review*, 79(1): 86–108.

Rubio, F. D., and Silva, E. B. (2013). Materials in the field: Object-trajectories and object-positions in the field of contemporary art. *Cultural Sociology*, 7(2): 161–178.

Sale, F. (1993). Editing fiction as an act of love. In G. Gross (Ed.), *Editors on editing: What writers need to know about what editors do*. Grove Press: 267–279.

Salganik, M. J. (2006). Variance estimation, design effects, and sample size calculations for respondent-driven sampling. *Journal of Urban Health*, 83(1): 98–112.

Salganik, M. J., Dodds, P. S., and Watts, D. J. (2006). Experimental study of inequality and unpredictability in an artificial cultural market. *Science*, 311(5762): 854–856.

Salganik, M. J., and Heckathorn, D. D. (2004). Sampling and estimation in hidden populations using respondent-driven sampling. *Sociological Methodology*, 34(1): 193–240.

Salganik, M. J., and Watts, D. J. (2008). Leading the herd astray: An experimental study of self-fulfilling prophecies in an artificial cultural market. *Social Psychology Quarterly*, 71(4): 338–355.

Salkin, A. (2013). *From scratch: Inside the Food Network*. G.P. Putnam Sons.

Sallaz, J. J. (2012). Politics of organizational adornment lessons from Las Vegas and beyond. *American Sociological Review*, 77(1): 99–119.

Schudson, M. (1989). How culture works. *Theory and Society*, 18(2): 153–180.

Schuster, M. L. (1993). An open letter to a would-be editor. In G. Gross (Ed.), *Editors on editing: What writers need to know about what editors do*. Grove Press: 22–28.

Semonche, J. E. (2007). *Censoring sex: A historical journey through American media.* Rowman & Littlefield.

Shales, T., and Miller, J. A. (2008). *Live from New York: An uncensored history of Saturday Night Live.* Back Bay Books.

Shank, J. (2012). Literary agent Jason Ashlock: Big book publishers not innovating fast enough. *Media Shift,* September 20. http://mediashift.org/2012/09/literary-agent-jason-ashlock-big-book-publishers-not-innovating-fast-enough264/.

Shively, J. (1992). Cowboys and Indians: Perceptions of western films among American Indians and Anglos. *American Sociological Review,* 57(6): 725–734.

Shrum, W. (1991). Critics and publics: Cultural mediation in highbrow and popular performing arts. *American Journal of Sociology,* 97(2): 347–375.

Siddique, H. (2013). JK Rowling publishes crime novel under false name. *Guardian,* July 14.

Siegel, L. (2004). The age of Ettlinger. *New York Times,* November 14.

Spillman, L. (2012). *Solidarity in strategy: Making business meaningful in American trade associations.* University of Chicago Press.

Stebbins, R. A. (1968). A theory of the jazz community. *Sociological Quarterly,* 9(3): 318–331.

Steinberg, R. J., and Figart, D. M. (1999). Emotional labor since the managed heart. *Annals of the American Academy of Political and Social Science,* 561(1): 8–26.

Stinchcombe, A. L. (1959). Bureaucratic and craft administration of production: A comparative study. *Administrative Science Quarterly,* 4(2): 168–187.

Stolls, A. (2008). The NEA literature fellowships turn forty: An introduction. In D. Ball (Ed.), *NEA literature fellowships: 40 years of supporting American writers.* National Endowment for the Arts: 5–6.

Stone, B. (2013). *The everything store: Jeff Bezos and the age of Amazon.* Random House.

Striphas, T. (2009). *The late age of print: Everyday book culture from consumerism to control.* Columbia University Press.

Sullivan, M. (2015). For reviewers, how close is too close? *New York Times,* May 16.

Swanson, C. (2016). It takes 16 people working full time to publish all of James Patterson's Books. *Publishers Weekly,* March 18.

Swartz, D. (1997). *Power and culture: The sociology of Pierre Bourdieu.* University of Chicago Press.

Taylor, N. (2009). Fables of the reconstruction. *The Rumpus,* September 30. http://therumpus.net/2009/09/fables-of-the-reconstruction/.

Thompson, J. B. (2010). *Merchants of culture: The publishing business in the twenty-first century.* Polity.

Thornton, P. H. (2004). *Markets from culture: Institutional logics and organizational decisions in higher education publishing.* Stanford University Press.

Trachtenberg, J. A. (2010). Why ebooks aren't scary. *Wall Street Journal*, October 29.

Trollope, A. (1883). *An Autobiography, in Two Volumes*. Blackwood.

Tuchman, G., and Fortin, N. E. (1984). Fame and misfortune: Edging women out of the great literary tradition. *American Journal of Sociology*, 90(1): 72–96.

Vaisey, S., and Lizardo, O. (2010). Can cultural worldviews influence network composition? *Social Forces*, 88(4): 1595–1618.

Van Rees, C. J. (1987). How reviewers reach consensus on the value of literary works. *Poetics*, 16(3): 275–294.

Van Rees, K., and Dorleijn, G. J. (2001). The eighteenth-century literary field in Western Europe: The interdependence of material and symbolic production and consumption. *Poetics*, 28(5): 331–348.

Verboord, M. (2010). The legitimacy of book critics in the age of the Internet and omnivorousness: Expert critics, Internet critics and peer critics in Flanders and the Netherlands. *European Sociological Review*, 26(6): 623–637.

Wade, J. O. (1993). Doing good—and doing it right: The ethical and moral dimensions of editing. In G. Gross (Ed.), *Editors on editing: What writers need to know about what editors do*. Grove Press: 73–82.

Waldman, A. (2003). How four magazines you've probably never read help determine what books you buy. *Slate*. http://www.slate.com/articles/arts/culture box/2003/09/book_report.html.

Walker, S. (1993). Editing for a small press. In G. Gross (Ed.), *Editors on editing: What writers need to know about what editors do*. Grove Press: 260–266.

Warde, A. (2015). The sociology of consumption: Its recent development. *Annual Review of Sociology*, 41: 117–134.

Weinberg, D. B. (2014). Author survey: Indie authors and others prefer traditional publishing . . . slightly. *Digital Book World*, January 9. http://www.digital bookworld.com/2014/2014-author-survey-indie-authors-and-others-prefer -traditional-publishing-slightly/.

———. (2013). The self-publishing debate: A social scientist separates fact from fiction (part 3 of 3). *Digital Book World*, December 4. http://www.digitalbook world.com/2013/self-publishing-debate-part3/.

Wherry, F. F. (2014). Analyzing the culture of markets. *Theory and Society*, 43(3–4): 421–436.

White, H. C. (1992). *Identity and control: A structural theory of social action*. Princeton University Press.

White, H. C., and White, C. A. (1965). *Canvases and careers: Institutional change in the French painting world*. University of Chicago Press.

Woll, T. (2002). *Publishing for profit: Bottom-line management for book publishers*. Chicago Review Press.

Zelizer, V. A. (2010). *Economic lives: How culture shapes the economy.* Princeton University Press.

Zerubavel, E. (2009). *Social mindscapes: An invitation to cognitive sociology.* Harvard University Press.

Zuckerman, E. W. (1999). The categorical imperative: Securities analysts and the illegitimacy discount. *American Journal of Sociology,* 104(5): 1398–1438.

译后记

　　钱钟书曾开玩笑说，假如你吃了一个鸡蛋，觉得味道不错，何必要去看看那只下蛋的母鸡呢？现实生活中，大多数品尝了鸡蛋美味的人，是不会想到去看看那只下蛋母鸡的。同样，我们读过许多好看的小说，一般人也不会去想这本小说是哪个编辑编出来的，这本小说出版的背后有什么样的故事。

　　然而，一本小说之能够出版，其背后往往有许多的机缘巧合。

一

　　一本小说的出版，要经历许许多多的人之手。

　　首先，一本小说的出版，当然少不了作者的辛勤创作。没有作者提供的原稿，出版社即使是巧妇，也"难为无米可炊"。其次，即使有了原稿，而且还是有质量的原稿，也难免还是会被"误伤"。凡尔纳的《八十天环游地球》，因"异想天开"而被多家出版社退稿；阿来获得茅盾文学奖的《尘埃落定》，写完后也因不被出版社编辑看好，拖了四年才终于出版；巴金晚年在《随想录》中曾满怀深情地回忆道，他写了长篇小说《灭亡》，"缺乏自信不敢投稿，从法国寄给在上海开明书店工作的朋友，托他代印几百册"，叶圣陶"在我的朋友那里看到我寄去的原稿，认为可以发表，就拿去推荐给读者。倘使叶圣陶不曾发现我的作品，我可能不会走上文学的道路，做不了作家，也很有可能我早已在贫困中死亡"。（《致〈十月〉》）可见，一部小说要能出版，还少不了编辑的作用。正是编辑的慧眼识珠，才能使小说从原稿变成能被公众阅读到的图书。最后，读者能看到这部小说，还少不了销售人员。每年出版的小说多如牛毛，在茫茫书海中，要使这部小说能被读者知道，需要在各类媒体上进行宣传，需要在书店进行铺货，需要与作者一道在各地进行签名售书等。每本书的背后，常常掩藏着许许多多的故事。

　　《封面之下》正是探讨一部小说出版背后故事的书，而且还是一部很严肃的学术著作。该书作者克莱顿·柴尔德斯是一位社会学家，2012年获得加州大学圣巴巴拉分校的社会学博士学位，现为多伦多大学社会学助理教授。该书以一位社会学家擅长使用的民族志田野调查、深度访谈、问卷调查等方法，围绕科尼莉亚·尼克森的《贾勒茨维尔》这部小说在创作、生产和接受三个场域中的不同历程，以及该书在出版过程中所必须经历的环节，帮助我们了解一本书出版背后作者、编辑、营销人员等承担的角色、付出的劳动，加深社会对出版这个行业的了解。

二

　　出版虽然是一项延续了上千年的知识生产活动，也早已成为一个独立的行业；社会对出版的产品——图书、报刊、音像与电子出版物等也有广泛的了解，但大多数人对出版的流程、出版人员在其中所起的作用知之不多。

《封面之下》以《贾勒茨维尔》的出版作为个案，谈论了这部小说是如何被创作出来的、文学代理人在其中起了什么作用、编辑又是如何做出出版决定的、出版社如何定位自己并为出版的每一本书进行推销、书店如何来陈列图书、评论人和读者如何来选择他们要评论和阅读的图书等等。这部小说出版的背后隐藏着许多常人看不见或不了解的知识，这或许也是作者将书名定为《封面之下》的原因吧。

《封面之下》揭示了中外出版过程中的许多共同特征。正如作者在书中所揭示的，一部小说在出版过程中，在创作、生产、接受这三个不同场域是各自分离的，但同时又是互相依赖的。在创作场域，作者更多考虑书稿的思想性、艺术性等问题，但如果这一思路不被生产场域中的文学代理人、组稿编辑所认可，那自然就不能进入出版环节。同样，进入生产场域后的著作，需要得到营销人员的认可，并在图书市场产生影响、在接受领域被读者认可后，才算真正完成出版过程。而要被读者认可，自然又与创作领域中作者的趣味、生产领域中编辑与营销人员的爱好等密切相关。正是每一个环节中不同场域主体的不同行为方式，才导致最终不同的结果。

科尼莉亚·尼克森的《贾勒茨维尔》的出版并非一帆风顺。该书的初稿名为《玛莎的版本》，是以玛莎的视角来讲述贾勒茨维尔这个地方发生的故事。尼克森从她的母亲那里获得了故事的素材，这是一个涉及他们家族的故事。为了避免使母亲感到尴尬，尼克森一直到她母亲去世后才开始写这部小说。在写作的过程中，家族的痕迹和人物经历自然散落于文本的各个地方。尼克森还从当时的报纸、档案中找到了一些材料，使这部历史小说更加真实。她当时的丈夫、写作圈中的朋友等，都在她写作这部小说中给予了各种各样的帮助，使她顺利地完成了小说初稿。然而，虽然尼克森曾经出版过小说，其知名度表面上可以帮助她在生产场域立足，但不足以让她在接受领域得到认可。因为她写作太慢，影响力有限，无法产生轰动效应。更重要的是，《玛莎的版本》经代理人投稿后，被康特珀恩特等出版社拒绝了。尼克森没有灰心，要求看看这些退稿信，她认为退稿信里面"可能有一两个能激发她重新修改小说的想象力的智慧宝石"。这些退稿信中包含了65个正面评价和65个负面评价，尼克森从中获得了灵感，在朋友们的帮助下，将《玛莎的版本》改成了《贾勒茨维尔》，并最终成功获得了出版。

创作场域的作品最终获得生产场域的认可，并不总是一帆风顺的。书中援引了佛里欧文学管理的联合创始人斯科特·霍夫曼的估计——在所有条件相同的情况下，他的机构接受代理一份投稿的可能性为0.009%。这是一个非常非常小的比例，意味着大量作者的作品无法进入生产领域。而进入生产领域后，即使组稿编辑认可某部作品，但仍可能被业务主管或营销人员否决。而一个编辑对某本书的狂热与执着，也可能感动其他人，写下出版史上的佳话。《封面之下》以美国著名编辑家麦克斯维尔·珀金斯为例，讲述他将沃尔夫、菲茨杰拉德、海明威等人的作品打造成传世之作，也使珀金斯本人成为编辑们的偶像。

三

《封面之下》也揭示了中外出版的差异性。其间，差异性最大的是国外的出版代理人制度。

与国内熟知的出版流程相比，国外文学出版非常依赖于代理人。出版代理人是联结创作场域与生产场域的桥梁。这些代理人具有敏锐的市场判断力，他们熟悉创作场域的作者水准、风格，同时也对生产场域的出版商的定位、爱好了如指掌。更重要的是，这些代理人往往精通合同和版权，能将作者和出版商之间的版权等问题处理得让双方都非常满意。当然，代理人也从作者获得的版税收入中收取佣金，维持自己的再生产。随着商业性出版的发展，代理人也从最初的发现作者，衍生出润色书稿等工作，以获得更大的成功。正如书中所说的："对那些无法找到代理人的作者来说，文学代理人是出版的守门人，但从代理人的角度来看，他们更像开拓者或发现者；他们并非是在把人们挡在门外，而是更多地在寻找那些他们可以领进门内的作者。""文学代理人必须熟悉创作领域，他们不仅要有社会网络、社会资本和象征资本来寻找和打动他们想要代理的作者，而且他们要完全沉浸在作者的创造过程中，成为他们写作的热情支持者，并直观地了解他们的艺术意图。"合格且敬业的代理人，就像伯乐一样，把相中的千里马推给出版商，方便出版商从中挑选符合自己出版定位、趣味的书稿进入出版过程。

大量代理人的存在，使出版商能将精力集中在生产场域中的原稿判断、市场营销等环节，从而更有效地开展出版工作。代理人自己的品味、兴趣和经历以及作品自身的艺术性、市场吸引力等，成为代理人判断一部书稿能否出版的依据。因此，代理人的构成，也就直接影响到生产场域。正如书中所说的："目前在美国，大约每十万个白人读者有一位白人文学代理人，而每一百万个黑人或拉丁裔文学读者才有一位黑人或拉丁裔文学代理人。"这种代理人数量的差异性，最终会导致出版题材的差异性，继而影响到文化的多样性。

此外，美国出版业对图书营销的重视，也值得我们关注。这种营销，往往是有计划、有组织的运作过程。在《贾勒茨维尔》出版过程中，有专门销售代表向各家书店进行推销，以引起大家对该书的重视。同时，出版商非常重视媒体上的图书评论，向各媒体主动寄送样书，希望获得他们的评论。《贾勒茨维尔》先后得到了《华盛顿邮报》《出版人周刊》的肯定性评论，但希望得到《纽约时报》肯定性评论的愿望却未能实现，这在某种程度上也影响了该书的销售。此外，出版商还充分利用美国图书博览会、书店铺货等手段，为该书的销售造势。在美国图书博览会上，出版商印刷了 850 本试读本来吸引零售商对《贾勒茨维尔》的注意，而那时距离这部小说的正式发行还有四个月。在实体书店和网络书店里，也确保《贾勒茨维尔》有足够的备货。同时，《贾勒茨维尔》的作者尼克森也积极在各地进行巡回宣讲，组织读书会，与各类读者对话，进一步扩大对《贾勒茨维尔》的注意，正是这些努力，最终使《贾勒茨维尔》这本书获得了社会的关注。而接受领域的读者，将自己的生活读进小说，又将小说读进自己的生活，围绕这小说所产生的讨论，也增加了这部小说的影响力和销售量。

四

《封面之下》中还有许许多多关于出版的过程、细节等的描述与思考。

在众多已出版的小说中，《贾勒茨维尔》算不上知名度很高的作品。但它在被拒稿后还能获得出版，成为极少数在书店中出现的幸运儿，本身就充满了戏剧性。该书内容涉及的种族、仇杀、性等内容，是畅销书中经常涉及的主题，而该书并没有成为一本超级畅销书。这些值得探究的话题，也使《封面之下》的研究内容具有了新意。

该书的作者科尼莉亚·尼克森，一个以研究 D.H. 劳伦斯而获得英语文学博士学位的大学教授，是如何动念写这部小说、在写作过程中劳伦斯的作品又是如何对她产生了影响、她的友人们又是如何给了她各种支持、她以前出版的作品又是如何让她取得出版商的信任等，都真实再现了写作的乐趣与艰辛。而她与代理人的关系、编辑克雷曼对她书稿充满热情的肯定、康特珀恩特出版社对自身出版定位的判断以及将该书作为领头书、邀请优秀设计师来设计封面、就这本书的出版召开专门的营销会议来完善营销过程、参加美国图书博览会等书展、邀请评论人写作书评、与书店协商布置图书陈列，都再现了一本书出版过程中的社会关系与网络。

在阅读《贾勒茨维尔》的过程中，每个读者都从自身阅历出发，对文本产生了个性化、当地化的理解。不同地区的读者，对这本书产生的评价也是不一样的，"读者大多喜欢《贾勒茨维尔》，给它的平均评分是百分制的 75 分。出生或生活在南方的读者对《贾勒茨维尔》的评分比其他人高 7 分"。一些读书小组关于《贾勒茨维尔》是不是一本好书的讨论，也说明了不同地区的人群对同一本图书的不同认知。而这，也正说明了一本图书对社会所产生的影响。

《封面之下》正是通过对《贾勒茨维尔》这部小说出版的台前幕后的描述，既让我们了解到了美国出版业的运作过程，同时也对这些过程进行了学理性的分析。比如，封面上放不放推荐语，表面上看是一个宣传问题，但实际上涉及到该书是纯文学读物还是商业性读物的定位；封面上作者的照片，出版社想请本地摄影师拍摄，但尼克森却想请玛瑞恩·埃特林格拍摄。因其费用高达二千美金，出版社认为不值，接受场域也不认可，但尼克森本人却认为这是"一种地位的象征"，是作家在创作场域里的象征性表现，宁可自己掏钱也要请埃特林格拍摄。这些见微知著的分析，使我们透过表象，看到了其背后深层次的内容，加深了我们对出版活动的了解。

五

四年前，当华东师范大学出版社薄荷实验的总策划顾晓清女士打来电话邀我翻译这本书时，我曾有过短暂的犹豫。不止一个人说过，翻译是一件吃力不讨好的苦差，尤其是在当今的学术体制下。以往研究出版的书籍，都是与出版有关的人士写的。但这本书却是一个研究社会学的学者所著，原书的出版者又是鼎鼎大名的普林斯顿大学出版社，还被列入该社出版的文化社会学系列之中，这些都让我对这本书充满了好奇，于是答应重作冯妇。翻译的过程也是学习的过程，通过翻译这本书，也使我们对美国的出版业有了更多的了解。

本书由我和王翡翻译，后芝加哥大学的张宸嘉也参与了翻译。在翻译过程中，经常遇到一些难懂的名词术语，承蒙美国东部的练小川先生与西部的方曦闽先生不厌其烦地经常与我们共同推敲，才使本书得以顺利完成。顾晓清女士等人为本书的出版付出了大量劳动，也在此一并表示感谢。

作为一部研究美国出版业的学术著作，本书也可为中国的出版学研究提供借鉴。因此，本书作为国家社科基金重大项目"中国出版学学术史文献整理、研究与资料库建设"的阶段性成果之一，在此也感谢全国哲学社会科学规划办公室长期以来的支持。

最后，还特别要提一下原书副书名的翻译。原书的副书名是 *The Creation, Production, and Reception of A Novel*。在该书的语境中，Production 就是出版之意。但考虑到该书是一本社会学的研究著作，因此采用了"生产"这一译法。当然，也欢迎大家就这一译法与我们进行讨论。对于书中其他的错讹等，也欢迎大家的批评指正。

张志强

2022 年 9 月 10 日初稿

2023 年 6 月 20 日修改定稿